马克思生态文化思想研究

张威威 / 著

东南大学出版社
SOUTHEAST UNIVERSITY PRESS
·南京·

图书在版编目（CIP）数据

马克思生态文化思想研究 / 张威威著. --南京：东南大学出版社，2024.11. --ISBN 978-7-5766-1686-6

I. A841.693

中国国家版本馆 CIP 数据核字 2024JJ9860 号

马克思生态文化思想研究
Makesi Shengtai Wenhua Sixiang Yanjiu

著　　者	张威威
出版发行	东南大学出版社
社　　址	南京市四牌楼 2 号　　邮编：210096
出 版 人	白云飞
网　　址	http://www.seupress.com
电子邮件	press@seupress.com
经　　销	全国各地新华书店
印　　刷	广东虎彩云印刷有限公司
开　　本	700mm×1000mm　1/16
印　　张	14.25
字　　数	271 千字
版　　次	2024 年 11 月第 1 版
印　　次	2024 年 11 月第 1 次印刷
书　　号	ISBN 978-7-5766-1686-6
定　　价	48.00 元

本社图书若有印装质量问题，请直接与营销部调换。电话（传真）：025-83791830

责任编辑：刘庆楚　　责任校对：张万莹　　封面设计：王　玥　　责任印制：周荣虎

前　言

在当今全球生态危机日益严峻的时代背景下，重新审视和阐释马克思的生态文化思想具有重要的理论价值和实践意义。本书试图通过系统的理论梳理和深入的逻辑分析，全面展现马克思生态文化思想的理论渊源、发展脉络及其当代价值。

马克思的生态文化思想并不是一蹴而就的，而是在其思想发展过程中逐步形成和完善的。从早期的《1844年经济学哲学手稿》到晚年的《资本论》，马克思始终关注人与自然的关系问题。他揭示了资本主义生产方式下人与自然关系的异化，深刻批判了资本主义对自然资源的掠夺性开发，并在实践唯物主义的基础上，提出了人与自然和谐共生的理想图景。

本书首先厘清了马克思生态文化思想的概念内涵和理论来源，追溯了从开辟神话时期到德国古典哲学的生态文化思想脉络。其次，通过考察马克思思想发展的不同阶段，揭示了其生态文化思想的历史衍进过程。进而，从政治、经济、社会等多个维度深入分析了马克思生态文化思想的内容，阐明了其思想发展的内在逻辑和理论旨归。

在当代西方马克思主义研究中，生态学马克思主义和有机马克思主义对马克思生态文化思想进行了富有成效的传承与发展，但也存在一定的理论局限。本书对这些当代西方马克思主义生态思想进行了客观评价，并着重探讨了马克思生态文化思想对构建人类命运共同体和推动全球生态经济发展的现实指导意义。

在全球化时代，生态问题已超越国界，成为人类共同面临的挑战。马克思的生态文化思想不仅为我们理解和解决当前的生态危机提供了理论指导，也为建设生态文明、实现人与自然的和谐共生提供了重要的思想资源。期望本书能为关心生态问题的读者提供有益的理论参考,为推动生态文明建设贡献一份力量。

张威威

2024 年 11 月于上海

目 录

第一章 绪 论 ·· 001
  第一节 研究缘起与意义 ·· 002
    一、研究缘起 ·· 002
    二、研究意义 ·· 006
  第二节 国内外研究现状 ·· 009
    一、国外研究现状 ·· 009
    二、国内研究现状 ·· 015
  第三节 研究方法、内容与创新之处 ··································· 020
    一、研究方法 ·· 020
    二、研究内容 ·· 021
    三、创新之处 ·· 021

第二章 马克思生态文化思想的产生基础 ······················· 023
  第一节 马克思生态文化思想的概念界定 ··························· 024
    一、生态文化 ·· 024
    二、马克思生态文化思想 ··· 027
  第二节 马克思生态文化思想的出场背景 ··························· 028
    一、现实境遇：资本主义社会生态环境问题日益凸显 ········· 028
    二、认知基础：工业文明的双重性驱动思维范式转向 ········· 031
    三、个人品质：马克思学识渊博与志向崇高 ····················· 031
    四、学术阅历：马克思学术与革命实践经验丰富 ··············· 033
  第三节 马克思生态文化思想的理论来源 ··························· 034
    一、开辟神话时期的生态文化思想 ··································· 034
    二、古代有机论的生态文化思想 ······································ 036

三、中世纪神学的生态文化思想 …………………………………… 039
四、文艺复兴时期的生态文化思想 ………………………………… 042
五、近代机械论的生态文化思想 …………………………………… 045
六、德国古典哲学的生态文化思想 ………………………………… 048

第三章 马克思生态文化思想的历史衍进 …………………………… 053
第一节 在对旧唯物主义的批判中马克思生态文化思想的出场 …… 054
一、从唯心主义到唯物主义的转变：中学作文与博士论文 …… 054
二、物质利益纠缠中的生态文化思想：《莱茵报》时期的系列文章
  …………………………………………………………………… 059
三、劳动与异化：《1844年经济学哲学手稿》 ………………… 065
第二节 新世界观中马克思生态文化思想的建构 ………………… 075
一、基于实践唯物主义的马克思生态文化思想：《关于费尔巴哈的提纲》 ……………………………………………………… 075
二、基于历史唯物主义的马克思生态文化思想：《德意志意识形态》
  …………………………………………………………………… 080
三、马克思生态文化思想的诞生：《共产党宣言》 …………… 088
第三节 马克思生态文化思想的深入发展与完善 ………………… 092
一、马克思生态文化思想的升华：《1857—1858年经济学手稿》
  …………………………………………………………………… 092
二、马克思生态文化思想的运用：《资本论》 ………………… 097
三、马克思生态文化思想的回溯：《人类学笔记》 …………… 110

第四章 马克思生态文化思想的逻辑理路 …………………………… 119
第一节 马克思生态文化思想的内在意蕴 ………………………… 120
一、马克思生态文化思想的政治维度 …………………………… 120
二、马克思生态文化思想的经济维度 …………………………… 124
三、马克思生态文化思想的社会维度 …………………………… 128
第二节 马克思生态文化思想的生成逻辑 ………………………… 136
一、从抽象上升到具体 …………………………………………… 136
二、从哲学思辨走向现实 ………………………………………… 138

第三节　马克思生态文化思想的逻辑线索 …………………… 139
　　　一、显性线索：生态文化思想伴随唯物史观形成而产生 ……… 139
　　　二、隐性线索：对资本主义社会异化劳动的扬弃 ……………… 142
　　第四节　马克思生态文化思想的逻辑旨归 …………………… 146
　　　一、构建人与自然和谐的生态文化思想 ………………………… 146
　　　二、构建基于人与自然和谐的生态人 …………………………… 153
　　　三、构建基于人与自然和谐的共产主义社会 …………………… 156

第五章　马克思生态文化思想在当代西方的传承与发展 ………… 165
　　第一节　生态学马克思主义生态文化思想 …………………… 166
　　　一、生态学马克思主义生态文化思想的理论核心 ……………… 166
　　　二、生态学马克思主义生态文化思想的理论贡献 ……………… 174
　　　三、生态学马克思主义生态文化思想的理论局限 ……………… 176
　　第二节　有机马克思主义生态文化思想 ……………………… 179
　　　一、有机马克思主义生态文化思想的理论核心 ………………… 179
　　　二、有机马克思主义生态文化思想的理论贡献 ………………… 189
　　　三、有机马克思主义生态文化思想的理论局限 ………………… 190

第六章　马克思生态文化思想的时代价值 …………………………… 193
　　第一节　马克思生态文化思想的理论价值 …………………… 194
　　　一、为马克思主义思想体系提供实践唯物主义基础 …………… 195
　　　二、从唯物史观理论立场对资本主义进行科学反思 …………… 200
　　第二节　马克思生态文化思想的实践价值 …………………… 206
　　　一、为构建人类命运共同体提供科学指导 ……………………… 206
　　　二、为全球生态经济发展提供明确发展方向 …………………… 210

参考书目 ……………………………………………………………………… 215

第一章

绪 论

第一节
研究缘起与意义

一、研究缘起

（一）人类社会发展急需生态理论指南

20世纪以来，科技迅速发展促进了生产力的大幅提升，同时也引发了自然资源的极大压力，从而导致资源日益匮乏和生态平衡失调等严重问题。这种现象促使我们必须深入反思过去工业文明时代的生产方式和生活方式，以及由此衍生出的人类中心主义价值观。

现代社会，生态危机已成为一个不可忽视的全球性问题，其在很大程度上根源于传统的人类中心主义价值观及以此为基础的发展观和发展模式。过去的几个世纪中，随着工业化的推进，人类对自然资源的掠夺和环境的破坏达到了前所未有的程度，这种以人的需求和利益为中心、以自然为工具的观念，加剧了人与自然的对立，导致生态失衡的现状。罗马俱乐部的创始人贝切利指出，人类利用自己的创造和发明入侵生物圈，进行过多的榨取，从而破坏了人类生存的物质基础。此外，世界著名生态学家和社会学家唐纳德·沃斯特也明确表示，我们今天所面临的全球性生态危机，起因不在生态系统本身，而在于我们的文化系统。要度过这一危机，必须尽可能清楚地理解我们的文化对自然的影响。换言之，我们面临的生态危机，其实质是一场文化危机。这一点强调了文化系统对生态系统产生的深远影响。如果要克服这一危机，关键在于清晰地理解并改造我们的文化系统，尤其是需要对自然的价值观重新定位。

面对频繁爆发的生态灾难，生态文化应运而生。作为一种全新的文化范式，与传统的工业化文化不同，生态文化主张打破人类中心主义的旧观念，重新确认自然的价值，提倡人与自然和谐共处的生活方式和生产方式。这种文化转型不仅是哲学或伦理的转变，更是实践和政策的重大调整。

生态文化的核心是构建一个生产和消费模式可持续的社会价值观。这涉及整个社会从高消费、高排放的生产和生活模式转变为低碳、环保、节能的模式。此外，生态文化还强调社会公众的环保意识与行为的改变。通过教育与传播，增强公民对生态危机的认知能力和参与解决问题的意愿。通过这种方式，生态文化不仅改变了人们的生活消费模式，还在一定程度上重塑了社会的公共政策和国家的发展战略。

总之，面对严峻的生态环境挑战，推动从人类中心主义向生态中心主义转变，形成以尊重自然为核心的生态文化是解决生态危机的关键。这种文化转型尽管挑战重重，但也是人类可持维环境与未来命运的重要保障。通过实施这样的文化革命，我们才有可能恢复生态平衡，实现人与自然的和谐相处。

在当前全球化深入发展的背景下，世界各国尤其是发展中国家面临的重大挑战之一便是生态环境的可持续发展问题。西方资本主义国家虽长期控制着全球环境治理的话语权，但其发展模式已经显示出生态与发展的诸多内在矛盾，并且它还对发展中国家的生态保护能力常持质疑态度。因此，对于中国而言，赢得发展的主动权，有效增强国际社会尤其是发展中国家对持续发展理念的认同感与接受度，显得尤为重要。资本主义国家虽然仍在生态文化格局中扮演重要角色，但其固有的零和博弈和霸权主义的行径已显露无遗，并因此遭到广泛质疑。在此背景下，马克思生态文化思想为我们提供了富有洞见的理论指导和解决方案。生态文化的发展不仅仅是回应生态危机的需要，更是构建人与自然和谐关系的必要途径。马克思的生态文化思想通过强调人类活动与自然界的关系，提倡生态文明与社会发展的有机结合，强调了生态环境问题不仅仅是自然科学的问题，更是社会科学和人文关怀的问题。这也是该理论积极回应人类社会发展急需的生态理论指南的有力论证。

(二) 当代中国亟须生态价值共识

随着全球环境问题日益紧迫，人类社会亟须通过转型向新的文明形态迈进，以适应和缓解人类生产活动对生态系统的破坏。"18 世纪下半叶起源于英国的工业革命，大幅抬高劳动生产率、多元人类物质选择的同时，也逐渐开启一种过度消费地球资源、忽视环境承载力的黑色发展模式。在承受近两百年黑色文明主导发展道路的弊端后，人们开始重新考量如何兼顾社会发展与生态系统间的良性互动，回归自然本真的呼唤四起。"[①] 生态文明这一概念应

[①] 范和生、刘凯强：《从黑色文明到绿色发展：生态环境模式的演进与实践生成》，《青海社会科学》2016 年第 2 期，第 46 页。

运而生，它强调在全球生态环境受损、社会发展面临严峻挑战并制约人的全面发展的历史背景下，人类必须寻求一种新的发展路径。相比于工业文明的"黑色"和农业文明的"黄色"，生态文明被称为"绿色文明"，这三种颜色不仅代表了各自时代的特征也昭示了其环境影响的本质不同。生态文明的核心在于尊重自然法则，保护生态平衡，促进人与自然、人与社会、人与自我的和谐共处与可持续发展。生态文明的推进不仅仅是生态修复的问题，更是经济、政治、文化和社会建设的高度融合与创新。经济发展必须依托于绿色产业和可持续能源的推广；政治建设则需要加强生态环境保护法规与全民生态意识的普及；文化建设方面，需根据生态价值观重塑人们的生活方式和消费习惯；社会建设则更侧重于实现公平的资源分配和全民生态福祉的提升。生态文明的构建与实现，需要物质文明的支撑、政治文明的指导和精神文明的引领。物质文明提供经济和技术的基础，政治文明保障通过法制和政策支持生态文明的健康发展，而精神文明则涵养公民的生态道德和社会责任感。

总的来看，生态文明是对传统工业文明发展模式的超越和升华，它不仅是理论上的革新，更是实践中对未来可持续性发展的战略部署。它的实施与推广需要国家政策的强有力支持，也依赖于每一位公民的自觉行动和贡献。只有这样，人类社会才能在新的历史阶段实现更加和谐与可持续的发展。生态文化在构建生态文明的过程中扮演着不可或缺的关键角色，它不仅是生态文明的核心，更是其灵魂所在。生态文化的深层含义和价值观导向是推动工业文明向生态文明平稳过渡的桥梁，它通过塑造生态伦理和加强生态意识来整体提升人类对自然和谐共处的认识。一方面，生态文明需要生态文化的指引，生态文化强调与自然和谐相处的价值观，追求人与自然的平衡发展。这一文化观念是对传统工业文明中以人类为中心、掠夺自然资源的价值导向的根本批判和反思。生态文化促使人们重新审视与自然的关系，倡导一种更加尊重生态、可持续发展的生活方式和生产模式。例如，《寂静的春天》一书对化学农药带来的环境灾难进行了深刻揭露，引发了广泛的社会反思，也因此开启了"生物学时代的序幕"。此外，《增长的极限》一书正是通过分析全球生态系统发展的极限，警醒人类反思经济发展模式。另一方面，生态文化作为引导人类社会和自然环境和谐共处的文化形态，对促进生产和生活方式的生态化具有深远的影响力。生态文化不仅仅局限于理论或政策层面，更深入日常生活的每一个角落，成为公众文化的一部分。这种文化形态能够潜在地影响人们的价值观念，并且在行动上引导人们做出更加环保的选择。以生态文化为核心的生态文明建设，鼓励人们反思和改变传统的以开发、利用自然资源为主的生产模式，转而采用可持续的生活和生产方式。换言之，生态文化的核心在于其普遍影响力和行动引导力，它将生态理念渗透到公众的日常生活和生产实践中，从而推动了生产生活方式的生态化，为转型至生态文明奠定了坚实的文化基础。

生态文化在促进人类生产和生活方式的转变中发挥着至关重要的作用，这种转变为加速生态文明的构建提供了强大动力。我们可以从几个全球环境治理的重要里程碑中观察到这种影响。例如，联合国将环境保护纳入新千年发展目标，凸显了全球社会对生态持续性的集体关注。再比如，《京都议定书》的签署，则反映了国际社会对工业化长期影响的重视及对应对气候变化的具体承诺。生态文化的推广，不断引导人们重新评估与自然的关系，倡导更加绿色、可持续的经济和社会发展模式。以 2012 年的"里约峰会"为例，该会议将绿色经济定义为发展的重要主题，这不仅展示了环保行动的更新，还体现了将环境因素融入发展战略的全球趋势。[1] 这些国际动向是生态文化对生产方式和生活方式转变的重要背景，并清晰地指向了生态文明的建设方向。生态文化正一步步渗透到人类日常行为中，使之成为推动全球环境政策改革和具体生活实践中可持续性选择的重要力量。由此可见，生态文化不仅与我们的生活紧密相关，它还在不断塑造和引导人类文明向生态文明方向发展，进而形成一个环境和经济可持续发展的社会。

随着改革开放的深入推进，中国经济实现了跨越式的发展，数亿人口成功脱贫，社会进步显著，国际地位显著提升。然而，这一系列成就的背后，生态环境问题逐渐显露，成为制约社会经济持续健康发展的重大挑战。正是在这样的背景下，生态文明的建设被提上了日程。

文化是国家和民族的生命力，是推动社会发展的根本力量。在深入推进社会主义文化建设，尤其是生态文化建设的过程中，我们必须深刻理解并运用马克思主义的生态观作为理论指导。马克思主义生态文化思想不仅仅关注环境本身，更强调人与自然的和谐共处，这对于目前我国面临的生态问题，

---

[1] 庄贵阳、刘哲：《"里约 + 20 峰会"重塑我们共同的未来》，《当代世界》2012 年第 7 期，第 44 - 46 页。

有着切实而深远的指导意义。

生态问题已不仅是经济社会发展的关键，它同样关系到党的执政能力和执政为民的核心理念。正因为此，党的十九大和二十大均将生态文明建设作为一项基本国策加以推进，并指出尊重自然、顺应自然、保护自然的必要性。这一政策的实施，不仅要求我们正确对待和处理经济发展与环境保护的关系，更要求全社会树立起一种全新的生态文化观念。

马克思生态文化思想在这一背景下的研究和实践显得尤为迫切。通过深入研究和实践马克思生态文化思想，我们能够在全社会形成尊重自然、绿色发展的价值共识，推动生态文明深入人心。因此，构建生态文明、推进生态文化发展，不仅是经济社会发展的需要，更是党和国家政策的具体体现，是建设和谐社会和树立社会主义核心价值观的重要方面。我们必须将马克思生态文化理论作为指导，不断深化理论与实践的结合，为建设美丽中国奠定坚实的生态文化理论基础。

二、研究意义

（一）为完善马克思主义思想理论体系提供多维贡献

马克思的生态文化思想为完善马克思主义思想体系提供了重要的理论积淀，特别是在人与自然的关系上提供了深刻的哲学基础和批判视角。这一思想核心强调人类的生产活动应当与自然环境的承载能力相协调，崇尚人与自然的和谐共生，这不仅丰富了传统马克思主义的经济和社会理论，也为现代环境危机提供了解析工具和对策路径。

首先，马克思在其著作中已为生态文化观奠定了理论基础。他认为，人类的生产方式不仅决定了社会的经济结构和社会关系，同时也深切影响到自然界的状态。在这里，马克思指出了资本主义生产方式对自然资源的掠夺性质，预见了过度开发可能导致的生态不平衡和环境危机。这一视角为后来生态文化思想的发展提供了理论前提和批判基础。其次，马克思的生态文化思想强调了人的本质与自然的有机联系。他认为，自然不仅是人类生存的基础，更是其自由全面发展的条件。从这一点出发，马克思生态文化思想主张人类应当尊重自然规律，调和人类活动与自然环境的关系，避免生产活动对生态环境造成不可逆的损害。这一理论更新了人类与自然的关系，提出了一种新的生态伦理和生活方式。最后,马克思生态文化思想的提出,对于缓解现代社会面临的生态危机有着重要的启发意义和实践指导价值。它指导我们重新审视和评估现有的生产与消费模式,促使社会转向更加可持续发展的路径。在理论体系中,这一观点促进了马克思主义在当代社会特别是在全球化背景下的适应和发展,提供了面向21世纪的马克思主义新解释和实践方向。

总之,马克思的生态文化思想是一个内容丰富的整体理论体系,特别是在提供一种更加全面和深入的理解人与自然关系方面。这不光是对传统马克思主义理论的补充,更是对其理论体系的扩展和完善,使其更具当代价值和前瞻性。

(二)为破除西方中心主义生态文化观提供理论支持

西方资本主义国家凭借对封建生产方式、政治制度和思想观念的全面超越,开辟了从传统向现代化的进程,构建了"使未开化和半开化的国家从属于文明的国家,使农民的民族从属于资产阶级的民族,使东方从属于西方"的现代世界体系[①]。因此,西方中心主义生态文化观长期以来一直是生态伦理和环境政策的主流理论指南,这种观点将人类视为自然中心,认为人类有权控制和利用自然资源以满足自我发展的需求。然而,随着生态问题的加剧与环境危机日益严峻,包含更广泛视角和原则的生态文化观显得尤为重要。马克思生态文化思想,强调人与自然的和谐共生关系,挑战和批判了自然的主宰和掠夺者的西方中心主义生态观,为我们提供了破除西方生态中心主义的理论支持。

首先,马克思的生态文化思想指出,人与自然之间不应是简单的支配与被支配关系,而应该是稳定的、动态的相互依存关系,这与西方中心主义将人置于自然之上的概念形成了鲜明对比。西方中心主义生态文化忽略或轻视了自然环境中各种因素之间的复杂相互作用,以及人类社会与自然环境之间的密切关系。此外,马克思主义提出,人类社会的发展必须尊重和适应自然界的规律,不能无视生态环境的载体限制。通过在资源利用和环境影响方面设定边界,马克思生态思想呼吁实现资源的可持续使用性。这种观点与西方中心主义对自然资源的损耗和环境破坏形成了对比,后者往往因忽视和谐共

---

① 《马克思恩格斯文集》第2卷,人民出版社2009年版,第36页。

生理念而导致生态失衡。其次，马克思还特别强调了生产方式和社会结构对生态环境的深远影响，认为任何尝试解决生态问题的政策和措施都不能脱离经济基础和生产关系而实施。这为我们提供了一个更加全面的视角，不仅仅停留在技术和管理层面，而且要涉及对社会和经济结构的根本性调整，这也是西方生态中心主义立场中往往缺失的部分。最后，马克思的生态文化思想还为我们指明了全面、系统地解决问题的途径，而非仅仅依赖局部或表面的改善。他强调在全球范围内视自然为一体，人类活动的影响是全球性的，这要求国与国之间的合作与共同努力，破除只考虑单一国家或地区的西方中心主义限制。

总之，马克思生态文化思想提供了丰富的理论资源，帮助我们从根本上重新审视和构建人与自然的关系，它挑战了西方中心主义的生态文化观，强调与自然的和谐共生，推崇生态和社会系统的整体性和相互依赖性。通过继承和发展马克思的生态文化思想，可以助力我们更好地应对全球生态环境的挑战，实现社会与自然的可持续发展。

（三）为中国建成社会主义生态强国提供文化保障

马克思的生态文化思想为建设社会主义生态强国提供了深厚的文化土壤和理论保障。在当前全球化及其环境问题频发的大背景下，中国特色社会主义面临的生态环境挑战尤为突出，这就迫切需要我们深入挖掘和应用马克思生态文化思想，为我国生态文明建设提供指导和支持。

首先，马克思生态文化思想强调了人与自然的和谐发展。马克思对资本主义生产方式的批判表明，过度开发自然资源会导致生态环境的破坏和社会的不可持续发展。马克思主义的生态批判理论提醒我们，经济发展不能以牺牲环境为代价，必须寻求人与自然和谐共生的新路径。这对于我国而言，意味着我们在推进工业化、现代化的过程中，需要坚持生态优先、保护优先的策略，为可持续发展营造良好的环境条件。其次，马克思的生态文化思想为我们理解和重建人与自然的关系提供了哲学基础。他认为自然是人类生存和发展的基础，人类必须在尊重自然法则的基础上进行生产和生活。这一点为我们提供了构建社会主义生态文明的理论支撑，提示我们必须在发展中保护、在保护中发展，确保生态文明和物质文明协调并进，努力实现社会主义现代化和人的全面发展。再次，马克思生态文化思想强调全面发展和自由发展，他认为环境问题本质上是社会问题,其解决途径在于实现社会的全面进步和人的自由全面发展。当前,面对环境压力,我们需要深入推进生态文明体制改革,完善环境保护法律法规,建立健全生态环境管理和保护机制,推动生态文明与经济社会发展的良性互动。最后,随着中国特色社会主义进入新时代,我们应将马克思生态文化思想同中国实际结合起来,探索具有中国特色的社会主义生态文明建设新路径。这不仅是对马克思主义理论的坚持和发展,也是为全球生态安全贡献中国智慧和中国方案。正如习近平总书记所言:"宣传思想文化工作事关党的前途命运,事关国家长治久安,事关民族凝聚力和向心力,是一项极端重要的工作。"① 通过持续推进生态文化工作,推动生态文明建设,为实现中华民族伟大复兴的中国梦做出应有的贡献。

因此,深入理解马克思的生态文化思想,结合中国社会主义实践,对于推动我国生态文明建设和实现社会主义生态强国目标具有重要的理论和实践意义。我们必须充分利用这一宝贵的文化资源,并将其转化为推动社会主义生态强国建设的强大动力。

第二节
国内外研究现状

一、国外研究现状

工业革命之后,技术进步迅猛,对自然资源的过度开采引发了一系列生态问题。美国社会哲学家刘易斯·芒福德率先关注了这一问题。他指出现代技术的突飞猛进在加剧资源消耗的同时,对生态环境造成了极大破坏。芒福德特别批判了现代战争中使用的毒气武器,指出这不仅是对人类生存安全的威胁,也是对生态环境的严重破坏。

在现代工业文化快速发展的背景下,生态伦理和环境伦理问题逐渐受到

---

① 《坚定文化自信秉持开放包容坚持守正创新 为全面建设社会主义现代化国家 全面推进中华民族伟大复兴提供坚强思想保证强大精神力量有利文化条件》,《人民日报》2023年10月9日,第1版。

广泛关注。部分学者从伦理的视角出发，深入研究了由现代工业文化引发的各种环境问题，对生态环境的伦理责任提出了重要的反思和批判。其中最为人所熟知的代表性人物便是生态伦理之父奥尔多·利奥波德。利奥波德的《沙乡年鉴》不仅是土地伦理学的开创性著作，更提供了一种全新的视角来重新定义人与自然的关系，强调生物的整体性与相互依赖性。

此外，其他许多学者也对生态伦理和环境伦理做出了显著的贡献。例如，帕斯莫尔在其作品《人对自然的责任：生态问题与西方传统》中，深刻批判了西方文化对自然环境的长期剥削，指出西方传统哲学与现行的环境管理实践之间的矛盾与冲突。辛格则在《动物的解放》一书中提出了对动物权利的重视，引发了关于动物福利和动物权利的广泛讨论。

在现代环境伦理学领域，美国学者如汤姆·里根、罗尔斯顿和保罗·泰勒做出了不可忽视的贡献，显著展现了从生态中心主义视角出发的研究取向。与传统的以人类中心主义为核心的环境伦理学不同，这些学者试图重新定义人与自然的道德关系，以响应生态和资源枯竭等全球性问题。

汤姆·里根在其著作《为动物权利辩护》中强调了非人类生命体的固有价值，挑战了传统伦理学中以人类福祉为中心的价值观。他的理论不仅提升了动物的道德地位，还拓展了道德关怀的边界，为生态伦理学贡献了新的视角和理论基础。他的观点力挺一种更广泛的生态正义，其中人类的道德权利与义务不再局限于对同种伦理的考量。保罗·泰勒在《尊重自然：一种环境伦理学理论》中进一步提出"生物个体拥有他们自身的目标"的理论，这不仅是对生命本体的尊重，也是生态系统保护的道德要求。泰勒将环境中的每一个生物视为道德主体，这种观点显著地扩展了道德关怀的范围，并试图从"生物中心"角度重建人类与自然的和谐关系。另一位重要学者罗尔斯顿在《哲学走向荒野》与《环境伦理学》中探讨了自然界内在价值的概念，并倡议在道德考虑中整合生态系统的完整性和稳定性。罗尔斯顿的著作不仅为解决生态危机提供了哲学基础，还主张为了地球的长远生存，必须重新考量人类活动对自然环境的深远影响。上述学者关于"自然观的建构"与马克思生态思想产生了一定的共鸣。马克思的思想中涉及了自然与社会的辩证关系，强调了自然不仅是人类生存的基础，也是社会生产力发展的前提。然而，这种对自然的深层理解与当时主流的自然观念格格不入，主流观点更多的是基于人类对自然的支配和利用，而非一种和谐共生的关系。具体而言，当马克思的理论与"自然观的建构"相碰撞时，虽然为部分前沿学者所认同，却也遭遇了不少传统观点的强烈反对。这些反对声音主要来源于对自然的传统理解，即把自然仅看作资源的观点，忽视了生态平衡和可持续发展的必要性。传统观念中的自然更多被视作一种纯粹的供人利用的对象，而非一个需要人类智慧与伦理负责任的系统。在当时的学术环境中，提出新的自然观不仅是引入新思维，更是对既有知识体系的挑战。这种挑战在短期内往往难以被广泛接受，因此"自然观的建构"所受的批判和质疑也是意料之中。这些争议不仅深化了社会对自然与发展关系的思考，也逐渐推动了对更为丰富和深入的马克思生态理论的探索。

随着时代的发展，学界对生态问题的研究不断深入。21世纪的气候变化及其带来的一系列生态危机，已经引起了学界的广泛关注和深入研究。在全球范围内，生态问题已经不再局限于环境科学领域，而是成为众多学科交叉研究的焦点。学者们通过各自的专业视角，深入探讨生态与文化之间的相互作用和影响，强调整个生态系统的复杂性和多样性。例如，在哲学和社会科学领域，研究者倾向于从伦理和实践层面分析"人与自然是生命共同体"，认为人类活动与自然环境的和谐共处是可持续发展的关键。此外，经济学者探讨将生态文明建设与经济发展相统筹的路径和模式，强调生态环境的保护实质上是促进了生产力的改善和发展。随着环境问题的加剧，更多领域的学者开始意识到，生态危机不仅是纯粹的自然或技术问题，更是一个深刻的社会文化问题。因此，学者们通过跨学科的合作，形成了对生态文化问题更为全面和深入的认知，进而试图找到更有效的解决方案来逆转目前的生态危机。

从经济学的视域来看，国外学者对传统古典经济学及新古典主义经济学的批评主要集中在其忽视自然资源的存在价值和资源稀缺性问题上。在这一点上，保罗·奥默罗德对传统理论经济学的核心模型——"竞争下的一般均衡模型"表达了强烈批判，他认为该模型的理性经济人假设前提是值得商讨的。这一观点指出，当前经济理论的建构并没有有效反映现实世界的经济—生态互动。与此同时，他提出"生态经济学"为解决这些问题提供了新的理论视角和方法。生态经济学重视自然资源的价值，强调环境保护与经济活动之间应存在一种平衡，这种思想反映了对传统经济理论的重要补充。诸多生态学家和资源地理学家等从"稳定状态"的角度出发，批判了经济学中普遍存在的扩张主义发展模式，认为这种无限扩张的模式是不可持续的，因为它忽略了环境的承载力和资源的有限性。

在戴利和里斯的观点中，经济系统不是一个独立于环境系统的实体，而是一个"逃不掉的、连成一体的、完全包含在内的、需要完全依靠非增长生态圈来增长的次级系统"。这种观点挑战了传统经济学中关于经济自主增长的假设，强调经济活动的环境依赖性和其内在的限制性。从里斯的角度来看，经济是一个"耗散结构系统"，其运作依赖于生态系统中资源的持续供给与能量的转换。他将生态学原理用来解释生态经济学的基础，强调了像热力学第二定律这样的自然法则对经济活动的制约，即经济活动在增长过程中不可避免地会消耗其依赖的生态系统内的物质与能量。这一理论框架要求我们重新审视经济发展的可持续性，并探索与自然环境更为和谐的发展模式。

里斯认为经济发展和环境保护之间的冲突是不可避免的，这种冲突根植于两者的基本功能和运作方式上的根本差异。根据他的观点，自然系统如森林、海洋、盐沼、珊瑚礁、耕地、矿物和化石燃料等，都是具有高秩序的自生产生态系统，拥有丰富的低熵能量和材料，这些是生命活动必需的基础和源泉。然而，人类的经济活动往往以牺牲这些高秩序生态系统为代价，导致生态系统退化成高熵状态，如土地沙漠化、水体污染和生物多样性的丧失，进而引发诸如气候变化、酸雨和环境中毒性物质增加等问题。

里斯指出，当代的经济增长模式基本上是不可持续的，这不仅仅是技术或经济的问题，而是更深层次的系统性不和谐状态，即经济系统作为一个依赖于稳定生态系统却不断追求增长的次级系统的固有矛盾。由此可见，经济发展的动力和生态系统的维持之间存在一种基本的矛盾，两者的协调发展面临巨大挑战。针对这种情况，里斯提出了解决方案，主张必须彻底摒弃当前的增长导向发展模式和相应的文化价值观，转而寻求一种新的模式，这种模式应当能够在确保生态系统完整性的同时，支持经济的持续健康发展。他强调，只有通过根本改变我们对经济增长和成功的认识，并重建我们的社会和经济系统以适应生态系统的限制，我们才能实现真正意义上的可持续发展。

从政治视域来看，国际学术界对生态问题的研究多从两个主要政治视角展开。一是学者们通过实践的视角分析生态政策的"制定"过程，探讨如何在政治决策中有效整合生态保护的需求。二是，从制度批判的视角出发，很多研究将生态环境的恶化归咎于资本主义制度的运作。这些分析认为，资本主义的"不断扩张"和"利润最大化"的本质加剧了对自然资源的掠夺，进一步导致生态系统的破坏。这种批判性视角是认识和解决生态问题的重要方法论基础。

理查德·彼得森和其他学者通过在自然保护议题上引入"文化三角棱镜（Cultural Lens）"这一概念，见证了文化视角在生态保护中的重要性。在现代社会中，自然保护不仅仅是一个环境或科学问题，而体现为文化现象，这是由社会的价值观、历史背景和经济结构所决定的。因此，从文化的视角审视自然保护，能更深入地理解该问题的复杂性和多维度性。通过跨学科对话和合作，学者和实践者们成功地促进了不同领域之间的知识和资源的共享，这为解决生态退化与人类需求增长之间的矛盾提供了新策略。尤其是他们不断提倡采取严谨而低调的研究态度，有助于沟通差异、整合视角并共同寻找解决方案，这为社会的可持续发展打开了新道路。此外，政治意图的强化显示了政策制定者在生态文明建设过程中发挥的核心作用。另外，最近十年的研究指出，人口的快速增长和经济活动的增加给自然环境和气候变化带来了巨大压力。在快速的经济发展中，资源的过度开发和碳排放的增加都直接加剧了气候变化，气候的剧烈变化制约了全球环境的健康状况。这种现象反映了人类发展与自然环境之间的深层次矛盾，强调了发展策略和环保政策之间需要更好的平衡。

在应对气候变化的挑战中，格诺特·瓦格纳提出了一系列的观点，指出这一问题具有独特的不确定性、全球性和长期性三大特点。这些特征要求我们在政策制定时，必须调动科学的正确性、公众意识与经济效率三个方面的力量。然而，政府在实际操作中往往面临巨大的挑战，特别是在远见性的政策决策上往往受到经济和心理因素的双重阻碍。从长远来看，有效应对气候变化的核心策略应包括建立自下向上的政策需求，创建并实施碳定价机制和推进技术创新。这不仅促进经济领域的革新，同时也要求形成全球性的伦理观转变，以支撑低碳而高效率的生活方式。这种转变要求策略既要着眼未来，又要立足当前的实际，涉及广泛的社会经济层面的调整和科技的进步。

短期内，虽然难以在全球范围内形成严格的应对气候变化的共识，政策制定者仍需致力于克服这种固有的心理和行政障碍。一个高效的行政策略是将气候政策的好处与地方利益及时地联系起来，促使地方政府和当地公众认识到积极应对气候变化可以获得直接益处。

高科学水平的政治领导力在这一进程中扮演着至关重要的角色，政治家们不仅需纠正现有市场的非理性行为，更应引领市场向更可持续及环境友好的方向转变。这种领导策略要求政策制定者保持清晰的战略视野和坚定的行动力，确保气候行动与科技发展、公共意识的提升和经济持续发展三者能够有效同步。

总之，气候变化作为一个复杂且全球性的问题，要求国际社会在科技、政策和经济等多层面上共同努力，发展出切实可行的应对策略。这不仅关乎环境本身的改善，也深刻影响着全人类的未来生存和发展。

此外，还有许多学者从制度批判的角度来深挖资本主义生态问题的罪魁祸首。针对生态环境问题的来源，一种广为接受的观点是认为这些问题根植于资本主义生产模式的固有属性——对自然资源的无限制开发与短视的利益追求，这种制度性的贪婪破坏了人与自然的和谐共生关系，成为生态退化的主要因素。此处，生态社会主义概念的提出，便是作为对资本主义体制内在缺陷的一种批判与回应。生态社会主义不仅仅是一种理论上的挑战，更是对建立更为公正与可持续的社会架构的具体实践倡议。在该理念中，社会主义制度的可塑性与集体主义被视为解决生态危机的有效工具。

资本主义制度下的生态环境问题，从根本上说，是没有妥善处理人与自然之间的关系所致。奥康纳和福斯特等生态社会主义的提倡者们通过对马克思主义的现代诠释，探讨了资本主义经济体制中固有的生态危机，并进一步指明社会主义制度的优越性在于其能够在理论和实践中更好地融入生态可持续的理念。事实上，实现生态文明的核心不仅仅在于推动环境保护的政策或技术革新，更在于能否在全球范围内推广一种新的政治与经济运作模式——全球民主，这个观点首次由美国学者大卫·格里芬提出。这种模式强调不受资本主义制度中的利益驱动的影响，通过真正民主的方式解决全球性的生态问题。最后，生态社会主义的观念和实践寻求通过建立一个尊重与保护自然环境的社会主义系统，来对抗和纠正资本主义制度中根深蒂固的生态问题。

从哲学视域来看，在当前全球生态危机日益严峻的背景下，有机马克思主义提供了一种新的理论视角来解读和应对这一挑战。《有机马克思主义：生态灾难与资本主义的替代选择》一书中指出，全球资本主义已经造成了人类有史以来最为严重的生态与人道主义灾难，"没有哪一个比全球环境危机更能凸显资本主义制度的局限性"①。可见，资本主义政治制度及其生产方式是导致严重生态灾难的根本原因。资本主义的内在缺陷不仅在于其对自然资源的极端开发和消耗，而且还在于其无法有效应对由此产生的环境退化问题。该著作强调，资本主义面临它根本无法解决的危机，这一表述凸显了资本主义体制的生态逻辑缺失。

有机马克思主义作为一种理论创新，不仅批评现有的资本主义体系，更提出了一种融合马克思生态批判与可持续发展的新理论。这种理论认为，只有通过重新构建人与自然的关系，才能实现生态与社会的和谐。有机马克思主义学派认为，有机马克思主义是结合中国传统文化及马克思主义的新理念，它被视为新形态的马克思主义，并且在全球范围内具有广泛的影响力。特别值得注意的是，对于中国特色社会主义道路及其生态文明建设，有机马克思主义给予了高度评价。该学派的部分学者认为，中国在全球范围内推动生态文明的努力具有示范作用，其发展模式显示出在地球上所有的国家当中，中国最有可能引领其他国家走向可持续发展的生态文明。这种评价不仅肯定了中国在生态文明建设方面所取得的成就，也反映了有机马克思主义对于发达与发展中国家在生态治理上可能存在的合作与借鉴潜力的期待。

二、国内研究现状

在国内学术界中，生态文化思想的研究以生态伦理学的研究为起点。国内学者借鉴西方生态伦理学的理论，并逐渐引进与融入马克思生态文化思想。随着国内对马克思生态文化思想研究的深入与成熟，马克思生态文化思想不仅成为国内生态文化研究的重要视角，同时也为我国解决实际生态问题提供了理论支持。

西方生态伦理学主要研究人类与自然的道德关系，这一领域着重探讨如何处理人与环境的关系，强调尊重自然和生命。这些理论在20世纪后半叶迅速发展，形成了较为完整的学术体系。国内的生态伦理学研究最早引进这些理论，并进一步探讨了它们在中国的具体应用。随后，马克思生态理论的引入为这一领域带来了新的发展维度。尽管马克思未专门撰写生态理论著作，

---

① [美]菲利普·克莱顿、贾斯廷·海因泽克:《有机马克思主义：生态灾难与资本主义的替代选择》，孟献丽等译，人民出版社2015年版，第4页。

但其关于人与自然关系的观点为后来的研究提供了丰富的资源。特别是关于自然不仅仅是生产力的一部分，同时也是人类生存环境的重要部分的理论。关于人类中心主义和非人类中心主义的争辩，在国内外属于生态伦理学的核心议题之一。这一辩论涉及人类是否应该是和自然界平等的存在，或者是否应该享有优越地位。在这一议题上，马克思生态文化思想提供了一个独到的视角，即通过劳动实践和社会结构的变革来达到人与自然的和谐共生。学者孙道进关于生态伦理学的贡献尤为突出，他在其著作《环境伦理学的哲学困境：一个反驳》中不仅系统分析了西方的环境伦理学，还从马克思主义视角出发，重新解读了这些理论，并将其与中国实际相结合，推动了生态伦理学在国内的深入研究和发展。

总体上，生态伦理学在中国经历了从引入、适应到创新发展的过程。借助马克思主义理论，中国学者不仅解读了西方的生态伦理学理论，还根据中国的国情和实际需要进行了本土化改造和理论创新，使之成为解决中国生态问题的有力思想武器。

近年来，国内学者在引进西方马克思主义流派，并对其代表性著作进行深入研究的基础上，逐步聚焦于对马克思本人"生态文化"思想的探索和阐述。21世纪初期，国内对马克思"生态文化"思想理论研究已日趋成熟，通过系统梳理可知，学者们从内涵意蕴和当代价值等多个维度进行了广泛而深入的研究。

一是马克思生态文化思想的内涵意蕴研究。卯海娟提出："人与自然辩证统一的生态自然观、变革旧制度与建立新制度的生态制度观、自然性与属人性相统一的生态劳动观、节约资源与发展经济的循环经济观、人与自然和谐共生的生态消费观是马克思恩格斯生态文化思想的主要内容。"[①] 刘海霞指出："马克思恩格斯生态文化观是指人、自然、社会和谐共存的生态价值观，合目的性与合规律性统一的生态实践观，兼顾经济发展与自然价值的生态科技观。"[②] 詹荣海认为："生态文化是生态文明时代以生态价值观为指导的社会意识形态，是生态文明建设的思想灵魂和内核……基于哲学视角的生态文化思

[①] 卯海娟：《马克思恩格斯生态文化思想探究》，《中共济南市委党校学报》2018年第6期，第10页。

[②] 刘海霞：《马克思恩格斯生态文化观及其现实诉求》，《贵州大学学报（社会科学版）》2015年第4期，第14页。

想，可以在更深层次引发对人与自然关系及其相关问题的哲学反思。"① 穆艳杰和李忠友"从本体论、价值论以及伦理学层面对生态文化的理论蕴涵进行阐释，认为生态文化更加注重和强调人、自然与社会的有机统一；世界万物和谐共生的主体价值；对自然万物的仁爱之心"②。宋周尧提出："生态文化是指以人与自然和谐发展为取向的价值观念、情感态度及心理意识。马克思恩格斯的生态文化思想内含人与自然实现本质统一的价值观、内在尺度与外在尺度统合的生态实践观、利用自然与复活自然一体的生态制度观、享用自然资源与节约自然资源互动的生态消费观。"③ 蔺运珍提出，"马克思恩格斯生态文化思想的基本内容包括：人与自然是辩证统一的，劳动是人和自然的中介，人类应该'经济利用'自然资源等"④。任美娜和李桂花提出："工业社会的发展为人类带来了严重的生态危机与生存危机，这迫使人们不得不转变传统思维方式和价值观念。马克思主义生态文化观，以促进人与自然之间的和谐发展为精神内核、以探寻生态危机产生的根源作为基本前提、以最终实现人与自然和谐的社会状态作为最根本目标，突破了传统思维方式和价值观念的限制与束缚。"⑤

二是马克思生态文化思想的价值研究。刘时容提出："在生态文化领域，存在着两种不同的价值取向：一、以人为本，以人类中心主义为价值取向，人与自然的观念对立，强化着人类存在的反生态本质，从而导致生态的反向发展；二、'物我共生'，主张'天人合一'的价值观念，人类与自然的和谐共处，通过消灭主体价值，以最终实现人类的幸福。"⑥ 王丛霞等认为："价值取向不同决定了主体的行为选择方式的差异。传统文化，尤其是工业文化的'崇尚高消费，追求物质享受'的价值取向的弊端随着全球性生态危机的到来日益显现，生态文化的产生是社会发展的要求和必然，其'崇尚节俭，追求

---

① 詹荣海：《马克思主义环境哲学视域下的生态文化自觉》，《前沿》2011年第21期，第163页。
② 穆艳杰、李忠友：《从哲学的视角解析生态文化内涵》，《东北师大学报（哲学社会科学版）》2016年第4期，第93页。
③ 宋周尧：《马克思恩格斯的生态文化思想及其现实价值》，《社会主义研究》2007年第2期，第1页。
④ 蔺运珍：《马克思恩格斯的生态文化思想及其时代意蕴》，《中共郑州市委党校学报》2010年第1期，第5页。
⑤ 任美娜、李桂花：《马克思主义生态文化观的哲学阐释》，《社会科学战线》2017年第5期，第248页。
⑥ 刘时容：《论生态文化的两种价值取向》，《湖南人文科技学院学报》2009年第3期，第98页。

创造'的价值取向将是人与自然和谐相处的关键。"①

三是马克思生态文化思想与中华传统生态文化的内在契合性研究。邹玉香提出："中国传统生态文化具有丰富的蕴涵，'和谐、节欲、爱物、崇尚自然'的生态价值观都和马克思主义生态观具有契合点，即人与自然和谐统一、爱物、尊重自然规律、节制过份物欲等。探索马克思主义生态观与中国传统生态文化契合性，并在此基础上于当今中国实际中加以运用，对马克思主义生态观及中国传统文化中的'生态智慧'的丰富与发展，处理当今中国的'生态危机'、进行生态文明建设，具有重大现实意义。"②张晓双指出："马克思生态哲学思想和我国传统生态文化观之间，由于具有不同的文化基础，所以二者之间观点存在一定差异，尤其是生态危机所产生的根源大相径庭，但对人与自然之间关系的认知不谋而合，二者均认为人类应该遵循自然界的生存法则。"③马秋丽等提出："马克思主义与中华优秀传统文化存在从外到内、由表及里的层层递进的三重契合，每一重契合主要体现在两个方面，这三重契合共体现为六个方面，我们称之为'三重六维'。第一重契合是理论本性的契合，主要表现为中华优秀传统文化开放包容的文化基因与马克思主义开放性的理论品格相契合、中华优秀传统文化革故鼎新的文化基因与马克思主义发展性的理论品格相契合这两个维度。第二重契合是精神气质上的契合，主要体现为中华优秀传统文化与马克思主义在辩证思维上的相通与实践精神方面的神似这两个维度。这一层面的契合促进了二者的精神接近。第三重契合是中华优秀传统文化与马克思主义在价值观上的契合，主要体现在民众观、社会理想观两个维度，这一层面的契合构成了二者结合的深层理据。深入剖析二者的多维度契合，有助于促进马克思主义基本原理与中华优秀传统文化的融通与贯通，推进二者的结合与相互成就，在新时代谱写马克思主义中国化时代化新篇章。"④

四是基于马克思生态文化的应用性问题研究。由于马克思生态文化思想

---

① 王丛霞、陈黔珍：《生态文化与人的自由全面发展》，《贵州社会科学》2007年第10期，第39页。
② 邹玉香：《马克思主义生态观与中国传统生态文化的契合性探析》，《云南社会主义学院学报》2014年第4期，第416页。
③ 张晓双：《试析马克思生态哲学思想与中国传统生态文化观异同》，2022年IEEE第二届国际教育技术会议论文。
④ 马秋丽、张永怀：《"三重六维"：马克思主义和中华优秀传统文化的契合性分析》，《山东大学学报（哲学社会科学版）》2023年第6期，第9页。

内涵丰富，涉及学科领域广泛，现实针对性强，意义和价值大，因此，除了上述几个方面的研究，还有一些学者在更加广阔的应用性领域上对此进行了探讨。赵前华指出："马克思恩格斯生态文化思想有着丰富的内涵，主要由生态价值观、生态科技观、生态实践观三个部分组成。针对当前我国美丽乡村建设过程中存在的村民生态意识薄弱、经济发展方式落后、乡村发展不可持续等问题，要以马克思恩格斯生态文化思想为指导，通过宣传教育，强化村民生态意识；运用科技手段，转变农村粗放型的经济发展方式；利用乡村优势资源，实现从'输血'到'造血'的转变，从而助力美丽乡村建设目标的实现。"① 马璐璐提出："马克思主义生态文化观强调人与自然的和谐共生，在承认自然界先在性的同时，将人类视为自然的重要组成部分，因此需要不断保护、优化自然环境。美丽乡村建设作为美丽中国建设的重要构成部分，应积极贯彻落实党和国家的方针政策，从农民队伍建设、农村发展方式、顶层设计以及各主体配合角度出发，改善乡村生态环境，推动乡村经济发展。"② 郎振红等指出："马克思恩格斯针对资本主义社会人与自然不能和谐相处、不可持续发展的现实，分析其原因，提出并发展了生态文化思想，其内容可以从价值观、实践观、科技观和消费观等诸多方面进行分析。'美丽中国'的建设要以马克思恩格斯的生态文化思想为指导构建当代先进文化，实现社会可持续发展与人的全面而自由发展。"③ 竟辉和田贵平指出："马克思主义以辩证唯物主义和历史唯物主义为哲学依据的科学理念，根植于广大群众开展实践活动的人民立场，以及实现人类社会与自然和谐永续发展的价值取向等文化意蕴，对推动我国生态文化建设和构建生态文明社会有着重要的现实意义。"④ 王越芬等认为建设美丽中国视域下生态文化自觉要在确立马克思主义的学理价值与主导地位的基础之上，从价值维度、发展维度、主体维度和时空维度

---

① 赵前华：《马克思恩格斯生态文化思想对我国美丽乡村建设的启示》，《农村经济与科技》2023年第14期，第54页。
② 马璐璐：《马克思主义生态文化观视角下中国美丽乡村建设研究》，《连云港师范高等专科学校学报》2022年第39卷第3期，第16页。
③ 郎振红、陈尚伟：《马克思恩格斯生态文化思想与美丽中国视域中的生态意蕴》，《湖北社会科学》2013年第11期，第13页。
④ 竟辉、田贵平：《论马克思主义视域下的我国生态文化建设》，《重庆邮电大学学报（社会科学版）》2013年第5期，第11页。

四个方面生成和展开。①

这些成果虽然在某种意义上已经不是单纯的马克思生态文化思想的研究成果,但是在借鉴和利用生态文化的同时,也在某些方面为我们进一步研究马克思生态文化提供了思考和启示。

第三节
研究方法、内容与创新之处

一、研究方法

一是文献追踪研究法。这是经常被使用的学术研究方法。本书梳理的是人与人、人与自然、人与社会这几者之间的内在必然关系。对自然的探讨与研究,是人类的永恒主题。几千年来,不管是东方还是西方,都用自己的智慧来研究自然,希望能发现规律,以便让自身得到更好的生存环境,顺利地发展下去。从中国到西方,从古代到今天,大量文献成果层出不穷,其中既有对理论的研究,也有对作者所处时代的实践研究,这些文献都为我们的研究提供了借鉴与参考。

二是文本解读法。以问题为导向的文本解读法是当今学界运用较多的研究方法之一,本书采用了以文本为基础的解读法,以马克思的经典文献为参考,对马克思思想的产生背景、写作经历、内容等资料进行考证分析,然后对已阅读的经典文献进行提炼,并概括出马克思在不同时期的生态文化思想。虽然马克思恩没有系统和专门阐释自己的生态文化思想,但马克思的生态文化思想散见于不同时期的经典文献中,因而,运用文本解读法能够更好地呈现马克思生态文化思想的理论逻辑和思想的完整性。

三是历史与逻辑相统一的方法。这种研究方法主要是从历史的联系和发展变化中对研究对象加以考察的方法。对马克思所生活时代的生态文化问题

---

① 王越芬、孙健:《建设美丽中国视域下生态文化自觉的生成逻辑》,《学习与探索》2018年第4期,第24页。

进行研究，涉及对生态文化不同历史状态的追溯，其中既有纵向的历史梳理，又有形而上学的逻辑分析和理论的概括。这就是说，马克思生态文化问题研究，既不能只是单纯的逻辑推理，使生态文化理论成为概念的堆砌，又不能囿于简单的历史叙述，而缺乏理论的概括。要使逻辑和历史的方法有机结合起来，使马克思生态文化思想呈现本来面目。

四是多学科交叉研究法。马克思生态文化思想研究，是一项系统而复杂的工程。它涉及方方面面，并不仅仅是哲学问题，它还涉及人文社会科学中的大量学科，比如文化学、历史学、政治学、经济学、社会学等等，同时还有自然科学的知识作为支撑，比如生态学、环保学、生命科学等。只有文理多种学科的知识交叉，既有理论支撑，又有数据分析，这样的研究成果才会有说服力。

二、研究内容

最近十几年，学术界开始探讨马克思生态文化思想，从研究的成果上看，马克思主义生态文化思想的探讨呈现较为片面化的特征，还没有形成系统化的研究。因而，本研究努力建构马克思生态文化思想的总体理论框架：生态文化及马克思生态文化思想的概念界定；马克思生态文化思想的出场背景及理论来源；马克思生态文化思想的出场、建构及完善的衍进过程；构建马克思生态文化思想的逻辑理路——从政治—经济—社会三重维度解析马克思生态文化思想的内在意蕴，在此基础上挖掘思想理论的生成逻辑、逻辑线索及价值旨归；关注马克思生态文化思想在当代西方的传承与发展，尤其是关注当前西方马克思主义中较为前沿的两大流派，即生态学马克思主义与有机马克思主义，关注马克思生态文化思想的最新理论动态；从理论与实践价值的双重维度，来梳理马克思生态文化思想的时代价值。

三、创新之处

一是采用横—纵分析法。本研究对马克思生态文化思想的历史衍进做了全面的追溯，对马克思在各个不同历史时期的生态文化思想，在横向上进行全面的梳理，并在纵向上进行深入的探究和分析，总结和归纳出马克思生态文化思想的出场、建构和完善三个阶段对人与自然之间关系的理解。

二是基于整体性逻辑分析马克思生态文化思想的理论构架逻辑。针对学术界在马克思生态文化思想的构成内容上缺乏整体性逻辑论证的情况，本研究提出了马克思的生态文化思想在唯物史观形成中而产生为显性线索及对资本主义社会异化劳动的扬弃为隐性线索的双层线索而展开，也体现了该思想从抽象上升到具体和从哲学思辨走向现实的生成逻辑，最终以构建人与自然和谐的生态文化思想、基于马克思生态文化思想的生态人和基于马克思生态文化思想的共产主义社会为逻辑旨归。

第二章 马克思生态文化思想的产生基础

要准确解读和分析马克思的生态文化思想,首要的任务是明确其概念内涵,这也是展开研究的逻辑前提。任何一种理论都不是凭空产生的,都是在总结、汲取前人研究经验的基础上形成的,马克思生态文化思想也不例外。马克思在分析、批判和继承已有研究成果的基础上,创立了生态文化思想,实现了生态理论的革命性变革。任何思想的发展都不是漫无目的的,总是有其特定的出场背景并反映着时代特色。马克思生态文化思想之所以能够超越前人的研究,与其当时所处的时代背景不无关系。因此,只有精准地界定马克思生态文化思想的内涵,全面了解其产生的出场背景与学理渊源,才能更加深入且有针对性地对马克思生态文化思想予以客观且严谨的阐释。

第一节
马克思生态文化思想的概念界定

在学术研究中,对核心概念及其范畴的分析是解读思想的基本途径。围绕"马克思恩格斯生态文化思想"的研究,虽然马克思并未直接使用"生态"或"生态文化"等现代生态学术词汇,但这并不意味着他们的理论体系中缺乏对生态问题的洞察。

通常,"马克思恩格斯生态文化思想"可能会被误解为一个现代的概念,然而,依照如今学界对生态文化的理解来解读马克思的文献,不难发现,其思想实质上包含了深刻的生态文化理论。在其诸多论述中,频频触及自然界与人类社会的关系,例如,马克思在研究资本主义生产模式对土地的剥削中提到了自然资源的枯竭问题,这无疑是生态文化思想的早期表现。再结合马克思的经典文献及其对资本主义社会生态危机的批判理论,并以此为基础,回望马克思经典文本,明晰何谓"马克思生态文化思想"。

一、生态文化

(一)生态

要对"生态文化"的内涵进行深刻解读,关键在于准确理解构成该概念的"生态"与"文化"两大要素及其应用语境。一方面,要解析"生态"与

"环境"之间的区别，是弄清楚"生态"的原始含义的基础；另一方面，在"生态"与"文化"的交融中探究"生态文化"的核心含义，系统性和历史性地把握这一组概念，是分析和研究"生态文化"内涵的关键环节。

要准确地理解"生态"与"环境"的区别和联系，其核心在于深刻把握"生态"和"环境"两个概念的词源和应用语境。论述这两个概念时，不仅要考虑它们的语言学起源，还要明白它们在现代社会的重要性及扮演的不同角色。"环境"一词来源于英文单词"environment"，根据牛津英语辞典，19世纪初，这个词主要被用来描述周围的物理世界和一个人或社会的文化背景。也就是说，"环境"旨在描述与参照对象相对的、外部的物理和社会背景，主要强调的是客体的存在。随着时间的推移，该词被广泛应用于描述自然界和人工环境中的所有外部因素，既包括自然资源，也包括由人类活动造成的影响。因此，这种定义方式往往没有涵盖人与自然间的互动关系，反映出一种人类中心主义的逻辑立场。而"生态"这个概念则源自"ecology"，这个词由德国生物学家海克尔提出，原指研究生物与其生存环境之间互动的科学。此概念着重描述的是生物体与生存环境之间的互动关系，反映了一种系统性和整体性的视角。与"环境"相比，"生态"强调的是生物体与周围环境的联系和互动，不仅限于物理存在，更包括生物过程和系统运作的方式。

概言之，"环境"通常指的是周围的物理、化学及生物性因素体系，这一定义关注于描述人类生存的外部条件，而这在某种程度上体现了人类中心主义的思维模式。与此相对，"生态"则重在探讨生物与其环境的互动关系，强调的是一个系统内部元素间相互作用和依存的关系。此外，"生态"一词在现代解释中已超越了"环境"的范畴，它强调的是一种更具整体性和平衡性的观念，展现了生物与其环境之间的多层次和复杂的相互作用。这种视角摒弃了以人为核心的价值取向，倡导人与自然之间亲和性的关系，强调包括人类在内的生物与自然环境和谐共生的关系。因此，只有在明晰两个概念的特性和应用领域的基础上，才能更好地促进人类社会与自然环境的可持续发展。

（二）文化

对于"文化"概念的理解，也要从词源学的角度探究。在分析"文化"的词源之后，可以发现，它不仅包含居住、练习、种植、耕作等几种含义，也逐渐拓展到精神领域，指代人们的道德情操和道德品质。原初意义中，这种词汇反映了人与自然环境之间直接作用和依存的关系，而这种关系在现代社会已经演绎为更复杂的人类社会实践和精神诉求。"文化"含义的扩展，展示了人类在解决与外部世界尤其是自然环境间的复杂关系中，所形成的独特行为模式和思想体系。这种文化展现方式不仅仅是日常行为的总和，它还深刻影响着人的存在方式和世界观。从社会历史角度看，不同的生存方式和自然环境的相互作用，塑造了多样的文化形态，这些文化形态紧密联系着人们的生活方式与精神追求。进一步可以看出，文化内涵的演变反映了人类如何适应并改造自然环境，以及如何在这一过程中形成稳定的社会结构和价值观念。可以说，"文化"是人类生存状态的一种反映，也是人类社会发展的重要标志。

可见，从"文化"词义的起源到其在现代社会的演化，我们可以看到它是如何从简单的生活实践扩展至复杂的社会精神活动，及其在国家和民族层面上扮演的角色。它不单单彰显了一个民族的精神面貌，也是国家综合实力的重要推动力量。因此，理解和研究文化的深层含义，对于揭示人与自然的关系及其演变具有重大的理论和实践意义。

（三）生态文化

在探讨"生态文化"这一概念时，首先需要明确其含义及其在现代社会中的重要性。根据文献，生态文化最早由罗马俱乐部创始人佩切伊提出，他在探讨科技发展对人类生存的深远影响时，强调生态文化作为一种新兴文化形态的必要性。生态文化广义上指以生态核心价值为主导的精神性总和，狭义上则更侧重于人与自然和谐关系观念。

此概念的提出及其发展，与人类生产方式的历史进程密切相关。西方工业革命后，以人为中心的开发模式对自然环境造成了巨大冲击，这种对自然资源的掠夺性利用最终导致了生态环境恶化。与此同时，生态文化也受到了时代的挑战，需要重新定义和理解。笛卡尔提出的物质与人类精神独立存在的观点，虽对科学发展有着显著贡献，但在某种程度上忽视了人与自然的和谐共存，这与生态文化的根本理念相悖。

对于"生态文化"的未来发展，我们应当重视与自然的和谐相处，而不仅仅是技术与资源的开发利用。人类应当从传统的人对自然的控制和利用理念，转向与自然更加平等和尊重的关系，这是社会可持续发展的基础。法国哲学家莱布尼茨的单子论提供了一种视角，认为万物由内在单子构成，这些单子之间的和谐互动是理解世界和构建文化的关键。

因此，在这一全球性的生态危机面前，构建符合生态学原则的文化体系显得尤为紧迫。必须将"生态"作为文化发展的核心，不断革新和创造出适应时代需求的生态文化形态。我们需要思考的不仅是如何利用自然，还有如何与自然和谐共存，如何在全球范围内作出有效的生态文化响应，以达到人类与自然的共生共荣。只有这样，生态文化才能真正地成为推动人类社会向前发展的积极力量。

二、马克思生态文化思想

由前文关于生态文化的论述可知，生态文化主要聚焦于以生态为核心的价值观念。而马克思生态文化思想则是指，在马克思创立唯物史观进程中形成的以人与自然和谐发展为取向的价值观念。该理论聚焦于研究人与自然相处过程中的观念问题，进而使得人类不得不面对一系列的社会生态环境问题。马克思在其理论体系中，深刻探讨了人与自然的关系。他认为人类社会的发展和自然界的状态息息相关，并力行人与自然界和谐相处的理念。具体而言，一方面，马克思生态文化思想强调了人类活动需遵循自然规律，并告诫人类活动要在自然环境的承载力范围之内，以避免生态赤字和不可逆转的生态灾难。这是对当代生态危机的一种积极响应，体现了生态文化的理论价值和实践意义。另一方面，马克思理论指出，人类不应仅满足于自然界的现存形式，而应通过改变自然来创造更理想的生活环境，这不仅表明了人的主体能动性，也反映了生态文化对于人的本质需求和生态适应性的深刻理解。这种观念提示我们在面对自然界时不应采取消极态度，而应积极探求与自然环境的和谐共处方式。

此外，马克思明确指出上层建筑应与经济基础相匹配，先进的生态文化观念能够推动社会经济的健康发展，而落后的生态文化则可能导致生态问题的恶化，这为认识人与自然的辩证关系提供了理论支持。

在梳理这些观点时，我们可以看出，马克思生态文化思想不仅仅是一个理论概念，更是指导实践的方法论，它要求我们在推动社会发展的同时，不断调整人类活动，确保社会生态与经济的协调发展。进一步研究马克思生态文化思想，不但能够帮助我们更好地理解人与自然的复杂关系，也能为解决当前全球面临的生态问题提供科学的理论指导。

第二节
马克思生态文化思想的出场背景

一、现实境遇：资本主义社会生态环境问题日益凸显

19世纪是欧洲从封建社会向资本主义社会转型的重要历史阶段。这一时期，机械化大工业的兴起彻底改变了生产方式和社会结构。然而，资本主义生产方式在带来经济繁荣的同时，也对环境产生了极大的消极影响。为了追求最大化利润，资本家不断扩张生产规模，导致自然资源的过度开采和严重的环境污染。工业活动排放的废气和废水直接威胁到了自然生态和人类健康，城市的快速扩张亦使得自然景观遭到破坏，生态平衡遭受严重威胁。

一是资本主义社会工业革命，引发了严重的环境污染问题。19世纪下半叶，资本主义社会的工业革命加速了工业化和城市化进程，其在欧洲和北美等地区广泛展开，也驱动了世界经济的显著变革。然而，这一历史性的变革也带来了严峻的环境污染问题。这些国家以纺织业和大规模机械生产为标志，不但推动了工业多元化，也促进了城市集聚化，一些地区也因此快速转变成了"大工业城市"。在这个过程中，因工业运作而产生的较大量污染物超出了自然系统的处理能力，因而自然环境承受巨大压力，并随之给空气、水源和工人生产生活环境带来了严重的危害。马克思深刻分析了资本主义生产方式下，工业化和城市化快速推进所带来的环境污染问题。首先，他认为空气污染主要源自煤烟，这包括生产活动中的工业煤烟与生活使用中产生的煤烟。这种煤烟的大量排放，使大城市的居民"患慢性病的却多得多"[1]。这反映了当时城市居民健康状况与生活环境间的直接联系，凸显出工业活动对空气质量恶化的巨大影响。其次，河流水资源的污染也是马克思关注的重点。随着大量未经处理的工业与生活废水的直接排放，英国等地的河流遭到了严重的污染。马克思曾指出，尽管蒸汽机工业需要大量纯净水，但"工厂城市把一

---

[1]《马克思恩格斯文集》第1卷，人民出版社2009年版，第410页。

切水都变成臭气冲天的污水"①。这揭示了工业化对水资源的极大破坏,不仅影响了工业生产自身的可持续发展,更对生态系统造成了长远的负面影响。再次,产业革命导致工人生产和生活环境的恶化。在资本主义生产方式的压迫下,工人的生存状态极为恶劣。恩格斯在《英国工人阶级状况》中通过调查论证,指出了伦敦、曼彻斯特等城市工人居住环境的糟糕状态,以及臭气熏天的"贫民窟"对工人健康的巨大危害。他描述说:"每一个大城市都有一个或几个挤满了工人阶级的贫民窟。"②这些描述反映了工业化进程中环境污染对下层工人阶级生活质量的严重影响。总的来说,人类好像在一夜之间突然发现自己正面临着史无前例的大量危机:人口危机、环境危机、粮食危机、能源危机、原料危机……这场全球性危机程度之深、克服之难,对迄今为止引起人类社会进步的若干基本观念提出了挑战。这些危机的共同根源在于资本主义生产方式所导致的环境持续恶化。

二是资本主义经济模式造成了生态资源的不可持续性。在资本主义私有制下,生态资源的不可持续性主要是由资本的本质和资本积累的动力所导致的。首先,资本主义生产是为了不断追求剩余价值,而不是满足社会对使用价值的需求。在资本主义体系中,自然与经济之间的关系常常表现为对立和矛盾,这一点可以从马克思理论中清晰看到,在私有制统治形式下的自然观,是对自然界的真正的蔑视。"撇开自然物质不说,各种不费分文的自然力,也可以作为要素,以或大或小的效能并入生产过程。它们发挥效能的程度,取决于不花费资本家分文的各种方法和科学进步。"③资本主义制度下资本家关心的是剩余价值,而非长远的生态利益。其次,资本主义社会中生态的不可持续性还体现在其生产方式的内在矛盾上。资本主义的生产是社会化的,但生产的劳动产品的占有是私人的。这种社会化生产与私人占有之间的矛盾导致了生产的无政府状态,短视的利益驱动使得自然资源被无节制地开采和消耗。在此基础上,资本主义基本矛盾中的社会化生产和资本主义占有之间的矛盾表现为个别工厂中的生产的组织性和整个社会的生产的无政府状态之间的对立。这种生产方式不仅忽视了生态环境的保护,而且加剧了资源的过度

---

① 《马克思恩格斯全集》第20卷,人民出版社1971年版,第320页。
② 《马克思恩格斯全集》第2卷,人民出版社1957年版,第306页。
③ 《马克思恩格斯文集》第6卷,人民出版社2009年版,第394页。

开发和环境的破坏程度。最后，资本主义私有制下的生态问题，还与资本主义唯利是图有关，即资本家为了追求眼前利益，往往缺少对生态问题的长期考虑。资本家进行生产和交换的目的是追求直接利润，"当一个资本家为着直接的利润去进行生产和交换时，他只能首先注意到最近的最直接的结果"①。这导致在生产过程中，资本家往往无视或低估其活动对环境的长期负面影响，从而加剧了对生态的破坏。因此，资本主义私有制下，资本家通过特有的生产方式追求剩余价值最大化，不考虑其对自然环境造成的长期破坏，从而导致生态资源的不可持续。

三是资本主义社会工人阶级生活环境恶化致使无产阶级奋起反抗。随着资本主义国家工业革命的完成和资本主义的快速发展，资本与劳动的矛盾日益尖锐，无产阶级和资产阶级作为对立的两大阶级集团逐步形成。马克思曾深刻指出，资本主义的本质在于利用手中的生产资料，对无产阶级和自然资源进行双重剥削，并以此追逐剩余价值。这一过程不仅使得无产阶级日益贫困，也导致了生态环境的日益恶化。19世纪上半叶，欧洲各国资本主义的高速发展伴随着大规模的工业污染和生活条件的恶化，触发了一系列重要的工人运动。包括法国里昂的工人起义、英国的宪章运动，以及德国西里西亚的纺织工人起义。这些运动在资本主义历史上留下了深刻的烙印，并展示了工人阶级的初步觉醒和斗争意识。然而，由于缺乏坚强的无产阶级政党领导和科学的理论指导，这些早期的工人运动最终未能达成其革命目标。在这一历史背景下，马克思恩格斯创立了马克思主义学说，为工人阶级的斗争提供了科学的理论基础。这一学说不仅深刻揭示了资本主义生产方式的剥削性，也为无产阶级革命的胜利提供了理论支持。该理论包括"马克思主义哲学""政治经济学"和"科学社会主义"，同时也深刻融入了生态文化思想。这种生态文化思想，为无产阶级解决生态危机和构建新文化起到了重要的指导作用。马克思的生态文化思想指出，资本主义生产并不关注生产过程对环境的影响，导致自然资源的枯竭和生态环境的恶化。他们提倡在无产阶级取得社会主义革命胜利后，通过合理有效的生产方式恢复和保护自然环境，以达成人与自然的和谐共生。因此，资本主义社会中工人阶级生活条件的恶化，直接推动了无产阶级的阶级意识觉醒和革命运动的兴起。

---

① 《马克思恩格斯全集》第20卷，人民出版社1971年版，第521页。

二、认知基础：工业文明的双重性驱动思维范式转向

马克思在探索工业文明对社会发展的影响时，曾深刻指出了工业文明存在双重性：近代工业文明不仅生成了巨大的物质力量，也使人际关系和自然关系走向紧张和对立。换言之，一方面，以科学技术高度发展为核心的工业文明促进人类社会生产力的极大发展；另一方面，一味追求经济增殖的工业价值观引领下的工业文明也暴露出对自然和人类自身的潜在破坏性。

在马克思的视野中，必须通过一种新的思维方式来探索人与自然的关系，这要求我们抛弃过去线性、单向的思维模式，转而采纳一种更加全面和系统的思考框架。即要解决这一矛盾，不仅需要从生产关系和生产力的发展角度进行思考，还必须对人类的社会文化价值观和对自然的文化价值观进行根本的变革。也就是说，必须要变革工业文明框架下的思维方式。而重构工业文明的思维范式，首先需要认识到人与自然之间不是单向的掠夺关系，而是一个相互依存和影响的系统。这意味着，对自然界的任何改变都会反作用于人类社会本身，形成一个闭环的动态互动系统。因此，构建一个能够在实现生产力发展的同时，有效维护和恢复自然系统平衡的文明模式显得尤为重要。

马克思关于人与自然关系的思考范式还深入哲学范式的变革，即引入辩证法的思维方式。他强调，事物的辩证运动不仅仅是物质世界的普遍联系，也是一种内含于自然界和人类社会的变革和发展的逻辑。这种辩证的视角帮助我们理解，社会与自然的关系不应被固化在某种简单的利用和被利用的模式上，而是一个不断进化的、多元互动的过程。

因此，工业文明负面问题的解决，不仅仅是技术或经济层面的调整，更是文化和哲学层面的深刻变革。需要树立一种新的生态观念，哲学上回应自然和人类的内在联系，文化上重构人类对自然的认知和行为模式，从而实现真正的社会进步和自然的可持续发展。可见，工业文明的双重性驱动思维范式转向构成了马克思生态文化思想的认知基础。

三、个人品质：马克思学识渊博与志向崇高

马克思渊博的学识和崇高的志向是其生态文化思想的重要品质基础。首先，家庭教育对于马克思的价值观和人生观的形成起着基础性的作用。它不仅塑造了个人性格，也为他后来的哲学思想提供了初始的思维和理论基础。

马克思的家庭氛围充满了自由主义的精神。他的父亲亨利希·马克思，原是犹太教徒，后来转信基督教，这一转变不仅反映了其个人对宗教自由的追求，也体现了一种对传统束缚的挑战和自由思想的接受。亨利希的这种自由思想及其在律师职业中的表现，加之其在特里尔市的法律界领导地位，无疑为马克思营造了一个理想主义与实践精神并重的成长环境。正如梅林所说，亨利希将自由作为珍贵的遗产传给了马克思，这深刻影响了马克思对社会自由与平等的追求及后续的哲学与政治理论的发展。其次，马克思在个人能力和后天努力上展现出杰出的成就。他的思想影响力至今犹存，其背后的天赋与勤奋是他思想理论得以诞生的重要因素。一方面，马克思的智力天赋在当时是非凡的，即便与当时的思想大师相比，他仍显示出卓越的才能。虽然他可能在理论深度上与哲学大师们无法媲美，但在批判现存社会制度和理论的锐利与独到见解上，他不逊色于任何一位前辈思想家。他的理论不仅具有高度的创新性，而且在实践中极具挑战性和革命性。另一方面，马克思的勤勉与后天的努力是尤为引人注目的。他长期在大英博物馆的阅览室进行研究，并以其对资料的深入挖掘和广泛搜集而闻名久远。《资本论》中充斥着海量的数据和文献，这显示了马克思在政治经济学领域的精深钻研与刻苦研究。正如恩格斯所评价的："马克思在他所研究的每一个领域，甚至在数学领域，都有独到的发现，这样的领域是很多的，而且其中任何一个领域他都不是浅尝辄止。"① 也就是说，在其涉猎的每一个领域，马克思几乎都能提出新的理论和见解。马克思的勤学不倦和广泛的学术兴趣，涉及哲学、历史学、经济学等多个学科，确实展示了他在学识方面全方位的深度与广度。此外，马克思出身于中产资产阶级家庭，理论上来说，他完全可以安于这一社会阶层所提供的舒适生活，然而，他选择了一条不同的道路，这个选择表明了他背离原本阶级的初心。马克思在其青少年时期所作的《青年在选择职业时的思考》一文中，便明确表示"选择了最能为人类而工作的职业，那么，重担就不能把我们压倒，因为这是为大家作出的牺牲；那时我们所享受的就不是可怜的、有限的、自私的乐趣，我们的幸福将属于千百万人"②。这表明他希望能够选择一种最有利于人类社会的职业。在这篇文章中，他强调了个人奋斗的目标

---

① 《马克思恩格斯文集》第3卷，人民出版社2009年版，第601-602页。
② 《马克思恩格斯全集》第1卷，人民出版1995年版，第521页。

应超越个人的狭隘利益,达到为广大人民服务的高远目标。这种早期的志向表明,马克思从年轻时起就设立了崇高的人生目标,致力于为人类解放事业而奋斗终身。

四、学术阅历:马克思学术与革命实践经验丰富

马克思生态文化思想产生的学术阅历背景,深受其丰富的学术辩论和革命实践经验的影响。这两个因素不仅塑造了马克思的思想体系,更为其生态文化思想的发展提供了坚实的基底。

一是马克思的学术辩论是他理论建构的重要基础。在与同时代学者的深入辩论中,马克思不断反思和重构自己的理论。他与恩格斯合著的《德意志意识形态》和独立著作《哲学的贫困》等作品,批评了当时流行的哲学和社会理论,特别是对物质生产与人类社会关系的解释。这些论战的经历使马克思认识到,生态和自然不仅是生产的基础,也是社会发展与变革的关键要素。二是马克思的革命实践经验为他的生态文化思想提供了实践基础。通过参与1848年欧洲革命以及第一国际的工作,马克思得以将其理论与实际运动紧密结合,从实践中汲取养分,证实其理论的科学性和实践性。这些直接的革命实践经验,使得马克思更加关注社会生产方式与生态环境的关系,进而深化了其对资本主义生产方式对自然环境破坏的批判。因此,马克思的生态文化思想是在矢志不渝地探索人类社会与自然环境之间互动机制的过程中逐渐形成的。他的理论不断被其在革命与学术界的活跃参与所丰富和完善,显示了一个大思想家如何通过批判性思维和实践活动,对人类未来生活方式提出前瞻性指导。这种深刻的理论与实践的结合为马克思生态文化理论奠定了坚实的基础,并在今天为解决全球生态危机发挥着重要指导作用。

第三节
马克思生态文化思想的理论来源

一、开辟神话时期的生态文化思想

在开辟神话时期，人们对自然的深刻崇拜根植于他们有限的认知能力，这种对大自然的敬畏往往表现为一种原始而盲目的信仰态度。神话中的生态文化思想，虽显示人类对自然的尊重，却缺乏科学的支撑和系统的理解。

自人类出现之初，对大自然的崇拜已成为其文化的核心组成部分，主要通过图腾、巫术和神话故事的形式体现出来。在原始社会，人们尚未能够从自然现象中直接提取科学解释，而是借助超自然力量来对这些自然现象做出解读。例如，早期社会中，人们常通过对某些动物、植物或神灵的敬仰，配合一定的仪式活动，来期望获得生活上的丰收和繁荣，这实际上是一种对自然的神圣化态度。

与此同时，神话故事成了人类与自然对话的一个重要渠道，神话中的众多神祇常常承担着解释自然现象和指导人们如何与环境和谐相处的角色。在这一阶段，人们开始尝试从神话中寻求对自然的更深层次理解，并将自身视为自然界的一部分，而非自然之外的存在。这种认识显示了人类对自然的从属关系以及与自然的内在联结的初步理解。

在对自然的认知中，人们逐渐形成了一种认为自然拥有灵性和人格的观念。自然不仅是被动存在，还被赋予了可以交互和被理解的属性。然而，这种对自然的理解和认知过程中，需要具体的媒介，这些媒介往往是自然界中的具体事物，如动植物。因此，虽然这一时期人们对自然的认知有了显著提升，但其认知水平仍是初级状态，未能完全脱离对神秘力量的依赖和想象。

在原始社会，人类面临极为严峻的自然条件，其生活安全和发展受到了诸多自然力量的挑战。人类的生存能力极为有限，尽管已经掌握了基本的渔猎技能并发明了火的使用方法，但这些技术在巨大的自然力量面前仍显得不足以保障其生存安全。在这种环境下，人类的主体能动性和改造自然的能力均显得极为脆弱，甚至在很多方面与高级动物无异，仍处于生物进化的早期阶段。

在那个时期，自然环境未经过人类的深入改造，其原始状态对人类构成了持续的威胁。频繁的自然灾害如气候剧变、动物侵袭等不断考验着人类的生存极限。在技术与知识尚未发展成熟的背景下，人类自身的生存策略也显得相当脆弱。为了应对这些自然挑战，原始人类不得不寻求超自然力量的帮助，这种依赖逐渐促进了灵魂信仰和万物有灵论的形成。灵魂信仰或万物有灵论作为一种生态自然观，在原始社会具有重要的文化与生存意义。原始人类通过神话、仪式等文化形式，将自然现象人格化，以求解释不可控的自然力和寻求心理上的安慰。

开辟神话时期生态文化思想的形成，标志着人类在原始时期对复杂多变的自然环境的一种集体心理和文化反应。在自然与人类力量的悬殊对比下，自然界呈现为一种超越人类力量控制的、具有无限威力的存在。马克思曾指出，自然界在历史初期对人的关系，如同强大的异己力量，使得人类与之的互动充满了屈服与顺从，这种关系在一定程度上类似于动物对自然的从属关系。

在这种认知模式下，人类一方面感受到了自然的压迫，另一方面又无法透彻理解自然运动的规律，因此产生了通过神话来象征和说明自然现象的心理需求。这种早期的思维方式是人类认识自然、回应自然挑战的一种折中态度，既反映了当时的无力感，也展示了人类尝试掌控自然的初步努力。神话中的多种自然神和自然力量的形象化即是对这种复杂关系的反映和象征处理。通过这些文化表现形式，原始人类不仅构建了一种与自然交流的方式，同时也为其社会成员提供了心理上的安慰和力量的源泉。

此外，神话中生态文化思想的产生与生态信仰密切相关，它们共同构成了原始时期对自然的一种生态观。这种早期生态观不仅是对自然的人格化解读，更反映了一种基于生存实践的生态智慧和认知方式。通过神话传说，人类不仅解释了自然现象，更在此基础上发展了适应自然、尊重自然的生活态度和实践，为人类后续与自然的和谐共处奠定了文化和心理基础。

马克思指出："任何神话都是用想象和借助想象以征服自然力，支配自然力，把自然力加以形象化；因而，随着这些自然力实际上被支配，神话也就消失了。"[①] 开辟神话时期的生态文化思想中对自然的思考，本质上是原始人

---

① 《马克思恩格斯选集》第3卷，人民出版社1995年版，第29页。

类在自然力量压迫感知下的一种文化与心理回应。在这种观念中，尽管人类认知和改造自然的力量以隐晦和非直观的形式存在，但这并不表明人类在自然界中没有主体性。事实上，原始人通过创造神话，不仅崇拜自然力量，同时也在寻求通过智慧和勇气来塑造对自然的控制和管理。这种看似矛盾的双重态度，既体现了对自然的敬畏，也反映了人类尊重自然与利用自然意识的初步觉醒。

随着时间的推移，人类积累了更多关于自然世界的观察能力和实践经验，人类的自然观逐渐从神秘向理性转变，开启了向更科学的自然理解转型的道路。

二、古代有机论的生态文化思想

在人类进入文明社会的早期阶段，即古代社会，原始的生态文化思想应运而生。这种思想的形成和发展是人类文明进步与生产力增长的直接产物。在这一时期，人类对自然的认识和改造力量虽然初显端倪，但更多的还是基于对自然界整体的感知理解。早期的生态文化思想并不包含对自然规律深入的剖析，而多聚焦于对自然的整体描述和认知。这反映了人类在物质生产某一阶段的认知高度，尽管这种认知并未达到高级的认知水平，但它是理解及改造自然过程的起始点。因此，尽管古代的生态文化思想在技术和科学发展上可能显得原始和简单，但却奠定了后续更复杂生态文化思想的基石，在人类与自然的相互作用中扮演了不可或缺的角色。

在人类的原始发展阶段，神话以其鲜明的生态文化特征构成了早期人类对自然的认知框架。这种观念根源于神话的思维方式，通过生动形象的思维对自然界进行解释和描绘，标志着人类最初的认知形式和思维方式的萌芽。具体而言，这种观念以类似于创世神话这样的叙述形式，展现了自然世界与人类的深层次互动，从而可以视为人类自然观念的起点。

然而，随着社会的发展，人类历史不断向前推进，从原始的神话时代进入了文明时代。恩格斯指出，"文明时代是社会发展的这样一个阶段，在这个阶段上，分工，由分工而产生的个人之间的交换，以及把这两者结合起来的商品生产，得到了充分的发展，完全改变了先前的整个社会"[①]。在文明时代，

[①]《马克思恩格斯选集》第4卷，人民出版社1995年版，第174页。

分工和商品生产的发展彻底改变了先前的整个社会结构，其中也包括人类对自然的观念和相互作用的方式。文明时代之后，人类关于自然的看法发生了显著转变，其中最为关键的是形成了以理性思维为基础的有机整体自然观。

在这种新的自然观中，古希腊文明尤其突出，它用理性分析的方式首次对自然进行系统化的解释和研究，这在人类历史的发展中具有划时代的意义。不仅如此，这种观点强调自然和人类社会之间存在着内在的联系，即整体的和谐关系。由此看来，从神话中的生态文化思想到有机整体的生态文化思想的发展，不仅反映了人类认知自然的深度和方式的演化，还指明了人类对待自然的态度和方法，从一种原始而感性的形式升华到了更为科学和理性的阶段。

古希腊哲学中的自然本源探究为其生态文化思想提供了哲学基础，这些思想理念体现了他们对于自然和宇宙万物的深刻理解。其中，泰勒斯是首位明确使用自然元素来论述万物起源的哲学家，他提出"水是万物的始基"，强调水不仅是物质的基础，还是生命赋予者，是维持世界存在和变化的根本。他认为，水的存在和循环是世界稳定与变化的核心，因此，在古希腊文化中，水也被视为神圣之物，与各类宗教与文化仪式息息相关。接着，阿那克西美尼引入了"气"的概念，将其视为宇宙变动的本质力量。在他看来，气是形成世界多样性的根源，它不仅支持了生物的生存，还通过其变化展现了自然界的复杂性和丰富性。气的概念为理解天气、季节以及更广泛的自然现象提供了一种动态的解释方式，而人与自然的关系，也正是通过对气这一自然元素的认知和应用来日益加深的。赫拉克利特则提出了"火"的哲学，他视火为变化与创造的原动力，认为万物皆从火中来，终将归于火。在他的思想中，火象征着变革与清理的功能，不仅体现着物质状态的转变，也象征着文明和思想的革新。火的使用，诸如烹饪、取暖和照明等，展示了人类如何通过技术和智慧，利用自然力量来改善生活和社会环境。此外，古希腊哲学家对宇宙以及人与动物起源的诸多论述，为人类理解自然奥秘与世界本源提供了深刻的思考。这些哲学家不仅关注宇宙是如何形成的，同时也试图解释生命的起源。

泰勒斯作为哲学史上关键的思想者之一，他坚信整个宇宙之本原是水。依照他的观点，大地是漂浮在水面之上的，体现了他对于世界构成的初步理解。泰勒斯的这一理论虽简单，却为后来的哲学思想提供了一个原始且影响深远的基础。进一步地,阿那克西曼德对泰勒斯的思想进行了扩展。他提出,宇宙中的热与冷元素共同作用,最终形成一团火球。当这火球突然破裂时,造就了日月星辰的产生。在生命起源方面,阿那克西曼德的见解更具革命性,他推测最初的生命形态为鱼,而人类则是从这些水生生物逐渐演化而来。这一理论可视为生物进化论的早期雏形,显示了古希腊哲学在自然科学领域的初步探求。至于阿那克西美尼的观念,则补充了地理学的某些早期理解,他认为地球是扁平的,漂浮在气之上。这一理论虽未被后世学者接受,但其对于气和地的关系的探讨,为后来哲学与自然科学的对话铺垫了基础。

在宇宙本质的理解上,毕达哥拉斯学派提出了一种更为系统化的宇宙观。他们认为宇宙是有序且和谐的,地球不是宇宙的中心,而是围绕中心的火焰星球之一,运转的只是其中一部分。这一理论不仅颠覆了过往对地心说的看法,也为日后哲学和天文学的发展奠定了坚实的理论基础。

柏拉图在其哲学构架中,则提出了宇宙的生成和构造思想。在《蒂迈欧篇》中,他通过虚构人物蒂迈欧的口述,阐释了宇宙的创造者(即 Demi-urge)根据永恒的模型,利用火、气、水、土四元素创造出了宇宙。这一过程中,他强调元素间要遵循特定的比例关系,以保证宇宙作为一个完整的和谐体的运行与存在。

整体来看,古希腊哲学家通过各自的理论阐述,为我们提供了关于宇宙起源与人类及动物起源的多种视角。这些哲学观点不仅反映了当时人们对自然界的思考和探索,也为后世哲学、科学甚至宗教观等提供了丰富的思想资源。

与之前的神话中生态文化思想相比,古希腊的理性生态文化思想在思维方式和内涵上都实现了质的飞跃,标志着人类对自然认识的一次重大进展。这种观点以自然现象本身来解释自然,体现了理性思维的进步性。尽管当时人类对自然的理解还较为初级,但已经展现出对自然界系统认识的萌芽。

总体而言,古希腊的自然观可以归纳为以下几个基本特征:首先,自然作为独立于人的客观存在被重新认识,这种脱离人格化神话的自然观成为探讨人与自然关系的起点。自然不再仅是被赋予神的形象,而是作为与人相对立的客观对象出现,体现了人与自然关系理念的初步建构。其次,自然被视为一个充满活力的有机体,它不断运动和变化,这种变化不仅推动了世界上生物的生长,还显示出每一个生命体皆有其内在的生长规律和价值。这一理解要求人类不仅要认识到自身价值，同时也要尊重其他生命体的独立价值。最后，人类对自然的探索逐渐深入，并逐步揭示了整个宇宙的秩序。在这个宇宙观中，人与自然的关系是既统一又对立的。这种统一与对立的关系是不可分割的，正是这种关系推动了人与自然的共存共生。

三、中世纪神学的生态文化思想

中世纪是一个以基督教神学为核心的时期，生态文化思想也不可避免地受到了其影响。在此时期，基于"信仰的时代"这种背景，哲学家们不仅仅是神学的传播者，更是通过自然与神圣之间关系的诠释，强化了对上帝创造力的理解和信仰。中世纪哲学家借用神学框架，提出自然界的秩序和美是上帝"创造性"的体现的观点，这种观念实质上推动了宗教与自然研究的结合。

以奥古斯丁等人为代表的神学家们对古典哲学成就的吸收、接纳与转化，不仅丰富了基督教的神学体系，还使得中世纪的思想世界呈现出独特风貌。他们视自然为神的"书卷"，认为通过研究自然，可以更深刻地洞察神的旨意与创造智慧，从而也是对"信仰"的一种维护和强化。因此，中世纪的生态文化思想，虽然深受宗教色彩的影响，但也不失为一种尝试，将自然法则与神的意志相结合，这在哲学史上，开创了将宗教信仰与自然科学对话的先例。这种思想的传承为后续的科学实践和哲学探索提供了重要的思想资源，使得人们在追求科学解释的同时，也不失对自然的敬畏和宗教的虔诚。

在中世纪早期，奥古斯丁的哲学思想代表了基督教神学哲学高峰。他借用并发展了柏拉图的理念世界理论，构建了一个独特的创世观。奥古斯丁认为世界不是从任何物质中创造出来的，而是从无中创造出来的。此观点不仅仅体现了他对超验本源的理解，也强调了上帝在创世中的绝对性和主动性。上帝不仅创造了物质实体，他的行为不仅"进行了整顿和安排"，更是展现了其无限的力量和智慧。

奥古斯丁进一步将柏拉图关于理念与实体的区别转化至有神论哲学中，强调上帝的存在不仅是自有、恒久不变，还主张凡是可变的都是上帝所创造出来的。这里，他通过哲学推理，强化了上帝作为最高创造者的地位。从奥古斯丁的角度看，万物的存在都是"上帝给予的"，这种观点强调了上帝与世界的关联性及其绝对的创造性，体现了他对上帝"创造性是绝对的"及"上帝的创造力是深奥莫测"的肯定。

此外，奥古斯丁的时间观不仅为基督教神学提供了深刻的视角，也为现代哲学的时间性理论的阐述指明了方向。他的理论从根本上探讨了时间的本质及其与上帝和人类心灵的关系，这在理论哲学和神学上都具有划时代的意义。

在奥古斯丁看来，时间不是自然界中简单的、客观存在的维度，而是与上帝的创造行为密切相关的现象。奥古斯丁认为"时间是上帝创造的"，这种表述不仅强调了时间的起源，还从宗教哲学的角度赋予了时间以神圣的性质。"时间是作为心灵伸展的时间"，这进一步揭示了时间与人类认知和精神活动的内在联系，奥古斯丁通过对声音和诗句的测量来说明时间是如何在心灵中体现和存在的。他把时间的存在视为一种主观体验，通过心灵的伸展来具体化。

关于心灵与时间的关系，奥古斯丁的见解为后来的哲学家们提供了思考时间的新视角。胡塞尔的现象学对于时间的考察，尤其是其观点"时间是——在奠基顺序的意义上——第一个被意识到的东西"，无疑受到了奥古斯丁观点的影响。胡塞尔进一步发展了时间作为意识流的观点，这不仅扩展了奥古斯丁关于时间的教义，还强调了个人体验和主观性在时间感知中的核心作用。[①]

在讨论时间与创造性的关系时，奥古斯丁所开展的对话确立了上帝是绝对创造者。这种思想挑战了传统的时间观，并强化了人的主体性，认为没有人的心灵参与，时间的存在和意义是无法被完全把握的。

此外，在对约翰·司各脱的观点和托马斯·阿奎那的哲学理论进行分析时，可以发现，中世纪哲学家的思想展示了欧洲宗教哲学转向到一种更深层次的理性论辩的趋势中。按照约翰·司各脱的主张，上帝是创造者同时又是被创造者，而创世是一个永远的过程，上帝从"无"中创造万物，"无"应被理解为上帝本身，显然是一种对经典神学概念的重新诠释。这种观点试图打破传统神学的局限性，提出一个永恒的创造性过程，这种过程中的"无"不再是空洞无物，而是一种充满神性的存在。司各脱的理论虽然被一些传统神学家所批判，并被视为异端，但其实他的思想代表了一种向着更加理性化、哲学化发展的趋势。他的观点试图将神学的讨论从单纯的信仰教条转向对宇宙和存在更深层次的理性探讨，从而使得宗教信仰得以提升至一个新的哲学

---

① [德] 埃德蒙德·胡塞尔：《生活世界现象学》，倪梁康、张廷国译，上海译文出版社 2005 年版，第 18-19 页。

高度。这种趋势对后世的神学和哲学探索产生了深刻的影响，为理性的探索打开了新的空间。

托马斯·阿奎那的《神学大全》则对上帝的创造学说进行了更为系统的阐释，强调"上帝创造万事万物"的观点，但又对此进行了一定的修改，更注重于人的特殊地位以及人的理性能力。通过这种方式，阿奎那将人类置于一个宇宙的中心位置，不仅仅是上帝创造的一部分，同时也是其理性计划的践行者和传播者。在阿奎那看来，人类的存在不仅仅是上帝意志的被动承受者，更是积极的参与者和实践者，具有对自然界进行合理支配的能力。托马斯·阿奎那的贡献在于他不仅继承了教父时期的神学传统，而且通过对人的天性和理性功能的深入挖掘，将基督教哲学推向了一个新的高峰。他通过科学整合和系统化地论证上帝的创造学说，展示了一个有条理、等级分明的宇宙观，其中人类拥有至高无上的地位和责任，这种观念在中世纪后期至文艺复兴时期的思想发展中具有极其重要的地位。

总之，约翰·司各脱和托马斯·阿奎那在宗教哲学领域的贡献，特别是对"上帝是创造者同时又是被创造者"的理论探讨，不仅挑战了传统教义，也推动了宗教与哲学的对话，为后续西方理性主义的兴起奠定了基础。

中世纪神学的宗教生态文化思想的确对人类的历史发展构成了一定的阻碍。神学制高点的思维方式，强调天人合一、以神的意志为导向的生活方式，导致了对自然界和社会生产力的压抑。这种宗教生态文化思想将自然界视为上帝的赐予，人类只是一个管理者而非自然的一部分，这在根本上限制了人的主体性。

在中世纪，宗教对生活的渗透几乎达到了宗教与生活不可分割的地步，人的存在和自然的存在均被赋予了宗教的意义。这种深层次的生态理念不仅将自然视为静态的、待开发和利用的"对象"，而且忽略了生态系统的多样性和复杂性，同时也抑制了科学和实证探索自然的兴起。科技和人文的进步因此受到了明显的限制。阿奎那的生态文化思想虽提出了一些初步的人与自然和谐相处模式探索的观点，但其深受宗教神学思想的限制，难以突破神学对自然界本质的固有看法。在马克思的生态文化世界观中，人与自然不是简单的统治和被统治的关系，而是一种相互作用和依赖的动态关系，这一点与中世纪的宗教生态观明显不符。

因此，可以理解为何中世纪的神学生态文化思想虽具一定的历史性意义，但在总体上，这种生态文化思想确实成了遏制人类深层次发展、科技进步以及生态哲学创新的重要因素。只有通过科学实践和理性批判，人类才能全面地把握自然规律，更好地实现人与自然的和谐共生。

四、文艺复兴时期的生态文化思想

在历史的长河中，文艺复兴是对中世纪宗教生态文化思想的深刻批判与全新超越。历经中世纪的漫长黑暗时期，文艺复兴促成了对自然的重新解析与探索，引领了一场思想解放的文化盛宴。通过科学与艺术的融合，思想家们挣脱了长期以来的神学束缚，并赋予人文关怀新的维度，从而推动了对自然的新思考和科学的实践。从此，人类不再是被动接受自然界赐予的存在，而是主动探索与改变自然界的实践者。特别是在对自然观念的重构过程中，文艺复兴焕发了以人为本的探索精神，"对神学的批判"不仅是对宗教权威的挑战，更是对旧有生态观念的根本否定。这一转变标志着自然观念从神学制高点向人文主义的明显倾斜，从而塑造了一种更加复杂和多样的理解自然的方式。文艺复兴期间，"新的自然观念和思想"的形成，显著地表现了对自然规律的尊重和科学方法的运用，这无疑是对自然认识的一大进步。

（一）人文主义的自然观

在文艺复兴时期，人文主义不仅强调了人的中心地位，更是对传统教条和封建体系的一种积极挑战。"发现人、找到人"的内核，深刻体现了资产阶级知识分子对于人的价值和尊严的重估，并以此为契机推动了文化的全面觉醒。

首先，人文主义强调个人的独立思考和自我表达的重要性，摒弃了中世纪权威教义对人的束缚。这一思想的核心，在于对个体人性的重新肯定和尊重。该思想不仅促进了科学、哲学和艺术等文化形态的繁荣，还激发了个体对知识的追求和对世界的好奇心。以佩脱拉克为代表的文艺复兴人文主义者，倡导回归到古希腊和罗马的典籍，通过对人类文明古籍的研究，寻找人性自由与理想的生活方式，显著推动了欧洲从中世纪的宗教束缚中走向现代自由精神的文明社会。

其次，"人文主义"思想的普及，加速了对传统封建和神权体系的解构。在这一思想影响下，人们开始批判中世纪的神学至上和教会的权威，进而推动了宗教改革和各个领域自由思想的萌生。这种精神的解放带来了社会结构和观念的深刻变革，人的价值被重新评估，人的权利与地位得到了前所未有的提升。

同时，人文主义还与当时兴起的资本主义市民阶层的价值观念相符合，它倡导的个体尊严和自我实现的理念，为新兴资产阶级提供了道德和文化的支撑。这不仅助推了资本主义制度的成熟，也为后来欧洲的政治民主化奠定了思想基础。

总之，文艺复兴时期的人文主义，不单是文化意义上的回光返照，更是欧洲历史进程中理性觉醒和现代性初现的标志。人文主义强调的人的自我认知和自我提升、对个体价值的追求，以及对传统束缚的挑战，共同构成了这一时期人类思想史上的重要转折点。

（二）以感受去认识自然

文艺复兴时期的学术土壤为人文主义思想家探索自然提供了新途径，他们广泛倡导以经验和观察来"研究事物的本性"。这一时期，观察和经验的科学方法被特别重视，而"感受"作为一种高级的认知形式，不仅局限于直接的感觉体验，更扩展到对尚未明了事件的敏锐察觉。这种方法论的重视使得理论与实践的结合尤为密切，为科学实证研究提供了根本的出发点。在此文化背景下，列奥纳多·达·芬奇等人通过将"感受"与实证研究结合，极大地推动了自然科学的方法论革新，也为现代科学研究奠定了基础。

文艺复兴时期的巨匠列奥纳多·达·芬奇特别重视感官知觉在认知世界中的基础作用，并认为通过理性思考进一步加深对世界的理解是一种高阶的认知活动。达·芬奇提倡以人的感官知觉作为研究自然和自我的入口，这不仅是对中世纪知识体系的一次颠覆，也为现代科学方法奠定了基础。由感官知觉到理性思考的认识论跃进，展示了人类意识到自然法则必须基于确证的科学性理解，这个理解过程是动态、迭代和不断深化的。

感官知觉为达·芬奇提供了关于外部世界的第一手经验，作为认识世界的初始步骤，它为之后的科学探究和哲学思考打下了基础。在去粗取精和去伪存真的过程中，达·芬奇主张人通过自己的所有感官直观地感知外在世界，这种感知不仅仅是被动接受，更涉及主动的精炼与筛选，即通过感官获得的信息需经过理性的思考和逻辑的检验，以确保从中得到正确且有价值的知识。

达·芬奇的这种方法不仅促进了科学实证主义的兴起，还反映了文艺复兴全面关注人类个体经验的时代精神。个体通过对自然世界的调查和反思，达到了对自我和宇宙的更深层次认识。在一次次的否定又不断的肯定的这一过程中，达·芬奇认为人必须在确认和否定中循环往复，这种方法论强调了知识不是固定不变的，而是在不断的推敲与实践中进步与修正的。

达·芬奇尤其强调了对感官知觉的重视和肯定。他认为，所有的人类知识，其根源在于感官经验，正如他所言，"我们的一切知识来源于我们的感觉"[①]。这一观点彰显了达·芬奇将感官知觉视为认识世界的直接与核心途径。与中世纪普遍接受的观念形成鲜明对比，那时人们认为知识与思想必须服从神学的框架，并且常常依赖于超自然的启示来解释自然现象。在他看来，感官知觉不仅是接触自然界的第一手资料，更是理解自然深层结构的必经之路。在他的实践中，"自我的感官知觉无疑是最值得信赖的经验来源"，这表明了达·芬奇对实证科学方法的初步探索和倡导。

通过自己对自然界的独立观察，达·芬奇逐步解开了自然世界的多维真实面貌。他认为，尽管"感官知觉所获取的经验还缺乏稳定性和确定性"，但仍需将这些经验视为理解自然的"初始材料和原始依据"。此后，通过对这些数据的"推理、归纳、概括等理性的沉思"，人们才能构建出更加科学和合理的自然智慧。这一过程不仅是认知上的积累，更体现了科学方法由表及里、由浅入深的传统。

可见，达·芬奇的这种方法凸显了人的感官知觉在认知自然中的基础地位，这一点不仅仅是技术的或方法论的选择，还关涉对人自身经验与生命尊严的肯定。通过确立"人自身的感官知觉是人对于自己身处的自然和世界最为重要的原初体验"的观点，达·芬奇在科学实践中提升了人的价值和地位，映射出其自然哲学的人文关怀维度。可以看出，达·芬奇不仅关注自然规律本身，还关注通过感性认知到理性思考的转化过程，在这一过程中展现了对自然法则的深刻洞见和对人的生存环境的持续关注。

文艺复兴时期，古希腊的自然理论在思想界重新获得关注，开启了人类对世界新的认识阶段。这一时期的思想家们，特别是像达·芬奇这样的艺术家和科学家，深化了人类对自然和谐美的认识，并将这一美学价值上升到前所未有的高度。达·芬奇在研究物体的"构造和运动的连续性"以及"比例

[①] ［英］艾玛·里斯特：《达·芬奇笔记》，郑福洁译，生活·读书·新知三联书店2007年版，第4页。

关系"中，展示了自然界的和谐与美感，这不仅是对自然美学的一种赞颂，也体现了对自然世界深刻的科学洞察。同样，文艺复兴时期也是现代科学方法的萌芽期。艺术与科学的结合，通过数学方法和实验观察相结合的方式，为近代科学奠定了坚实的基础。特别是达·芬奇，他将绘画视为一种"视觉艺术"，认为绘画是自然界所有可见事物的"唯一的模仿者"，明确提出"画家应以自然为师"的观点，强调了自然在艺术科学创作中的根本地位。

这一时期，自然不仅被视为科学研究的对象，同时也成了审美的对象。"观察自然、模仿自然"成为文艺复兴时期人们的重要活动主题。这一转变标志着人的主体性的确立，自然界的各种现象和规律开始被系统地研究和表达，在此基础上，人们对世界的认识达到了新的高度。文艺复兴不仅解放了人的思想，更通过重新发现自然而推动了人类文明的发展，深刻影响了后世关于自然、美学和科学的探索路径。

五、近代机械论的生态文化思想

自文艺复兴时期以来，生态文化思想尤其是人类对自然的认识经历了根本性变革，特别是机械论中自然观的形成标志了一种跨时代的历史转变。这种变革不仅改变了人们对自然认知的方式，也潜移默化地影响了人们对自然的态度和行为模式。在"机械论"的影响下，人们开始追求通过科学和技术手段来支配和占有自然，与之相比，古代人更多在与自然和谐相处，追求自然之道的顺应和平衡。此种转变源于17世纪至20世纪间，机械论被提升为理性的象征，反映了从古代的直观层面向近代以积极行动攫取自然资源的理性主义转换。这种历受数千年淬炼的自然观念的更替，不仅促成了现代科技和工业化的迅速发展，也带来了一系列生态环境的问题。如前所述，基于机械论的生态文化思想引领后，人类的行动趋向于掠夺自然，破坏了人与自然的关系，并引发了生态危机。

弗朗西斯·培根，是英国唯物论和近代自然科学的创立者，在近代科学及其与哲学的结合进程中占据了举足轻重的位置。他首次明确提出了经验主义的原则，并强调了科学研究方法的重要性，为近代自然科学的发展奠定了基础。培根非常重视经验和观察，认为理解自然的秘密需遵循自然规律，他提出的观点"要征服自然就必须服从自然"，深刻表明了对自然规律尊重的重要性。

培根强调"知识就是力量",此观点揭示了科学知识对人类控制和利用自然的重要性,他认为人类社会对自然的探索与利用,需基于深厚的科学知识和方法。在视自然为探索对象的同时,培根也提出了一套科学研究方法论,主张以实验定性和归纳理论为主,这对后续的科学研究方法产生了深远的影响。

此外,培根对物质的看法也体现了他哲学思考的深度,他认为物质不止表现为机械特性,如广延、形状、位移,更具备感觉、自发运动、生长等特性,表明了他对自然界广泛属性的认识和探索。他的这些观点描绘了一个动态变化的自然界,其中运动和多样性是基本属性。

培根的哲学思想对近代哲学特别是经验论的影响是不可小觑的。他主张实证的重要性,信奉通过经验数据来获取知识的方法论,极大地推动了科学实验方法的发展并影响了后来的经验主义哲学流派。马克思认为,唯物主义在它的第一个创始人培根那里还在朴素的形式下包含着全面发展的萌芽,物质带着诗意的感性的光辉对人的全身心发出微笑。这表达了一个观点:尽管培根的唯物主义还处于一个未完全发展的阶段,但它为后来的哲学发展铺垫了基础。

在培根的观点中,我们可以看到人与自然的关系是被深刻重视的。他理解到自然不仅是被人类认识和改造的对象,同样也是对人类行为和认识极限设置的决定性力量。这一观点显现出一种"朴素性",即认为自然界是一个按照自己的法则运作的实体,人类的智慧与能动性在其中只能是有限的介入者。同时,其思想也表现出一种"自发性",即人类对自然的认识和利用似乎是自然而然发展的结果,无需过度控制和指导。

进一步地,他的思想虽然是以自然规律为基础,但他并非彻底的唯物论者。正如文中提到的,他是"自然神论的唯物主义",因为他确实确立了一套理论系统,认为通过实践和科学的研究可以达到对自然的掌握和利用,同时他也保持了对宗教的尊重性态度,凸显了他理论的复杂性。

培根的唯物论不仅对后来的科学方法和哲学思想产生了深远的影响,还在思想史上扮演了连接古代哲学与现代科学的桥梁角色。他的思想在学术史上维持了一种独特的地位,即融合实证科学与理性思维,指引了认识论从朴素理解走向系统化的发展脉络。

继培根之后,笛卡尔的哲学体系开创了"机械论自然观"的新局面,并提出了影响深远的"二元论"。笛卡尔所揭示的自然观中,"机械性"的解释模式认为，自然界和机器一样遵守着既定的物理法则来运作。他的哲学主张强调了通过数学和逻辑方法去认识世界的可行性。"所谓实体，我们只能看作是能自己存在，而其存在并不依赖别的事物的一种事物"，这一理念在笛卡尔体系中占据核心地位，它为心灵（思维）与物质（广延）的对立提供了哲学基础。

在笛卡尔的理论框架下，心灵和物质成为自然中互不依赖、互不派生的两个并行实体。这种观点揭示出物质世界的"宽广"属性，并将之定义为可以通过几何学来解释的属性；而心灵的"思维"则突破了个体心智的界限，成为一种普遍性质，相对应的则是自然法则的规律性。笛卡尔的这种分类不仅明确区分了物质与心灵的存在方式，更为后来的科学研究方法提供了理论支持，即通过抽象和理性的推理来探究世界的本质与结构。

这体现了笛卡尔的二元论与希腊自然哲学的区别，在阐述笛卡尔的哲学思想及其与希腊自然哲学的根本区别时，我们首先必须理解双方知识范式的差异以及笛卡尔如何划分世界的方法理论。希腊自然哲学强调宇宙的统一性，物理和形而上学界限并不明显，心灵与物质、形式与质料在自然宇宙中呈现直接的一致性。然而，笛卡尔提出了"绝对的实体"与"相对的实体"的区分，将物质世界和精神世界明确分割，成为他哲学的核心特征之一。

笛卡尔把理性和物质界限明确划分开，这种方法论深刻影响了西方思想的发展轨迹。在他的观点中，唯有上帝才是"绝对的实体"，而所有物质和心灵则都是"相对的实体"，依赖于上帝而存在。这种观点使得他能够在形式上保持他哲学体系的整体性，同时明确区分了物理世界和精神世界的不同运作规则。

如果进一步分析笛卡尔的方法论，发现他将自然界视为机械因果律的支配下的实体，而精神世界则由理性的自由律支配。这一分割不仅在哲学上有其革命性的意义，同时也奠定了现代自然科学和人文科学研究方法的基础。笛卡尔的机械论从根本上解释了自然现象，将生命活动等同于机械运动，甚至动物和人体亦被视为机械结构。

在笛卡尔的分析主义方法论视野下，当代哲学过度推崇科学理性及工具理性，这一理性强调优先考虑以人类中心论为核心的信条，比如最大化物质福利和物质财富的追求。笛卡尔的"我思故我在"在某种程度上加剧了人类自我中心的世界观，随之人类对自然的征服和利用变得理所当然，尤其体现在通过技术手段去改造自然以满足无限制的欲望。这种哲学立场，通过其对科学和技术理性的绝对化，不可避免地促进了一种资源的极端开发模式，更加剧了人类与自然的冲突，并引发了包括生态危机在内的一系列社会和文化问题。

然而，笛卡尔的这种思维模式，往往会将自然界及其元素简化为被动、静态的"质料"，这不仅忽视了自然与生命体系的整体性，也容易导致对自然的无节制开发和利用。正如麦茜特在《自然之死》中指出，机械主义成了现代文明对自然实施征服与统治的哲学基础。机械主义最有影响力的地方在于，它不仅用作对社会和宇宙秩序问题的一种问答，而且还用来为征服自然和统治自然辩护。确实，这种基于还原论的分析方法使得科学研究在探究自然现象时倾向于忽略整体与关联性，而更多关注个别部分的属性和功能。这种方法虽然在某些方面极大地推动了科学技术的进步，例如在生物医学和物理学领域取得了显著成果，但同时它也有可能带来片面和静态的世界观，即形而上学的世界观，这样的世界观往往有悖于自然界本身的循环性和系统性特质，在一定程度上阻碍了生态文化思想的发展。

六、德国古典哲学的生态文化思想

德国古典哲学对"近代机械论哲学思想"进行了深刻的批判，这一批判不仅推动了哲学思想的发展，同时也促进了人类对自然的深层次理解。

康德的哲学在德国古典哲学中占据着划时代的地位，其生态文化思想表现在他的人本主义哲学上。康德在其人本主义哲学中强调判断力的重要性，在其著作《判断力批判》中，康德探讨了"目的论判断力的扫除"，蕴含了丰富的生态文化思想，揭示了人与自然之间非简单机械性的联系，强调了人类在对待自然过程中应当采用目的论的审视方式。这不仅体现了其自然主义的倾向，同时为现代生态问题的研究提供了重要的方法论基础。德国哲学家赫费也进一步强调了康德作品中含有生态伦理学思想。

康德在他的哲学体系中，深刻剖析了人与自然的关系。康德认为，自然不仅是人类理智的一个客体，同时也是人的意志可以并且应当驾驭的对象。如康德所述，"理智的（先天）法则不是理智从自然界得来的，而是理智给自然界规定的"①。这一观点揭示了人的理性具有塑造自然的能力和权力。这一观点认为人的理智不仅能认识自然，更能对自然进行规定和改造，以适应人类的目的和需求。这种思想反映了一种典型的人类中心主义立场，认为自然存在的意义在于为人类的利益和进步服务。

在他对人与自然关系的阐述中，康德看似提升了人的地位，认为人通过其独有的理性能力，能够且应该塑造自然。这种看法在一定程度上赋予了人类一种特殊的责任，即在自然界中扮演着某种主宰者的角色。康德认为自然不仅是人类必须依赖和学习的对象，更是人应当合理改造以符合人的道德与自由目标的对象。康德进一步展开了他的内在目的论，即自然应当朝着人的道德和自由的完善而发展。

然而，康德的这种理论也有其局限性，尤其是在对待自然的态度上显得过于人本主义，有将自然仅视为人的工具和资源的倾向。这种强调人对自然的控制和改造，导致自然界被认为无需保持其自有的价值和权利，而仅是实现人类目的的手段。这不仅忽视了自然本身的复杂性和独特性，也可能加剧生态环境的破坏和资源的不可持续利用。在当代生态哲学和环境伦理学中，康德这种以人为中心的生态思想已逐步受到批判。现代生态思想更强调人与自然的和谐共生，认为应当尊重自然的固有价值和权利，促进生态的健康和可持续发展。这要求人们重新审视并调整人与自然的关系，寻求一种更加平衡和可持续的相处方式。

总之，康德的生态文化思想在理论上推动了人类对自然认识的深化并提出了改造自然的哲学基础，但同时也暴露了其在生态伦理上的人本主义偏见。

黑格尔的生态文化思想显著受益于其深度整合德国古典哲学辩证法的理论架构，这一结合不仅展现了其理论的深度，也体现了其哲学的广度。

黑格尔在其生态文化思想中提出对自然的独特理解，强调自然不仅仅是物质的存在，而且是精神的"外在化"，即他著名的"自然界是自我异化的精神"观点②。这一观念根植于他的哲学唯心主义，故此，他认为自然是精神的一种形式，构成了理念的具体表现。"自然是作为他在形式中的理念产生出来的"，在黑格尔体系中，自然与理念存在一种内在的关系，相互定义对方的存

---

① ［德］康德：《未来形而上学导论》，庞景仁译，商务印书馆1982年版，第93页。
② ［德］黑格尔：《自然哲学》，梁志学等译，商务印书馆1980年版，第21页。

在和本质。具体来说，自然界不仅仅被看作是物质世界，而更重要的是，它是绝对精神展现自身的一种方式，即自然与精神构成了一种"夫妻关系"。

对于黑格尔的这种观点，马克思提出批判。马克思反对黑格尔的唯心主义自然观，并认为这种看法将自然简化为精神的副产品。马克思指出："儿子生出母亲，精神产生自然界，基督教产生非基督教，结果产生起源。"① 从这里可以看出马克思试图颠覆黑格尔的哲学前提，强调物质的世界和人的活动对理念的形成具有决定性作用。恩格斯也对黑格尔的理念进一步提出了质疑，他指出在黑格尔的体系中，"自然界只是绝对观念的'外化'，可以说是这个观念的下降"②。从恩格斯的批判中可以看出，他努力将自然界的存在和发展从理念的桎梏中解放出来，强调自然的独立性和本原性。

由此看出，黑格尔的生态文化思想与马克思之间存在显著的区别。黑格尔的观点基于哲学唯心主义，强调理念对自然的主导作用，而马克思则从唯物主义的视角出发，强调自然界的物质本质和独立性，以及人类活动在自然变化中的角色。

在分析黑格尔的生态文化思想时，我们不能忽视其辩证统一的哲学视角。对黑格尔而言，"必然性和偶然性的辩证统一双重属性"是理解自然界的关键。黑格尔强调，自然并非一成不变的实体，而是充满矛盾和变动的动态系统。这一点对于理解他关于自然的理论至关重要。

首先，黑格尔关于自然发展规律的核心展现在"理念和自然的矛盾"上，这也被认为是自然的根本矛盾。这一点与马克思自然观存在显著差异。马克思倾向于从历史唯物主义的角度审视自然，认为自然和社会历史都是物质的变迁与发展，更强调社会生产力与生产关系之间的矛盾如何影响自然的改造与使用。

其次，黑格尔提出的"进化和退化"作为自然界的发展规律，也显示了辩证统一的理论特性。自然的进化与退化不是一个简单的线性过程，而是一种内部矛盾推动的复杂过程。

作为德国古典哲学的终结者，费尔巴哈在超越黑格尔的唯心主义后，重树唯物主义的大旗，恢复了其在哲学中的地位。然而，在生态文化思想方面，

---

① 《马克思恩格斯全集》第 2 卷，人民出版社 1957 年版，第 214 页。
② 《马克思恩格斯选集》第 4 卷，人民出版社 2012 年版，第 228 页。

第二章 马克思生态文化思想的产生基础

费尔巴哈的理论展现出了明显的局限性。具体而言，费尔巴哈的唯物论主要基于感性直观，而未充分融入人的社会实践性，尤其是在理解人与自然的关系时缺乏深度。正如马克思所言："费尔巴哈想要研究跟思想客体确实不同的感性客体，但是他没有把人的活动本身理解为对象性的［gegensätndliche］活动。因此，他在《基督教的本质》中仅仅把理论的活动看作是真正人的活动，而对于实践则只是从它的卑污的犹太人的表现形式去理解和确定。因此，他不了解'革命的'、'实践批判的'活动的意义。"①

费尔巴哈在其哲学体系中对自然的先在性和客观存在性的强调，无疑为后来的马克思生态文化思想注入了新的理论活力。费尔巴哈指出，"首先必须要有自然，然后才有与自然不同的东西"②。这一观点明确地将自然定位为一切存在的基础和前提，进而架构出了一种非人类中心的哲学视角，这对在其后的哲学和生态文化论述有着深远的影响。

费尔巴哈进一步提出，"自然界是不依赖于任何哲学而存在的；它是我们人类（本身就是自然界的产物）赖以生长的基础；在自然界和人以外不存在任何东西，我们的宗教幻想所创造出来的那些最高存在物只是我们自己的本质的虚幻的反映"③。通过这种论述，他不仅批评了当时盛行的唯心主义哲学，而且提出了客观世界和主观思想之间关系的一种新解释，同时强调了自然的独立性和普遍性，这使得自然界不再是哲学的附庸，而是一种自成一体的存在形态。

费尔巴哈的人类与自然的关系视角存在明显的局限性，此观点从其自然观与社会历史观的分裂中表现得尤为明显。费尔巴哈确实肯定了"人是来自自然"，并高扬人是自然界的"最高产物"，但他的理解对自然与历史的关系进行了一种不合理的割裂。他所描绘的自然，更多是一种静态与非历史的自然，忽视了自然界本身所固有的辩证性和历史性。他看待自然界是从一个缺乏社会实践的、抽象化的角度，从而构建了一个理想化且固定不变的自然图像，这使他的自然观显得较为片面和理想化。

很明显的是，费尔巴哈的唯物主义削弱了社会性和历史性的重要性，而将人类存在理解为与社会实践无关的纯粹生物学事实。正如恩格斯所言，"作

---

① 《马克思恩格斯选集》第 3 卷，人民出版社 1995 年版，第 54 页。
② ［德］费尔巴哈：《费尔巴哈哲学著作选集（下卷）》，荣震华、王太庆、刘磊译，商务印书馆 1962 年版，第 447 页。
③ 《马克思恩格斯选集》第 4 卷，人民出版社 1995 年版，第 222 页。

为一个哲学家,他也停留在半路上,他下半截子是唯物主义者,上半截子是唯心主义者"①。这种分裂不仅影响了费尔巴哈对自然的理解,更限制了其对于社会历史的理论建构。

相较之下,马克思对费尔巴哈观点的继承和超越,则是通过将"唯物论"的自然观与黑格尔的"辩证法"进行创造性的结合。马克思在继承费尔巴哈的唯物主义基本内核的同时,摒弃了其社会历史观中的唯心主义倾向,以黑格尔的辩证法对其进行了深化和发展。通过这种方式,马克思不仅重新确立了自然与社会的内在联系,还强调了社会实践在人与自然关系中的基础性作用。马克思"解救辩证法并将其自觉用于唯物主义的自然观和历史观",从而突破了传统的哲学局限,为理解自然与人类的辩证关系开辟了新的理论视角。马克思在其生态文化思想中明确提出了人与自然的关系是一个动态的、不断变化的关系,这一观点正是对费尔巴哈思想的进一步深化和拓展。马克思系统地揭示了人类生产活动与自然环境之间的辩证关系,强调了生产方式和生态环境之间的内在联系,这是对费尔巴哈生态文化思想的显著超越。

德国古典哲学,在批判近代机械哲学思想方面表现出其深刻的意义与影响,特别是在探索人与自然关系的哲学领域里有开拓性贡献。虽然该哲学流派没有完全描绘出人与自然关系的全貌,也未深入人和自然之间本质联系的核心,但其提出的观点对后续的哲学研究,特别是对马克思生态文化思想的形成产生了重要影响。通过对自然和人类关系的重新诠释,德国古典哲学强调了自然不仅是被动存在,人类亦应与自然保持和谐的互动关系。这种理念虽有其局限性,却明确指出了机械论所忽略的自然与人的动态互动,为进一步的哲学探索提供了新的方向,开辟了"人与自然关系"的新研究领域,并丰富了后来的哲学家们的研究,尤其是马克思在内的思想家对这一问题的理解和分析。

---

① 《马克思恩格斯文集》第 4 卷,人民出版社 1995 年版,第 296 页。

第三章
马克思生态文化思想的历史衍进

生态文化思想是马克思在深入探赜资本主义发展过程中形成的关于如何解决生态问题的科学价值观念。马克思始终关注人与自然关系等生态问题，终其一生都在为全人类的解放事业和构建人与自然和谐共生的共产主义社会而奋斗。虽然马克思本人从未使用过"生态文化"这一概念，但是其生态文化思想零散地分布在相关的著作中。想要充分了解马克思生态文化思想，就需要沉浸到马克思的经典文本中对它进行梳理，以更清楚地厘清马克思生态文化思想的发展脉络，因此本章将通过回归经典文本的方式，结合马克思新世界观诞生和发展的历程，对马克思生态文化思想的出场、构建和完善过程的历史脉络进行梳理，以更好地了解马克思思想理论的发展过程。马克思生态文化思想出场于从中学时期到《莱茵报》时期再到《1844年经济学哲学手稿》完成时期；建构于从《关于费尔巴哈的提纲》《德意志意识形态》到《共产党宣言》完成的这段时间；完善于从《1857—1858年经济学手稿》《资本论》到《哥达纲领批判》完成时期。

第一节
在对旧唯物主义的批判中马克思生态文化思想的出场

一、从唯心主义到唯物主义的转变：中学作文与博士论文

（一）马克思的中学作文

马克思在中学时期，就已经对人与动物的区别和未来职业规划进行了深入思考，这表明了他的哲学立场由唯心主义逐渐向唯物主义转变。

马克思通过从人和动物对待自然不同的反应方式，确立了人有主观能动性，进而可以选择适合自己和可以获得尊严的职业。在这一阶段，马克思通过观察自然，并深入思考自然与人类活动之间的关系，逐渐形成了以人的自由与幸福为中心的职业追求。

他在作文中写道，"自然本身给动物规定了它应该遵循的活动范围，动物也就安分地在这个范围内活动，而不试图越出这个范围，甚至不考虑有其他

范围存在。神也给人指定了共同的目标——使人类和他自己趋于高尚，但是，神要人自己去寻找可以达到这个目标的手段；神让人在社会上选择一个最适合于他、最能使他和社会变得高尚的地位。这种选择是人比其他创造物远为优越的地方"[1]。从对人与自然关系的初步认知中，马克思意识到，不同生命体对自然环境的适应和利用方式存在本质区别。动物受制于自然规律的作用，其行为和生存空间通常被限定在一定的生态范围内，而动物的这种存在方式缺乏自主选择的自由，反映出动物对自然的被动适应性。相对而言，神赋予人类的自由选择的权利，使得人类在自然中的行为不再受生物本能或环境刚性限制。人类作为"未完成的动物"，具有通过自身努力改良和选择环境的能力，这种独特的自主性和创造性是人类优越于其他动物的显著标志。

马克思在其中学时期就表现出了不凡的思想深度和远大的职业抱负。一方面，马克思鲜明地认识到人的特殊性，即人类具备选择权和自主性。人可以自己去自由选择适合自己的、能够让自己获得尊严的职业，这意味着人类拥有主观能动性。另一方面，在马克思中学时期的成长背景中，多重文化和思想的影响是不可忽视的。启蒙理性思想、人道主义精神、基督教文化以及劳苦大众的生活现实，共同塑造了他为人类幸福而奋斗的终身职业理想。

马克思在其中学时期对职业目标的确立，已经体现出他对人类社会深远的思考。他倡导选择能够提升个人尊严的职业，这种职业不应让人做奴隶般的工作，而应允许其在各自领域内自由发挥。中学时期形成的这种思想，让马克思信奉"如果最深刻的信念，即内心深处的声音，认为这个目标是伟大的，那它实际上也是伟大的"[2]这样的观点，该观点强调了职业选择的精神信仰和价值实现的重要性。此外，他还认为，一个理想的职业，应当促进个人与整个人类的共同完善，反映了他的世界观和价值观对个体与集体关系的关注。

这些早期的理想和目标显然为他后期的理论发展奠定了坚实的基础。在中学时期，他就已经展示出对诸如自由、尊严和人的全面发展等概念的重视，这些概念后来成为他思想体系的核心。如同马克思提倡的自由全面发展的概念，其根源可追溯至他中学时期受到的这些教育和自我教育的过程。马克思

---

[1]《马克思恩格斯全集》第1卷，人民出版社1995年版，第455页。
[2]《马克思恩格斯全集》第1卷，人民出版社1995年版，第455页。

的教育经历，特别是他在人文和哲学领域早期接受的教育，塑造了他对社会和人类发展规律的深刻理解。

马克思在中学的学习和思考，不仅孕育了他对于个人和人类共同完善的最高职业追求，而且折射出他在经济学、哲学和社会科学等领域深厚的理论基础和独到的见解。这段早期经历透露了马克思崇高的职业理想，也预示了他将个人生命与精力无私奉献给人类幸福事业的决心和承诺。尽管带有一定的浪漫主义色彩，但他的职业理想和人生目标显示了强烈的社会责任感和对人类未来发展的乐观态度，为他后来创立马克思主义理论奠定了深刻的个人主义和社会变革基础。

马克思的中学时期不仅是他个人思想形成的重要阶段，更是他职业生涯和学术道路选择的关键时期。通过其早期的学习和思考，马克思深深植根于对人的尊严、自由与全面发展的追求之中。他坚信，追求和实现这些理想，是每个人类个体的责任，也是社会整体进步的必然要求。

马克思的中学教育和初期理念对其后来的思想理论和职业选择产生了深远的影响。尤其在他的职业理想中，马克思展现出了强烈的"浪漫的理想主义色彩"，并且这种理想主义不仅仅停留在理论层面，而是深刻地反映了他对"为人类幸福奋斗和高尚的职业目标"的追求。这种理想主义并非空泛，而是建立在当时欧洲广泛流行的启蒙运动下的自由理性思想、人道主义思想以及基督教文化的影响之上。这一多元的文化和哲学背景，为马克思后续创立"唯物史观"和对资本主义社会尖锐批评的理论基础提供了思想资源。

(二) 马克思的博士论文

马克思在博士论文《德谟克利特的自然哲学和伊壁鸠鲁的自然哲学的差异》中，初次分析了自然的概念，这标志着他自然哲学思考的起点。通过深入对比古希腊哲学家德谟克利特和伊壁鸠鲁的自然哲学，马克思展开了对自然界客观规律的理论探讨，并试图从中甄别和批判旧有的自然观念，从而奠定了其日后对人与自然关系问题的持续关注和探索的基础。

在博士论文中，马克思通过深入对比德谟克利特和伊壁鸠鲁的原子论，探讨了自然中"个别自我意识"与"定在中的自由"的本质差异。通过这一分析，马克思不仅阐明了自己的哲学重心，即关注人的主体性和自由，也加深了其对人与自然相互关系的理解，表明了自然界不仅是外在的客观条件，也是人类实践和自由发展的场域。

在马克思的分析中，德谟克利特和伊壁鸠鲁自然哲学的一大区别体现在对认知途径的重视程度不同。德谟克利特强调理性认识在理解自然规律中的核心地位，相反地，伊壁鸠鲁则突出感性认识的重要性。马克思在描述德谟克利特对感性世界的怀疑时，提到了一个极端的例子——德谟克利特据说因不满于仅通过感官进行感性认识而自毁双眼，表达出他对理性的绝对信赖及对感性认识的明显质疑。

而伊壁鸠鲁在其哲学体系中，对感性认识的重要性给予了显著强调，特别是将自然界的现象归因于原子的自我意识偏斜，这不仅表明了物质自身的自由意志，还试图打破传统形而上学对自我意识的理解。与黑格尔的纯粹形而上学自我意识不同，伊壁鸠鲁的自我意识是一种将自然界的物质性与人的感性认知结合的表达，彰显了主观认识与自然物质性的深刻联系。

马克思认为，人类对自然界的认识不应仅限于纯粹的理性思维或实证主义手段，因为这种方法较易被限定于表面的经验观察和数据中。马克思强调，为了获得关于自然界更加深刻和全面的理解，必须在承认自然的基本物质性基础上进行科学探索。

德谟克利特与伊壁鸠鲁自然哲学的第二个差别便是对原子直线运动的差别，即"德谟克利特使用必然性，伊壁鸠鲁使用偶然"[①]。

在德谟克利特的思想体系中，思想与存在的关系主要通过反思的途径来理解，其中必然性被认为是现实世界的真实反映。德谟克利特认为感性所感知的外部世界并不代表真实，真正的世界须通过理性反思来把握。此外，他将偶然性视为一种主观幻觉，而非事实存在。在他看来，揭示新的必然因果关系，不仅加深了对世界的了解，也是理性认识带来深刻愉悦的源泉。

伊壁鸠鲁在其哲学中赋予了偶然性特别的重要性，强调原子拥有自由意志，并通过自我意识来促成行动。此外，伊壁鸠鲁将自我意识视为一种理想化的存有，而非完全实体化的现实。然而，从马克思的视角来看，自由被定义为人类超越客观世界的能力。马克思强调，虽然自由表现为在必然中寻找或创造偶然的机会，但这种自由是自然界中广泛存在的、相对的且现实的。自然界不再是我们的意识的界限，而伊壁鸠鲁正是把直接的意识形式，即自

[①] 《马克思恩格斯全集》第1卷，人民出版社1995年版，第27页。

为的存在，变成自然界的形式。只有当自然界被认为是不受自觉理性的约束而完全自由的，而自然界本身被看成是理性时，自然界才成为理性的完全的所有物。

马克思认为，自由意志的偶然性与必然的自然世界之间的统一，是通过实践活动来实现的，这种统一并不是抽象的哲学概念，而是实际行动中的必然产物。个体作为自我意识的主体，其自由必须构建在与现实的感性世界的具体关系基础之上。也就是说，个体的自由不仅仅是理论上的认知，而是需要通过具体的实践活动，如劳动等，才能够实现与自然世界的和谐统一。因此，自然界在这里被理解为感性和理性、必然与偶然的综合体，是个体通过社会实践来认识和改造的对象。只有这样，自然界才能真正成为认识和实践的对象。

在博士论文中，马克思对人类主体性和能动性的探讨，标志着其与传统唯物主义哲学明确划清界限。马克思借助伊壁鸠鲁的原子偏斜理论，阐述了自由意志的可能性。他批判德谟克利特的唯物主义决定论，认为其忽略了人的能动性。在此基础上，马克思认为所有早期唯物主义理论的致命缺陷在于没有赋予能动的原则应有的重要性。这种旧唯物主义未能充分认识人类通过自我实践主动改变自然和社会的能力。马克思的见解为他后来在《关于费尔巴哈的提纲》中对唯物主义的进一步革新和深化提供了理论基础，特别是关于人的主体能动性的理论。

在马克思的哲学体系中，伊壁鸠鲁的原子偏离理论占有重要的地位。伊壁鸠鲁强调，在微观层面，原子的运动不是完全确定的，而是具有独立性、自主性和偶然性。原子通过偏离预定直线轨迹的运动，实现对它物限制性关系的挑战和自我解放的肯定。马克思赋予这一观点以深刻的哲学意义，视之为原子级别上真实自由的体现，称其为"表达了原子的真实的灵魂"[1]。马克思进一步解释道，这种偏离象征着从物质决定性到主体自由性的跃迁，是一种从机械唯物主义到主体能动性的哲学升华。在他看来，这不仅是物理现象的偏离，更是一种哲学上的否定之否定，代表着个体从被动接受外在束缚到主动实现自我解放的过程。

由此可见，马克思的博士论文具备辩证唯物主义思维的萌芽并超越了当

---

[1] 《马克思恩格斯全集》第1卷，人民出版社1995年版，第35页。

时普遍的机械唯物论。

二、物质利益纠缠中的生态文化思想：《莱茵报》时期的系列文章

（一）《关于林木盗窃法的辩论》

在1836年，马克思进入柏林大学研习法律和哲学，法律和哲学的专业知识储备为其奠定了后续对法哲学探索的基础，特别对其思想理论体系的形成与发展具有重要的影响。这一时期，马克思加入青年黑格尔研讨小组，这不仅仅使他首度深入接触到黑格尔的哲学体系，更是初步建立了批判的理论视角。经历了黑格尔哲学著作的深入学习之后，马克思在1841年顺利获得哲学博士学位，其博士论文深受黑格尔的自我意识哲学影响，从而奠定了其对哲学的实质性理解及其后续唯物史观初步构想的基础。尽管最初受到黑格尔哲学的影响较深，马克思的思想并不是停留在黑格尔的理论上，而是在深入批判和吸收借鉴的基础上逐渐发展出自己独特的理论体系。

到了1842年，马克思作为《莱茵报》的撰稿人以及后来的主编，通过对当时社会具体问题的敏感洞察和尖锐批评，体现了他从关注哲学抽象问题向现实具体问题转变的思想过程。这一转变过程尤其体现在他的《关于林木盗窃法的辩论》和《摩泽尔记者的辩护》两篇文章中。这两篇文章不仅展示了马克思批判现实社会不公的能力，也预示了其理论向唯物主义立场的转变。这一转变标志着马克思对资本主义制度及其社会结构的深刻批评，以及他对一个更平等社会系统的构建愿景的形成。通过深入分析当时社会的具体问题，马克思展现了对权力结构和社会不公的敏感与不满，进一步铸就了其后续创立生态文化思想的思想基础。

马克思在其《关于林木盗窃法的辩论》一文中，深入探讨了贫困农民与林木产权者之间的矛盾，明确呈现了法律如何服务于统治阶级的利益而忽视穷人的需求和权利。在该文中，马克思批判性地分析了当局制定的林木盗窃法，认为这种法律实际上是资产阶级对其财产权的一种保护，同时剥削和压迫那些贫苦的农民。他指出，法律的制定者和林木的所有者往往是统一的利益群体，而这些法律的执行者严重忽视了被压迫、被剥削的贫困大众的生存权益。通过这种方式，马克思不仅批评了具体的林木盗窃法，更表达了对全

部通过资本主义机制制定法律的反思和批判，这也体现了他为被压迫、被剥削的贫困大众辩护的立场。这种深刻的阶级分析及其对法权利益取向的揭露，凸显了马克思如何运用批判的方法来分析具体的法律实践，以及法律背后隐藏的阶级斗争。

一是马克思揭露"林木盗窃罪名"背后现实的物质利益问题。马克思在《关于林木盗窃法的辩论》一文中，深刻剖析了普鲁士林木盗窃法背后的政治和社会根源，体现了唯物主义的立场。文章开头，马克思明确指出，"现在我们来到坚实的地面上"，显然是要将讨论引向具体而实际的社会矛盾及其阶级基础上，批判意义重大的真正的现实生活问题[①]。这种讨论方式与抽象的哲学辩论不同，体现他更关注于具体的社会现象与其背后的"真正本质"。

通过深入分析这一点，马克思表达了对省议会及其通过的"林木盗窃法"的批判，该法律表面上是规范林木用途的行为，实则反映了特定社会阶级的利益关系。他识别出这背后的"林木盗窃问题"是一个涉及物质利益的现实生活问题。从较宏观的视角看，其实这是一个典型的阶级利益问题。这些法律所反映的实质是产权关系的阶级性质，及其对社会下层民众生活的压迫。

马克思此处的论述不仅仅停留在表面的法律批判上，而且进一步挖掘了法律背后所潜藏的社会力量及其动力机制。具体到"林木盗窃法"，实际上揭示了资产阶级在立法中维护其物质利益的策略。该法案体现的是如何通过法律形式制定特殊利益，以确保特定阶级利益的稳固，并用所谓的"公正"掩盖其阶级压迫特征。

从《关于林木盗窃法的辩论》中可以看出，马克思的立场从唯心主义逐步转向唯物主义，且他的历史唯物主义方法论得以充分体现，这立场的凸显对研究马克思政治经济理论具有重要的启示意义。这种立场转向表明，马克思的批判路线已从哲学的高度抽象化走向更具体的社会现实和政治斗争的深入剖析。该文章并非孤立地解读法律文本，而是将其放置于更广泛的社会经济背景与阶级结构中审视，反映了资本原初积累阶段对自然资源的掠夺与利用及对立法阶级滥用职权的批判。

总体来说，《关于林木盗窃法的辩论》不仅论述了法律背后深层社会关系的理解，而且强调了经济基础决定上层建筑，包括法律本身的阶级本质，为

[①] 《马克思恩格斯全集》第1卷，人民出版社1995年版，第240页。

全面深入理解马克思的历史唯物主义提供了实证基础。

在马克思的思想历程中，对莱茵省议会的批判可谓是其世界观转变的一个重要标志。在此阶段，马克思进行了深入的法律和政治学习，并特别关注了莱茵省议会如何"以法律之名"维护林木所有者的私有利益。这一点在马克思的许多著作中都有体现，而他对莱茵省议会的分析则凸显了州政府如何沦为特定阶级利益的服务机器。

马克思在这一历史时期，首次以积极的法律批评者的身份出现。通过对"林木盗窃法"的分析，马克思不仅仅关注法律的直接影响，更进一步指出了法律背后隐藏的阶级斗争。这种批判视角为后来的唯物史观和国家理论的发展奠定了基石。在马克思看来，莱茵省议会之所以热衷于通过与林木所有权相关的法律，正是因为它们是服务于资产阶级的经济利益。这也反映了马克思对资产阶级法制本质认识的深化："国家就有义务使自己降低为私有财产的同理性和法相抵触的手段。"①

马克思通过这个案例揭示了资产阶级法律的双重性：表面上维护公共秩序和正义，实际上保护的是统治阶级的特权。马克思对莱茵省议会的批判，充分展示了他对资产阶级法制虚伪性的认识与批判。这种批判不仅限于单一事件，而是体现了一个普遍现象——法律作为统治工具在维护资产阶级利益时的"工具性"和"阶级性"。通过这一理论分析，马克思进一步展开了对资本主义社会法律和国家职能的全面批判。事实上，马克思对于木材盗窃法的批判，不仅加深了他对法律作为资产阶级意志反映的理解，也推进了他关于国家和法律是如何成为资产阶级统治工具的深入讨论。这一批判强调了法律和国家机构在资本主义社会中的阶级基础和阶级功能，形象地揭示了国家如何成为资产阶级的特殊利益的管理者。

通过对莱茵省议会行为的批判，马克思不只是发展了他的政治理论，更为后来的《资本论》中关于资本主义生产方式和阶级斗争的理论分析提供了基础。这一分析不仅加深了对资本主义社会的法律和国家结构的理解，也为理解现代政治和法律的阶级本质提供了一种强有力的理论工具。

二是马克思逐步转向为贫苦群众争取更合理的生存权益的立场。在《关于林木盗窃法的辩论》中，马克思站在了贫苦群众的角度，深入讨论了林木

---

① 《马克思恩格斯全集》第1卷，人民出版社1995年版，第261页。

资源的法律规制及其对贫困人民的影响。马克思指出，捡拾枯树的行为并不能等同于盗窃，因为枯树枝断裂后已不再与原有树木构成有机整体，因此，原有的产权关系已经消失。捡拾枯树与盗窃林木在本质和行为上是完全不同性质的，马克思将这样的行为定义为自然资源的利用，而非侵占。马克思进一步阐述了弱势群体在资源利用中的合理性。他强调，贫苦群众对于枯落木材的利用是出于生存的必要，这与任意侵占有明确界定的私有财产的盗窃行为在性质上有根本的差异。由此，他为贫苦群众合理利用自然资源提供了辩护，试图破解贫困与自然资源法律束缚之间的矛盾，为贫苦群众争取更合理的生存权益。

在马克思的世界观中，他对一无所有的基本群众和一切国家的穷人的描述，深刻揭示了封建社会下贫苦群众所处的极端困境及其与统治阶级的对立关系。马克思强调，这些群众之所以背负如此沉重的苦难，是因为在封建体制下，统治阶级利用贫苦群众的劳动为自己积累财富而不付出实际劳动，正如他将统治阶级比喻为"雄蜂"般的存在，这一比喻体现出底层劳动者遭受的严重剥削和不公现象。此外，马克思所提倡的习惯法，是指为一无所有的基本群众服务的一种法律体系，这种法在根本上应该维护最底层劳动群众的利益，以抗衡剥削和不公。这一点体现了马克思对于法律与社会公正间关系的深刻洞见，认为法律不仅应当反映现实的社会结构，还应当成为改变贫苦群众悲惨命运的工具。

马克思的这种思想与他的历史唯物主义立场密切相关，即通过唯物史观来解析贫苦群众在社会历史进程中的地位及其变迁，意识到不同阶级之间力量的消长和冲突在社会形态和政治制度上的体现。这种分析不仅揭示了阶级斗争的历史必然性，也为后来世界无产阶级的形成和革命行动提供了理论基础。

另外，马克思将习惯法作为一种体现贫苦阶级根本利益的法律形式，这是至关重要的，因为它直接关系到如何诠释和实现贫穷群体的权益保障。马克思关于习惯法的观点，特别是在其对资产阶级社会结构的分析中，具有深刻的理论和实践意义。

一是马克思通过习惯法这一概念，揭示了存在于市民社会之中的矛盾结构，其中贫穷阶级的法律与权利总是被边缘化。在他看来，市民社会需要贫穷阶级的存在，将他们的边缘地位常态化。这一点在他提到贫苦阶级只不过是市民社会的一种习惯时表现得尤为明显①。这种现象不仅限制了贫苦阶级通过劳动获得社会价值的可能，同时也剥夺了他们通过习惯法追求法律平等的途径。二是马克思的这种观点，强调了无产阶级在抵抗资产阶级压迫中必须采用与众不同的法律形式。习惯法在这里被视为一种基于贫苦群体本能的自然法，它既是对资本主义法律体系的批判，也是探寻无产阶级解放的一种可能性。马克思通过呼吁习惯法的合法性，不仅是在为无产阶级的合法权利发声，更是在挑战资本主义所谓的公正法的公平性。此外，习惯法的讨论亦体现了马克思对法律思考的深化，他从权利的法理角度出发，为无产阶级辩护，这种辩护不单纯是理论上的，更具有激进的实践意图。从习惯法这一角度看，贫苦阶级的法律诉求和权益保护，显然是挑战现有社会秩序的重要法理基础和伦理起点。

可以看出，马克思习惯法观念为理解其整体社会理论体系提供了新的视角，特别是对贫穷阶级处境的合法诉求和无产阶级意识的觉醒具有重要影响。这种通过理论至实践的批判与建构，不仅仅是对法律形态的挑战，更是对整个资产阶级社会秩序的深刻质疑。习惯法因此成为连接理论与实践、揭示社会矛盾与推动社会进步的重要纽带。

（二）《摩泽尔记者的辩护》

1843年1月，马克思在《莱茵报》上发表了《摩泽尔记者的辩护》，这篇文章不仅显现了当时政府和社会的复杂问题，也揭示了马克思关于社会结构和贫困阶级权利的早期思考。通过马克思在该文中的论述，可以看出他对"官僚本质"的严厉批判，及其对下层民众疾苦的深度关怀，这对其后续的理论发展有着深远的影响。

文中，马克思运用了客观的事实和逻辑推理，反驳了当时莱茵省总督对《莱茵报》所作的不公指责。他通过揭示政府官员与民众之间的对立来批判现存社会结构的不合理性，凸显了马克思对于权力和社会关系敏锐的洞察力。这种对社会深层结构的批判和对底层民众生存状态的关注，展现了马克思理论中关于社会正义和权利分配的核心议题。此外，《摩泽尔记者的辩护》虽然聚焦于特定历史事件的具体分析，但其背后反映的是对整个资本主义社会结

---

① 《马克思恩格斯全集》第1卷，人民出版社1995年版，第253页。

构的深刻批判。通过这篇文章，马克思展示了他如何通过具体事件深入挖掘社会不公，并为改变困境中的人民提供理论支援。此外，该文不仅被视为马克思理论形成过程中的一个重要文本，而且也反映了他在未来数十年对资本主义社会条件和底层人民权利的持续研究和批判的初步形成。这种独到的分析和对贫困阶级权利的捍卫，是马克思理论宝库中一笔宝贵的财富，为后来的社会科学研究提供了深刻的启示和方法论指导。

在对摩泽尔河沿岸地区葡萄种植者生存状况进行深入调研后，马克思结合实际情况对农民的处境给予了深刻理解，并通过他的理论和实践批评揭示了这些问题的根源。首先，根据马克思的研究，摩泽尔河沿岸地区的葡萄种植者长期遭受来自政府的怀疑与忽视，其合理权益请求通常遭到无视，甚至被误解为"无理取闹"。马克思坚持认为，"这一论断至少不能认为是无稽之谈或欺人之谈"，从调查研究角度为葡萄种植者的利益辩护，体现出其由衷的同情与批判精神[①]。

在进一步的调查中，马克思发现，当地官员表现出高傲与偏执，对法律明显忽视或擅作解释，呈现出自私自利的行为模式。这种现象不仅使葡萄种植者面临生态与经济的双重危机，更印证了官僚机构对底层民众需求的漠视与压迫。马克思的这些观察，展示了官僚执政的弊端和对普通劳动人民的深刻影响，也让他对社会管理方式有了进一步的思考，即通过法律和道德的界定与政治管理来纠正不公行为。

此外，在马克思对这些问题的关注与调研过程中，逐渐形成了关于如何改善劳苦大众生活状态的思考，并且通过数据和案例为他们的权益进行法律和理论论证，以寻求社会和政策层面的改革。马克思的调查研究不仅仅是对政府官员行为的批判，而且是对一系列政治与法律争议的深化认识，力图从根本上解决劳动人民面临的问题。

马克思在《关于林木盗窃法的辩论》和《摩泽尔记者的辩护》两篇文章中反映出他在实际物质利益问题中，对下层社会的深刻关怀及对解决方式的深思熟虑，这些都在他逐步确立的无产阶级政治立场和全人类解放的价值目标中扮演了重要角色，也为其生态文化思想奠定了基础。

[①] 《马克思恩格斯全集》第1卷，人民出版社1995年版，第253页。

三、劳动与异化：《1844 年经济学哲学手稿》

在马克思的理论中，劳动是理解人与自然关系的桥梁，对劳动理论的诠释对马克思生态文化思想至关重要。他认为劳动是人类存在的方式，也是人类塑造自然环境的方式。从这个角度看，劳动不仅是社会经济活动，也是自然生态活动。

在马克思的《1844 年经济学哲学手稿》（简称《手稿》）中，我们可以看见其思想体系转型的关键阶段。马克思不仅提出了"异化劳动"这一概念，还深入探讨了人的存在状态及其转变。马克思认为，在资本主义体系下，劳动者不仅被剥削，而且与其劳动的成果、他人以及自然界本身均产生了异化现象。一方面，马克思的异化劳动理论指出，资本主义生产方式下，劳动不再是人的自我实现方式，而是成了人的自我异化方式。劳动者变成了他的劳动产品的奴役，这种状况不仅剥夺了劳动者对其劳动成果的所有权，更加深了人与自然的对立。在这种背景下，劳动不再是人与自然和谐相处的桥梁，而是人与自然对立的源头。另一方面，资本主义私有制下的劳动异化使得人失去了与自然的和谐共生关系，进而导致生态环境的恶化。在此基础上，马克思在《手稿》中提出，只有通过建立超越现有的私有财产制度和生产方式，才能恢复人与自然之间的和谐关系。这一见解不仅预示了他后来的历史唯物主义的发展，也奠定了其生态文化思想的基础。

（一）异化是资本主义社会人与自然的存在方式

马克思在《1844 年经济学哲学手稿》中运用了唯物辩证法来探讨人与自然的关系。在文本中，马克思指出了人和自然之间存在的本质联系和相互依赖。按照唯物辩证法，不仅自然界为人提供生存的物质基础，人类活动也逐渐地改变了自然界的状态。人类在不断改变自然界的同时，迫使人与自然关系逐步走向失衡。而异化这一概念是描述人与自然关系失衡的关键术语。马克思指出，随着资本主义生产关系的发展，人类的劳动不仅使劳动同自己异化，同样使得自然也被异化，即劳动者在劳动过程中不但本身遭受异化，而且还导致自然环境的破坏。马克思认为，解决这种异化现象不仅需要人类对自然资源的合理使用和生态环境保护的智慧，更要对生产关系本身重新进行革命性的变革，确保人与自然之间能够达到一种和谐状态。换句话说，通过唯物辩证法的视角，马克思提出了通过改变社会的生产方式和社会结构来重建人与自然的和谐关系。

纵观马克思的哲学体系，异化这一概念发挥了中心而关键的作用。从其早期著作到《资本论》，异化的问题一直是其理论探讨的关键术语。马克思通过不同作品对异化的解析，展现了其哲学理论功底的深厚，也表明了异化不仅是一个单纯的经济或政治问题，而且是一个广泛的社会及文化现象。

马克思最初在《论犹太人问题》中分析宗教异化，指出在资本主义社会中，宗教成为人们逃避现实世界的工具，反映了人的精神生活的异化状态。而后，马克思在《黑格尔法哲学批判》中论述了关于政治异化的内容。具体而言，他批判了资本主义制度下，如何通过法律和政治机构实现人的政治异化，即个体在政治生活中的能动性与创造力被剥夺。马克思还在《手稿》中论述了劳动异化，并详细揭示了工人在生产过程中，如何被资本家剥夺对劳动成果的控制权和自身劳动活动的异化。劳动者不仅是生产资料的异化，而且是人的自我实现过程中的自我异化。进而，在《德意志意识形态》中，马克思提出了生产力和生产关系的异化，他分析了在资本主义生产过程中生产力与生产关系如何异化为资本家对工人的统治工具。他还在《资本论》中论述了资本异化这一概念，揭露了资本主义私有制下，资本如何成为资本家的化身，进而支配、压迫和剥削劳动者。这是由于资本主义生产方式的固有矛盾，即生产力的社会化与生产资料私人所有权之间的矛盾，这导致劳动力成为商品，最终使劳动者与其生产的产品、生产过程及人本身的本质逐步异化。

在资本主义社会，自然和人的关系也展现出异化的特性。随着工业化和现代化的推进，自然界不仅被视为无止尽的资源仓库，以满足无止境的生产需求，也遭受到了前所未有的破坏和剥削。这种对自然的资本异化，导致了生态系统的不可逆损伤及其对人类自身生存环境的反噬效应。

总之，马克思的异化理论为分析和批判资本主义社会人与自然关系面临的困境提供了深刻的视角。

（二）劳动及其异化

1. 劳动是人与自然的中介

在《手稿》中，他细致地剖析了人与自然之间的复杂联系，其中尤为重要的是将人与自然的关系明确区分为劳动实践关系、认识关系、价值关系和审美关系。马克思进一步阐述了这些关系之间并非孤立存在，而是彼此之间有着密切影响。特别是"劳动实践关系"，它不仅是人类与自然互动的核心，更从根本上转变了人与自然的互动关系。通过实际的劳动，人不仅在物质上改造着自然，更在此过程中重新确认了自己作为能动者和创造者的角色，从而深刻影响了人类认识自我和认识人与自然关系的方式。

劳动实践是构建人与自然之间桥梁的核心纽带。马克思深刻揭示了劳动不仅仅是经济生产的基础，更是人和自然互动的主要方式。人类通过劳动实践，不断地重新塑造和定义自然，使得自然资源能够满足人类自身的生存和发展需求。劳动过程是一个创造性的活动，通过这一过程，人类不断地认识、改造并适应自然，展现了其对自然的积极影响和改造能力。

马克思提出，人的本质规定中没有包含着对象性的东西，那么它就不能对象性地活动，它之所以能创造或设定对象，只是因为它本身是为对象所设定的。这意味着，人类的劳动活动本质上是与其所处的自然环境紧密相关且互为影响的。劳动实践不仅展现了人的主观能动性，也体现了人与自然之间的对象性联系。这种联系指出了人类通过劳动实践，不断地与自然互动，通过这种互动形成了对自然界深刻的认识和转化能力。在此基础上，马克思认为劳动实践有助于促进人与自然的和谐共生。劳动实践作为人与自然互动的桥梁，消除了人类与自然之间的对立，促进了人类对自然的合理利用和深刻理解。

自然不应仅被理解为无人干预的静态存在，而是以人化自然这一形态出现。人化自然，是人类历史进程中不断通过劳动实践，按照自己的需求对自然进行改造和作用的结果。通过劳动，人类不仅转化了自然，更赋予了自然以新的社会意义和功能，使得自然成为历史和社会条件的产物。正如马克思所言："决不是某种开天辟地以来就已存在的、始终如一的东西，而是工业和社会状况的产物，是历史的产物，是世世代代活动的结果。"[1] 也就是说，马克思在对象性关系理论的基础上，阐述了人化自然的内涵。

具体而言，人化自然是在马克思反对旧唯物主义自然观的基础上提出的，他的人化自然的理论，体现了从旧唯物主义到新唯物主义自然观的根本性转变。

---

[1] 《马克思恩格斯选集》第1卷，人民出版社1972年版，第48页。

旧唯物主义主张精神创造自然，或者说，自然是精神的自主和自存活动的物品。这种主张体现了将自然界视为一种精神现象或意识形态的反映。然而，这种观点忽略了自然界的物质性和客观实在性，及自然与人类生产实践的互动关系。

马克思对此观点持批判态度，他反对任何形式的自然和人类社会孤立对立的观点。他指出，被抽象孤立地理解的和被确定为与人分隔开来的自然界，对人来说也是无。马克思强调自然不应被抽象孤立地视为背离人类社会之外的存在，而是应当视之为人类活动的基础。

因此，马克思提出了人化自然的概念，这些观点体现了一种新的自然观——自然不仅仅是人类生存的条件，更是人类活动的产物和反映。基于此，自然界与人类是处于一种连续统一的关系中，自然界被看作是人类社会历史的一部分，其特性被人的社会性和劳动实践所塑造。

这种基于人化自然的视角，为我们理解人类与自然环境之间的相互影响提供了理论积淀。它挑战了传统的自然观，强调了人类对自然的影响以及自然环境对人类社会的影响，并提出人类活动需要遵循自然法则，并促进生产方式和生活方式的可持续发展。

马克思指出，人化自然这一概念主要指人类通过其劳动和实践活动，将自然界逐渐转化为能够满足自己需求和目标的具有特定属性的自然。这一过程不仅仅是对自然资源的开发利用，更是对自然界的理解和重构，体现了人与自然的辩证关系，将自然转化为人类生活的有机组成部分。

自19世纪以来，马克思将此概念置于其理论体系的核心，强调人的活动不仅改变自然，而且通过改变自然进而改变自身。马克思认为，"整个所谓世界历史不外是人通过人的劳动而诞生的过程，是自然界对人说来的生成过程"[①]。"人的感觉、感觉的人性，都是由于它的对象的存在，由于人化的自然界，才产生出来的。"[②] 因此，自然界和人类社会不应被看作是两个孤立的实体，而是相互作用、相互依存的统一体。在他的思想理论中，自然不只是被动承受人类活动的影响，而是在人类的劳动实践中，实现持续与人类社会相融合的状态。

---

① 《马克思恩格斯全集》第3卷，人民出版社2002年版，第310页。
② 《马克思恩格斯文集》第1卷，人民出版社2009年版，第191页。

可见，自然不仅是人类存在的前提条件，同时也是人类通过劳动实践与之互动和改造的对象。这种双重关系体现了人的能动性与受动性的统一。一方面通过劳动实践，人不仅改造自然，也塑造自身，表现了人的主体性和创造性。人在劳动过程中逐步从自然界中"外化"出来，把自然对象变为劳动对象，通过改造自然，人实现了自我实现的过程。另一方面，劳动实践作为连接人与自然的纽带，不仅在物质层面促成了人与自然的物质和能量交换，更在推进了人的自由及其在自然界中的自我表达方面起到重要作用。马克思指出，通过劳动，人类不仅生产了满足自身生存和发展的物质资料，更通过这一过程表达了自身的意志和意识，由此区别于其他存在。这种通过劳动实践获得的自由，是人类意识和意志的外在表现，而这种表现确立了人在自然界的特殊地位。

因此，人类劳动实践不仅表现出人与自然界的复杂互动过程，而且体现了人的能动性与受动性的辩证关系。马克思指出："通过实践创造对象世界，改造无机界，人证明自己是有意识的类存在物。"[1] 这表明，通过对自然的改造，人类不仅表达了自己对自然界的改造，同时也体现了自然环境对人类的反作用和制约。

人类在实践中对自然界的改造是人化自然的过程，在这一过程中，自然不再是纯粹的自然状态，而是变成了受人类活动影响和调整的环境。正如马克思强调："正是在改造对象世界中，人才真正地证明自己是类存在物，这种生产是人的能动的类生活。通过这种生产，自然界才表现为他的作品和他的现实。"[2] 这种能动性体现了人类在自然界中施展自己力量的主观能力，人类不仅改变自然，更通过改变自然来适应和服务于自身的需求和目标。

然而，人类对自然的能动性是有条件的。在劳动实践中，人类并不能完全按照自己的意愿改变自然，而必须考虑到自然规律和环境的容量。马克思强调以科学的方式和有序的逻辑来调控人类活动，旨在实现人与自然的和谐共生，这体现了人的劳动实践能力受到一定的制约，即具有受动性。

因此，人的能动性和受动性构成的矛盾体现了一种辩证关系。虽然人类能通过劳动实践主动改造自然，但这种改造同样受到自然规律和生态容量的

---

[1] 《马克思恩格斯全集》第3卷，人民出版社2002年版，第273页。
[2] 《马克思恩格斯全集》第3卷，人民出版社2002年版，第273页。

制约。

2. 异化劳动的形成

在《手稿》中，马克思提出了劳动异化的四个规定，深刻揭露了资本主义生产方式下工人的生存困境。这些规定表面上阐述了劳动者的生存和工作境遇，实际上则是探讨了人类生命的根本状态与生存的本质问题。马克思通过论述工人在资本主义生产中如何被异化的过程，说明工人逐步失去对劳动产品的控制，进而在劳动过程中丧失自我实现的可能性。马克思认为这不仅是社会经济层面的问题，更是关乎人的本质和自由的问题，从而揭示了在资本主义生产关系中，人的全面发展与自由实现所面临的根本障碍。

马克思在《手稿》中指出，劳动异化的第一个规定，便是工人与自身的劳动产品之间的异化关系。这一关系的核心在于，随着工人生产的产品数量的增加，他所能真正掌握和享有的反而越来越少，由此对工人构成了一种奴役和统治的形式。在这种生产过程中，劳动者不仅仅是生产物质产品，更是在不断地将自己的生命力转化成物质形式置于物的世界。马克思进一步指出，这种转化结果导致了"物的世界的增值同人的世界的贬值成正比"①。这表明了资本主义生产方式的本质及其对人的异化状况的严重性。

劳动产品作为异己的对象，不仅仅体现了生产资料与产品的控制权从工人手中彻底脱离，更体现在工人将自身的生命与能力投资于这些产品中，但这些投资转化为了资本增殖的价值，而非劳动者的利益。正如马克思所说，"工人把自己的生命投入对象；但现在这个生命已不再属于他而属于对象了"②。这表明了工人在生产过程中的自我流失，自己的劳动成果变成了与自己对立的力量。因此，这种异化不仅是工人与商品的异化，更是工人对自我的异化——他们失去了对自身劳动的控制，同时也失去了对自我身份和能动性的掌握。

由此可以看出，劳动异化的第一规定不仅暴露了工人在物质生产中的困境，而且深刻触及了对工人作为人的生命本质和存在力量的挑战。

在马克思的劳动异化理论中，劳动异化的第二个规定聚焦于劳动者与自己的劳动活动之间的异化。根据该规定，异化主要展现在几个核心层面。首

---

① 《马克思恩格斯全集》第3卷，人民出版社1974年版，第90页。
② 《马克思恩格斯文集》第1卷，人民出版社2009年版，第157页。

先，劳动转化成了一种非劳动者自愿且充满苦难的劳动过程，使劳动者在肉体及精神上遭受极度压迫和剥削。此外，劳动者的活动不再是自发和自由的体现，而是变成了服务他人的工具，这从根本上剥夺了劳动者的自主性与自由意志。

进一步地，由于劳动变成了一种外在的、异己的存在，劳动者不仅失去了其生产的物品，更严重的是失去了人的本质。"动物的东西成为人的东西，而人的东西成为动物的东西"①，这一描述形象地揭示了人在自身劳动中如何从一个具有创造力与自由意志的主体退化为仅仅响应外部命令的对象。这种现象不仅剥夺了工人的生产成果，更重要的是剥夺了他们的人性，将其降低为生产工具。

在资本主义社会中，劳动异化不仅导致个体自身本质的丧失，更引发了个体与类本质的异化。马克思在对费尔巴哈观点的扬弃中提出，"人是类存在物"，这一观点凸显了人不仅在实际和理论层面上将类作为自己的对象，而且将自己视为"普遍的因而也是自由的存在物"。这种视角显示了人的理性内在地追求将类这种无限完满的抽象对象视为自己的终极目标。然而，在资本主义的生产关系下，这种与类本质的联系被根本性地破坏。马克思深刻指出，资本主义生产方式中，劳动不再作为人的自主活动体现，反而变成了一种简单的生存手段，自主活动、自由活动被降格为实现资本积累的工具性劳动过程，人的类生活因此被异化为仅仅维持生存的手段。

这种转变的核心在于，资本主义生产逻辑下，劳动者的存在被抽象为一种商品，其劳动力被买卖交换，从而与其生产的物品及其劳动过程本身发生异化。劳动者不仅失去对劳动成果的控制权，更丧失了在生产过程中实现自我价值与发展潜能的可能性。

在资本主义制度下，先是劳动者与劳动产品异化，随后劳动者与劳动本身异化，劳动者与自身类本质异化最终导致人与人的异化。"当人同自身相对立的时候，他也同他人相对立。凡是适用于人对自己的劳动、对自己的劳动产品和对自身的关系的东西，也都适用于人对他人、对他人的劳动和劳动对象的关系。"② 这一过程反映了个体在生产过程中如何失去对其劳动成果的控

---

① 《马克思恩格斯文集》第1卷，人民出版社2009年版，第160页。
② 《马克思恩格斯文集》第1卷，人民出版社2009年版，第163-164页。

制。因此，劳动者被迫将其劳动力转化为商品出卖，劳动成了非自愿的、被迫的活动。与此同时，劳动产品也不再属于劳动者自己，而是变成了资本家的财产。因此，劳动成果归属于一个与劳动者根本不同的异己存在，即"属于另一个有别于我的存在物"①。这一存在物正是马克思所指的资本家——"劳动和劳动产品所归属的那个异己的存在物，劳动为之服务和劳动产品供其享受的那个存在物，只能是人自身"②。那么在此语境下，人自身指代的是站在劳动之外，通过拥有生产资料而占有劳动对象和劳动者的资本家。

因此，马克思对劳动异化的批判，揭示了资本主义生产方式下人的"类本质"受到损害的严重后果。根据马克思的阐释，劳动不仅仅是一种经济行为，更是人类自我实现的重要方式。在资本主义制度下，劳动者由于生产资料的剥夺，逐渐丧失对自身劳动的控制权和从中获得的满足感，导致劳动者与其劳动成果之间的异化，进而造成人的本质力量的异化。马克思深刻指出，劳动力的商品化使劳动者与其类本质的关系遭到破坏，从而触发了从个体到集体的广泛异化现象，这种现象不但改变了人与人之间的基本关系，也反映了资本主义私有制下根深蒂固的社会关系的异化。

3. 异化劳动的原因

马克思在深入分析资本主义私有制对社会生产关系的影响中，揭示了这一制度如何导致了劳动的四重异化产生。在这种制度下，私有财产被视为最高价值，它不仅消解了人的社会属性，还深化了人与自然的隔阂。按照马克思的分析，"私有制使我们变得如此愚蠢而片面，以致一个对象，只有当它为我们拥有的时候，就是说，当它对我们来说作为资本而存在，或者它被我们直接占有，被我们吃、喝、住、穿等等的时候，简言之，在它被我们使用的时候，才是我们的"③。这表明，在资本主义私有制下，个体利益与共同利益存在冲突，即私有制下的生产关系推动了资本的进一步积累，进而使得资本家和劳动者的关系进一步构成了剥削和被剥削的矛盾关系。资本家在激烈的市场竞争中追求最大化的资本积累，对资源的过度开发与消耗导致了生态环境的恶化，工人则在这一过程中处于被剥削的边缘状态，失去了对自己劳动

---

① 《马克思恩格斯文集》第1卷，人民出版社2009年版，第164页。
② 《马克思恩格斯文集》第1卷，人民出版社2009年版，第164-165页。
③ 《马克思恩格斯文集》第1卷，人民出版社2009年版，第189页。

与生活条件的控制。

在资本主义生产条件下，人与自然也逐步走向异化关系，可以通过社会历史的视角来理解这种异化关系。资本主义制度下，资本家对剩余价值的追求转化为对自然和劳动力的无节制的掠夺，这不仅导致了对自然的破坏，更导致了对工人及农民的榨取与剥削。如马克思所指出，资本家把劳动者只看作是劳动的动物，只是看作仅仅具有必要的肉体需要的畜生。资本所有者间的竞争被描述为持续的"掠夺战争的状态"。① 在这种状态中，资本的逐利本质和增殖需求在私有制的庇护之下，推动了对自然的掠夺性生产模式。这种生产模式不仅破坏了自然与人类之间正常的物质交换过程，加剧了人与自然的对立，同时也加剧了社会内部的紧张与不公正现象。

4. 消弭异化的途径

马克思认为共产主义是消除私有制、消弭异化，实现人与自然和谐的最高级的社会制度。而构建共产主义社会是一个漫长的过程，共产主义从早期形态到最终形态会经历三种形态。马克思在《手稿》中对共产主义的三种形态进行了系统的探讨。

首先，他提出了粗陋的共产主义，这一形态是对私有制的简单否定，其特点在于取消了以物权为基础的所有制形态，但并未完全摆脱财产的观念，只是将其推广到了全体成员之中。② 此外，"粗陋的共产主义"因缺乏对生产方式和人的全面发展的根本改变，故仍处在较为原始和未发展的阶段。"粗陋的共产主义"代表了对私有财产形式的初步而基础的否定。马克思对此形态的批判不仅源于其通过极端的"公有化"和"平均化"手段简单粗暴地消除私有性，而且揭示了此种共产主义在本质上未能跳脱私有财产所固有的矛盾和局限。他认为，"粗陋的共产主义"未达到真正意义上的公共财产水平，仅表现为"私有财产的卑鄙性的一种表现形式"③。显示了从最低标准出发的无产阶级，本能地向平均主义的扭曲和过渡。

随后，他阐述了具有"政治性质"的共产主义，这一形态主张通过政治革命来达成共产主义志向，力图废除国家以实现社会全体成员的自由平等。

---

① 《马克思恩格斯文集》第 1 卷，人民出版社 2009 年版，第 128 页。
② 《马克思恩格斯文集》第 1 卷，人民出版社 2009 年版，第 185 页。
③ 《马克思恩格斯文集》第 1 卷，人民出版社 2009 年版，第 185 页。

然而，这一形态虽然在政治层面进行了剧烈变革，却仍未能实质上解决私有财产所引发的社会矛盾和人的异化问题。具体而言，带有"政治性质"的共产主义形式尽管提出了"民主"和"平等"的政治标准，并力图废除国家机构，但它也没有摆脱对私有财产本质的依赖。这种共产主义形态忽视了一个关键前提——政治解放并不等于人的解放。因此，即使在政治上显得进步和激进，其实质却依然困于私有财产的边界之内，没有触及私有制本质运动的核心问题，从而无法实现对人的彻底解放。

马克思揭示了这两个初级阶段中共产主义理论的历史局限性和内在矛盾。他指出，仅仅通过政策上简化的公有化和平均化，并不能解决由私有财产制度所引起的深层次社会冲突和人的异化问题。更深层次的、理想的共产主义，应该是全面超越现有私有财产和生产关系的枷锁，实现个人的全面自由和发展。这种对理想共产主义形态的追求，不仅在批判现实中得以表达，在推动未来社会变革的道路探索中，也具有重要的思想引导和理论价值。

最后，基于上述分析，马克思提出了理想型共产主义形态，主张通过彻底的社会变革，"积极扬弃人的自我异化"，实现真正意义上的人的解放。在这种共产主义形态下，不仅私有制得以根除，人们的物质和精神需求也能够得到充分的满足，达到"按需分配"的理想状态。这一阶段的共产主义才能实现人与社会关系、人与自然关系实现全新的和谐关系。

这三种共产主义形态反映了马克思对于未来社会可能的发展路径以及在不同阶段下对于私有制、国家及人的自我意识问题的深刻理解和批判。通过这一阐述，马克思不仅展示了共产主义社会的发展动向，也对实现人的全面发展和自由提出了理论和方法论上的指导。

他对共产主义社会三种形态的分析，显示了他对资本主义生产方式的深刻思考。他认为，私有制引发的劳动异化，是资本主义社会生产关系的根本矛盾。在这种社会里，资本与劳动的关系不再是互利的交换关系，而是资本对劳动的剥削和支配关系。马克思指出，这种异化的存在不仅仅是由于物的存在，更关键的是由于物的社会属性和功能的异化，即关键不在于物化而在于异化、外化、外在化，"在于巨大的物的权力不归工人所有，而归人格化的生产条件即资本所有，这种物的权力把社会劳动本身当作自身的一个要素而置于同自己相对立的地位"①。因此，私有制的存在，深化了这种异化现象，导致生产资料和劳动成果的所有权不归劳动者所有，而是变成了资本家的工具。资本以其对生产资料的控制为基础，将劳动力纳入其资本积累的逻辑之中，形成了一种物权力的结构，使得劳动不再是人的自主活动，而是资本积累的手段。正是在这种关系中，物质不仅简单地支配了人，更成了人的奴役者。

总而言之，共产主义并非一种简单的社会制度或世界观，而是对私有制社会内在矛盾发展的历史必然响应。资本主义社会的特征之一是将私有制推向了极致，从而使得劳动异化现象日益严重，最终这种对立使得资本与劳动走向了极致的对立，进而导致私有制的灭亡。资本主义的私有制不仅创造了资本与劳动的极端对立，还加剧了人类与自然界关系的紧张程度。在这样的背景下，马克思提出，只有摒弃私有制，才能彻底解决劳动者的异化问题，使人类活动与自然之间达到和谐。

第二节　新世界观中马克思生态文化思想的建构

一、基于实践唯物主义的马克思生态文化思想：《关于费尔巴哈的提纲》

在《关于费尔巴哈的提纲》（以下简称《提纲》）中，马克思将实践视为理解人类历史发展的关键活动，他认为人类通过劳动和其他形式的实践活动，实现不断改造自然的目的，并通过这一过程理解和改变人自身的生存状态。这种观点与《手稿》中的人本主义观点形成鲜明对比，《手稿》更侧重于研究人的自由发展及人与自然的关系。而到了《提纲》，马克思强调通过积极的物质实践来转化自然界，并通过这种转化进一步促进人与自然关系的发展。

可见，从《手稿》到《提纲》，体现了马克思思想立场从人本主义到彻底

---

① 《马克思恩格斯全集》第46卷下，人民出版社1980年版，第360页。

唯物主义的转变。在这个转变中，他的生态文化思想立场也随之发生了显著的变化。在《提纲》中，他强调"实践"不仅是唯物史观理论体系的基础，而且也是连接人类与自然基本关系的桥梁。

（一）实践是区分马克思唯物主义与旧唯物主义的分水岭

在探讨马克思唯物主义与传统唯物主义的区分上，《提纲》中的理论显得尤为重要。马克思特别指出了旧唯物主义对于事物理解的局限性："从前的一切唯物主义（包括费尔巴哈的唯物主义）的主要缺点是：对对象、现实、感性，只是从客体的或者直观的形式去理解，而不是把它们当做感性的人的活动，当做实践去理解，不是从主体方面去理解。"[1]

在旧唯物主义理论视域中，对事实的认识似乎是自然发生的，事物和现实被看作是独立于人而存在。旧唯物主义将人与自然界的联系视为一种静态和客观的关系，忽视了人的主动作用和变革力量。而马克思则认为人的感性活动和实践活动是认识物质世界的前提，也就是说，物质首先是人的感性活动的结果，只有通过实践，人类才能最终理解并改造世界。因此，《提纲》不仅为马克思哲学与旧唯物主义的区别提供了理论的阐释，还深刻表明了实践在社会转型中的核心作用。马克思提倡的是一种与生产活动、社会变革密切相关的实践理论，他强调通过改造环境和社会实践来达成对自然界更深层次的认识和利用，并非简单地将物质世界作为被动、消极的对象，而是一个通过人类实践被塑造和重新定义的对象。

在马克思主义哲学中，"从客体的形式去理解"与"从主体的形式去理解"，这两种不同维度的理解自然世界视角也是马克思唯物主义与传统唯物主义的根本区别。传统唯物主义在区分人类实践活动与认识活动的关系时，往往偏向于"自在自然"的观念，将客观事物视为独立于主体活动之外的实体，忽视了人类实践活动对客观世界的改造和影响。这种观点未能充分认识到"人化自然"的过程是通过实践活动，即人的感性活动和理性思维的结合来实现的。

马克思强调，必须"当作人的感性活动，当作实践去理解"客观事物，强调了人的主体能动性在认识和改造世界中的核心作用。[2] 这不仅仅是一个认

---

[1]《马克思恩格斯选集》第1卷，人民出版社2012年版，第133页。
[2]《马克思恩格斯选集》第1卷，人民出版社1972年版，第16页。

识的问题，更是一个实践的问题，它要求我们认识到，人的实践不仅仅是物质生产活动，还包括通过这些活动对自然界和社会环境的改造。如此，认识活动转变为一个积极能动的过程，主体在实践中不断地通过感性的直观与理性的思维把握事物的本质和规律性。此外，"从主体方面去理解"强调了在整个认识活动中，主体的能动作用不可忽视。主体不是被动地接受信息，而是在一定的社会实践中，积极地参与和影响认识过程。这种思想是对旧唯物主义观点的深刻批判，即旧唯物主义往往将实践排除在认识论之外，导致认识成为一种消极直观的反映论，没有将人的积极能动性和实践中的革命性质考虑进去。

由此可见，在马克思主义哲学中，实践的概念被赋予了特殊性，马克思对实践的理解方式与费尔巴哈存在显著的区别。费尔巴哈在《基督教的本质》中提到的实践观念，实际上他是将实践视作犹太人对个体利己主义的体现，没有触及实践在社会变革中的深远意义。相对地，马克思强调实践不仅是理论的来源，更是推动社会变革的重要力量。

为了进一步理解这两种不同的立场，我们应该深入考察费尔巴哈对实践的解读。他认为实践仅仅是基于个人利益的活动，而忽视了实践在形成和变革人类社会历史中的角色。费尔巴哈的观点显得较为狭隘，他在很大程度上将理论活动置于实践之上，视理论为"真正的人的活动"，而轻视实践的社会和历史意义。马克思批判了这种观点，他认为费尔巴哈没有理解到"革命的"和"实践批判的"活动的重要性，也没有认识到实践在社会变革中的核心地位。

而马克思的实践概念，是紧密联系其历史唯物主义的理论框架之中。在马克思看来，实践不仅仅是个体行为的表现，更是生产力和生产关系发展的动力，是推动社会历史前进的根本因素。实践是理解和改变世界的方式。通过对实践的重视，马克思展开了对人的全面发展和自由解放的追求，指出真正的实践应当是革命的，目的在于建构符合人类本性需求的社会形态。

因此，马克思与费尔巴哈对实践的理解具有本质的不同。费尔巴哈倾向于理论的抽象化和个人主义，而马克思强调实践的社会性和革命性。这种差异体现了两者在唯物史观上的根本分歧，也影响了他们对于人类社会和历史进程理解的深度和广度。马克思的实践观点，是其批判旧唯物主义和建立历史唯物主义的关键，为后来的社会科学研究提供了新的理论视角和分析工具。

在分析马克思的实践观时，其在《提纲》中的论述表现出对实践概念的深刻理解和重构。首先，马克思明确指出，实践不仅仅是物质的劳动过程，还是一种社会历史的活动，这实现了从抽象到具体的飞跃。相较于黑格尔和费尔巴哈的哲学传统，黑格尔认为实践是形而上的抽象之物，而费尔巴哈则将实践视为物质世界与人类需求相适应的纯粹自然过程，马克思则认为实践观将人类的活动与自然环境和社会条件相结合，提出了"全部社会生活在本质上是实践的。凡是把理论引向神秘主义的神秘的东西，都能在人的实践中以及对于这种实践的理解中得到合理的解决"[①]。马克思对实践的理解，体现了实践的社会性和历史性，表明实践是一种社会历史性活动。

可见，马克思在《提纲》中提出的全部社会生活在本质上是实践的观点，进一步强调了实践不仅是生产劳动，更广泛地涉及社会生活的各个方面，包括但不限于经济、政治和文化等多个维度。这种对实践的理解弥补了传统哲学对实践的片面解读。马克思关于实践的理论，尤其反映了他对人与自然关系的新认识，这在他后期的生态哲学探讨中尤为明显。

（二）实践是马克思认识人与自然关系的根基

在马克思的哲学体系中，实践不仅是认识论的核心，更是马克思研究和认知世界观的基础。根据马克思的观点，实践是物质生活的基础，并通过实践来证明理论的真理性。正是通过实践，人类不仅能够理解自然界和社会的法则，而且还能够按照这些法则来改造世界。实践因此被视为认识与被认识对象之间的桥梁，它有效地消解了主观与客观之间可能存在的隔阂。在这种框架下，真理的标准不再是抽象的哲学思考，而是实实在在的实践检验。

马克思主义坚持实践是检验真理的唯一标准。这一思想承继了古典唯物主义对物质世界和实践活动的关注。这意味着，一个理论或知识点的真实性应通过实践来证实其对现实世界的解释和改造能力。因此，"人的思维是否具有客观的真理性，这并不是一个理论的问题，而是一个实践的问题"[②]。从这个角度来看，实践不仅仅是获取认知的手段，也是验证知识精确度和理论深度的测试场。

在马克思主义哲学中，实践不仅是其核心理论框架之一，也是构建人与

---

① 《马克思恩格斯文集》第1卷，人民出版社2009年版，第501页。
② 《马克思恩格斯选集》第1卷，人民出版社1995年版，第55页。

自然关系的关键桥梁。马克思在《提纲》中指出："哲学家们只是用不同的方式解释世界，而问题在于改变世界。"① 这句话深刻地揭示了实践在马克思主义中的地位，强调了改变世界的实践的重要性，而不是仅仅拘泥于理论。原先的唯物主义虽然试图从感性和直观的角度解析自然和社会，但却忽略了以实践为核心的主体性分析，由此，旧唯物主义未能完全揭示人的能动角色。

实践在马克思主义中的重要性还体现在它如何让人在自然界的互动中不断地重塑和定义自己。人类不仅是自然的产物，更通过自我实践反作用于自然环境，进而改变和创造出新的自然状态和社会形态。因此，社会本质上是人的"对象化活动"的结果，这包括了物质生产和精神生活的所有方面。继而，实践也是人类认识世界的手段。认识是人脑对客观存在的主观反映，人们通过实践活动与自然界的互动中完成这一认识过程，并通过实践不断检验认知的真理性。这一点体现了马克思主义唯物辩证法哲学立场，即真理和知识必须在实际活动中得到验证和发展。

总之，实践是马克思主义哲学不可或缺的组成部分，它连接了人和自然，引导人类在实际活动中实现对自然的合理转化和对社会的积极构建。通过对实践的深入理解和应用，马克思主义不仅提供了改变世界的哲学，还为现代生态问题提供了可行的解决路径。

在马克思的《提纲》中，通过实践的方式阐述人与自然的关系，不仅明显区别了马克思的唯物主义和旧唯物主义的理论观点，也成功建立了实践唯物主义的分析范式。这一转变标志着从旧唯物主义那种静态的、客观的自然观向动态互动的社会性自然观的深刻转变。在《提纲》中，马克思清晰地剔除了《手稿》中尚存的人本主义倾向和黑格尔、费尔巴哈哲学的影响，重新定位了人在自然界中的主体地位，并强调了实践作为认识和改变世界的基本方式。

这种分析方法不仅重塑了自然观，也预示了一种新的生态文化思想的萌芽。马克思通过强调实践在人和自然的相互作用中的核心作用，揭示了人类不仅受自然条件制约，同时也具有改造自然的能力。因此，马克思在《提纲》中的讨论为马克思生态文化思想的后续发展奠定了坚实的理论基础。

---

① 《马克思恩格斯文集》第 1 卷，人民出版社 2009 年版，第 501 页。

二、基于历史唯物主义的马克思生态文化思想:《德意志意识形态》

在《德意志意识形态》中,马克思对历史唯物主义进行了系统的阐述,这不仅是对先前哲学的根本批判和超越,更是在理论层面上的革命性创新。唯物史观的确立,标志着马克思的哲学研究从抽象的人本主义和自我意识形态转向对社会物质生活条件和生产力的深入剖析。换言之,通过清算黑格尔的唯心主义和费尔巴哈的人本主义,马克思将社会发展的根基归结为物质生产方式和生产关系,为之后生态文化思想的唯物主义立场打下了坚实基础。

(一) 现实的个人是人与自然关系的历史前提

在马克思的哲学体系中,"现实的个人"作为一个核心概念,反映了他对人的本质的深入探究。这一概念的形成与发展,是在对传统哲学的批判基础上,逐步转向对个体与社会关系的实质性理解。"现实的个人"不仅是经济和社会关系的承载体,也是这些关系的发展起点。马克思在《手稿》中强调,个人的本质不是与生俱来的抽象概念,而是在社会历史活动中形成的,"现实的个人"的概念强调了人在社会历史条件下的现实状态。"现实的个人"概念不仅仅揭示了个体如何在历史和社会的特定条件下形成,并与自身的生产实践紧密相关,同时也指出了研究社会和历史需从实际的个体活动出发,理解个体与环境交互影响的复杂性。

在马克思的历史唯物主义中,"现实的个人"作为分析的出发点,不仅强调了历史的主体性,也突出了人与自然关系的动态互动。马克思指出,"全部人类历史的第一个前提无疑是有生命的个人的存在。……任何历史记载都应当从这些自然基础以及它们在历史进程中由于人们的活动而发生的变更出发"①。这说明历史不是抽象的结构或无人的事件,而是以实际活动的"现实的个人"为历史变迁的基本动力。

从历史唯物主义视角来看,人类通过对自然的改造以适应自身发展的需求,表现出人类与自然之间的对立统一。

部分学者基于马克思对人与自然关系的看法,将马克思视为人类中心主

---

① 《马克思恩格斯选集》第 1 卷,人民出版社 1995 年版,第 67 页。

义者。然而，实质上马克思的观点恰恰揭示了人的社会存在紧密依赖于自然环境，人的生存和发展必须与自然和谐共存。如此，"现实的个人"在自然环境中并非支配者的位置，而是一个与自然互动并在此过程中实现自身生存和发展条件的主体。

可见，"现实的个人"的概念在马克思的社会历史理论中扮演了重要角色，不仅仅是研究历史发展的基石，也是理解人类与自然关系的关键。

马克思在探讨人与自然的关系时，始终坚持以人的全面发展为出发点的历史唯物主义视角。他指出，人类社会的发展和自然界的物质条件是相互作用的。一方面，人类依赖自然界提供的资源生存和发展；另一方面，人类通过劳动改造自然，使之更好地服务于社会的需要。这种观点明确体现了马克思关于人与自然关系的双重性：人既是自然的产物，又通过实践变成自然的创造者。

马克思特别强调，通过劳动实践，人不仅从自然中提取资源，同时还实现了对自然的认识和改造。这种通过劳动与自然的互动过程，使人类从自然界分离出来，进而成为能主动改造自然的"自然的对立面"。

在深度把握马克思主义哲学的精神实质中，我们不能忽略马克思对人的本质理论的基础性贡献，其开创性地明确了"现实的个人"不仅是自然的产物，而且也是人类历史发展的第一前提。这一观点为我们理解人类如何通过实践活动来解决基本生存问题，并在这一过程中与自然界发生联系提供了理论依据。马克思认识到，人在其生存过程中，不可避免地需要与自然界互动以获取必要的物质资源。这种互动不单是简单的物质交换，而是一种历史与逻辑的统一。

进一步地，马克思指出，人类通过物质生产实践，实现了与自然的统一。这种实践既改造了自然，也塑造了人类自己。人与自然的关系并非静态的或是单向的影响，而是一种动态的、双向的相互作用和影响过程。因此，这不仅仅是对人类中心主义与自然中心主义及其对立的超越，更是我们实现人的全面发展和生态平衡的必经之路。

综上所述，马克思通过揭示"现实的个人"，为我们理解人与自然之间的复杂关系提供了理论前提。

(二) 人与自然的互动推动社会历史发展

1. 人与自然、社会关系推动社会历史发展

在深入探讨马克思理论关于"现实的个人"作为理解人与自然关系的先决条件这一重要论断的基础上,马克思通过"两种生产理论"进一步阐述了这种关系。第一种生产理论关注的是物质资料的生产,这直接关联到了生态环境与人的生活方式的可持续性;第二种则侧重于人类自身的再生产,包括社会关系和文化观念的传承与发展。

马克思认为,物质生活资料的生产与人的生命生产构成了理解人类社会形态演进最核心的动力。马克思指出:"每日都在重新生产自己生命的人们开始生产另外一些人,即繁殖。这就是夫妻之间的关系,父母和子女之间的关系,也就是家庭。"① 可以看出,物质生活资料的生产不仅仅是经济活动的表现,更是社会关系和社会结构演化的基石。物质生产维系着人类的生存需求,从而保障了社会的稳定和发展。

而人的生命生产,特别是通过家庭这一基本社会单位的生育和养育功能,实现了生命的连续性,是未来人类生命得以延续和社会形态得以进步的关键。家庭不仅仅是生物性繁殖的场所,更是社会化和文化传承的第一站,由此产生的社会关系和文化模式对物质生产方式有着深刻的反作用,推动社会形态向更加复杂多样的方向演进。

可见,"物质生活资料的生产与人的生命的生产"的概念,是理解人类社会形态演化的重要基础。马克思强调了物质生产和人的生命生产之间的内在联系,而这种联系是通过生产力的发展和生产关系的变化实现的。这组概念的发展变化关系是人类社会形态演进的物质基础。马克思指出未来的社会形态发展,不可避免地要面对怎样高效合理地组织物质生产以及如何处理好人与人之间的基本关系,尤其是家庭内部的生产关系这一双重挑战。这也就是说,人类社会形态的演进,既是自然运动过程,也是社会运动过程,这两者相互作用、相互依存,共同推动着人类历史的前行。

马克思指出这一理论不仅仅揭示了人类如何通过劳动过程与自然资源的互动不断推动社会关系和生产力的发展,而且强调了这种生产活动在形成和

---

① 《马克思恩格斯文集》第1卷,人民出版社2009年版,第532页。

改变人类社会结构中的核心作用。首先，物质生活资料的生产指的是人们通过改造自然来满足生存和发展的需要。这一过程不仅仅是对自然的简单利用，而是一种深刻的社会活动，它涉及生产关系的构建，包括生产资料的所有权和使用权、劳动者的社会地位，以及与此相关的政治、经济结构。此外，人的生命的生产，在马克思看来，不仅仅是生物学意义上的繁殖，更是文化、社会关系和社会制度的再生产。家庭、教育系统以及其他社会制度，都在对人的社会性进行塑造，同时也在通过这种生产过程复制和强化了特定的社会结构和价值观。

因此，《手稿》的两种生产理论，明确了人与自然和人与社会关系共同推动社会历史发展。同时，作为马克思生态文化思想建构过程中的重要理论，强调在生产过程中要确保"物质生活资料的生产"与"人的生命的生产"协调发展，即发展过程注重人与自然和谐共生，遵循生态环境的承载力。这就要求我们重新思考传统的工业文明对自然的"斗争"方式，转向更加科学和可持续的发展模式。

2. 人与自然的矛盾就是人与人的矛盾，这种矛盾推动社会历史的发展

立足上述分析，我们可以理解社会历史的发展不仅仅是时间的推移，更是深层次"生产力和生产关系矛盾运动"的体现。这种矛盾并不局限于经济领域，它也体现在人与自然及人与人的关系上，正如马克思对"生产力与生产关系"所揭示的：生产关系的变革往往落后于生产力的发展，从而引发社会结构的重大变革。这为我们提供了一个分析这种矛盾及其对社会历史发展影响的有效工具，它强调生产方式不仅决定了人类社会的经济基础，也塑造了人与人之间的关系及整个社会结构。

通过分析马克思的相关著作，我们可以观察到如何从唯物史观的角度深化对"生产力"与"生产关系"概念的理解。在《黑格尔法哲学批判》中，马克思提到的"市民社会"已经隐含了生产关系的早期概念。而在《手稿》中，马克思提出物质生产是人类生存与发展的根基，并开始使用"生产力"的概念，强调"分工提高劳动的生产力"。这个观点突破了以往哲学对生产和劳动关系的抽象讨论，转而关注具体的生产活动及其对社会结构的实际影响。

马克思在《神圣家族》中进一步强调，历史的动力不是源自超验的理想，而是根源于物质生产的基础活动。他明确了物质生产在推动历史进步中的核心作用，这一点在他后续的著作中得到持续的展开。在《德意志意识形态》

中，生产关系与"交往关系"和"交往形式"并列使用，反映了不同的社会关系在生产活动中的表现和变迁，彰显了生产力与生产关系相互作用、相互影响的复杂性。

进一步，在《哲学的贫困》中，马克思使用"生产关系"这一术语来概括人类在改造自然和处理人与自然关系过程中形成的各种社会关系。这标志着他对于生产关系内涵的深化，不再仅仅看到其经济维度，而是赋予其更广泛的社会和文化层面的意义。

因此，可以看到，马克思不仅在理论上提出了生产力与生产关系的相互作用关系，而且深入具体的社会历史实践中去验证和丰富这一理论。他明确了生产力是推动社会发展的动力，而生产关系则是这种动力如何在特定历史时期内通过人的社会实践而得到体现和调整的具体表现形式。因此，理解这两个概念并分析它们的发展，对于解读历史变迁及其现实意义具有重要价值。

马克思认为，生产力与生产关系的矛盾是推动社会发展的根本动力。生产力的内涵主要包括人们在生产活动中所应用的技术、工具以及人类自身的能力，它体现了人与自然的关系，是生产与再生产的动力来源。相对于此，生产关系则指的是人们在生产过程中形成的社会关系，包括生产资料的所有权和劳动产品的分配方式等，这反映了人与人之间的社会关系。

当生产力发展到一定阶段，如果生产关系不适应这种发展水平，就会产生矛盾。这种矛盾表现为生产关系的束缚，阻碍了生产力的进一步发展。历史上多次的社会形态变迁，实质上都是生产力与生产关系矛盾运动的结果。生命的生产表现为双重关系：一方面是自然关系，另一方面是社会关系。人们只要进行生产活动，就立即表现为人与自然、人与人之间的双重关系。首先是改造自然的活动，反映的是人与自然的关系，表现为一定的生产力；然后是人们在生产中必然要结成的一定的交往关系，即一定的生产关系。这一理论对于理解人类历史的发展轨迹至关重要。

当代工业社会的产生，也是由于封建社会生产力与生产关系的矛盾推动了社会变革进而推动社会形态转变。在工业革命前的封建社会中，生产力水平较低，土地与手工工具是主要生产资料，与之相匹配的是领主与农奴的生产关系。随着工业化的推进，机械化大大提高了生产效率，原有的封建生产关系阻碍了生产力的发展，最终导致了封建制度的崩溃以及资本主义生产关系的确立。在这一过程中，生产力和生产关系之间的矛盾起到了关键的推动作用。

社会历史的基本关系被视为生产力和生产关系。然而，深层次的分析揭示，这种动态关系的根基实际上是人与自然的关系。根据"人与自然的关系"这一核心关系，我们进一步探析人类社会关系。马克思明确指出，人类社会的研究应构建于"人与自然的关系"，并强调"人与人的关系"是"人与自然关系"的一种反映。"人与自然的关系"不仅影响了生产方式的变迁，更深刻地作用于生产关系以及随之形成的社会结构。

可见，人与自然关系不仅影响着人与人的关系构成与发展，而且也是现代生态文明建设中不可忽视的核心内容。这种关系的良性发展有望推动生产力的持续提升，并为生产关系的合理变革提供必要的自然基础与实践空间。

（三）社会历史是自然史和人类史发展的统一

在深入研究"现实的个人"的规定基础上，我们能够更准确地理解在科学实践基础上理解自然与历史的辩证统一。马克思认为"历史可以从两方面来考察，可以把它划分为自然史和人类史。但这两方面是不可分割的，只要有人存在，自然史和人类史就彼此相互制约"[1]。

在马克思的视域中，自然与人类历史的关系被深刻地重新解读。如马克思所述，人类所处的自然界"不是某种开天辟地以来就直接存在的、始终如一的东西，而是工业和社会状况的产物，是历史的产物，是世世代代活动的结果"[2]。这表明自然界并非处于静止不变的状态，而是在人类社会及其活动演进中持续变化和发展的。这对我们理解自然作为资源的存在，同时也是人类历史发展过程中的参与者具有重要意义。

相对而言，作为半截子唯物主义的拥护者，费尔巴哈对自然的理解表现了一种狭隘性。费尔巴哈虽然在自然科学领域尚保持着唯物主义的方法，但在历史分析上却回归了唯心主义，忽视了自然与历史的内在联系。如马克思所言："当费尔巴哈是一个唯物主义者的时候，历史在他的视野之外；当他去探讨历史的时候，他不是一个唯物主义者。在他那里，唯物主义和历史是彼此完全脱离的。"[3] 可以看出，相较费尔巴哈而言，马克思强调自然与人类社

---

[1] 《马克思恩格斯选集》第1卷，人民出版社1995年版，第66页。
[2] 《马克思恩格斯文集》第1卷，人民出版社2009年版，第528页。
[3] 《马克思恩格斯文集》第1卷，人民出版社2009年版，第530页。

会之间的辩证关系,促进了自然和历史不可分割性的深入理解。

因此,费尔巴哈的唯物主义虽然突破了以往哲学的一些束缚,但他的理论视野仍旧停留在了认识论层面的自然观,缺乏对"现实的个人"及其历史活动的全面把握。

首先,费尔巴哈未能将"现实的个人"置于其理论的核心,从而忽略了个体在现实社会中如何通过与自然的相互作用改变历史的动态过程。恩格斯批评费尔巴哈,因其没有将人的社会实践视为历史发展的决定性力量,而是倾向于抽象地看待自然与历史的联系,即"历史总是遵照在它之外的某种尺度来编写的;现实的生活生产被看成是某种脱离日常生活的东西……某种处于世界之外和超乎世界之上的东西"[1]。相较而言,将社会历史放到自然历史发展的过程中,则推动了历史唯物主义的发展。

历史唯物主义的核心在于,它强调了"现实的个人"的生活生产实践及其对环境的改变是历史进程的基本动力。马克思把人的社会存在和自然环境的改造纳入历史的分析之中,从而超越了费尔巴哈的唯物主义。人类不仅被自然条件所制约,同时通过改造自然来满足自己的需求,这种对自然界的积极改造和利用是人类历史发展的一个不可分割的部分。

马克思通过对费尔巴哈的半截子唯物主义的批判,深化了历史维度的唯物主义,并且推动了马克思思想理论体系向历史唯物主义的逻辑转化,这不仅对马克思理论体系的完善有着深远影响,同时也为理解社会发展提供了更为丰富和科学的理论资源。

在马克思主义的历史观中,自然不是一个静态的单纯的资源仓库,而是"自然界起初是作为一种完全异己的、有无限威力的和不可制服的力量与人们对立的"[2]。同时,人与自然的关系是一个动态发展和变化的过程。在古代社会中,人类对自然的认识和利用处于一个较为原始和被动的阶段,自然界与人类的关系充满了矛盾和斗争,这种关系"完全像动物同自然界的关系一样,人们就像牲畜一样慑服于自然界"[3]。

随着生产力的发展和科技的进步,人类与自然的关系经历了根本的变革。

---

[1] 《马克思恩格斯文集》第1卷,人民出版社2009年版,第545页。
[2] 《马克思恩格斯文集》第1卷,人民出版社2009年版,第534页。
[3] 《马克思恩格斯文集》第1卷,人民出版社2009年版,第534页。

工业革命以前，人们对自然有一种敬畏和依赖的态度，生产活动对自然环境的影响相对有限。进入工业文明社会后，尤其是现代社会，人类开始大规模改造自然环境以适应社会发展的需要，这一时期自然界被视为可以被挑战和征服的对象。人类试图通过科技力量控制自然、改造自然，以获取更多的资源和空间，这导致了生态环境的急剧退化和生态危机的加剧。

随着人类的认知水平和生产力的不断发展，人类对自然的认识和改造能力也在不断增强。尤其是在共产主义社会，由于生产力的高度发展，人与自然的关系将达到一个新的平衡和和谐状态。人类不仅能在更高的基础上管理和利用自然，更能实现与自然的真正统一，从而消除过往的矛盾和对立。这种统一不是人类单方面对自然的统治或控制，而是一种在深刻认识自然基本规律的基础上，促进人与自然相互作用、相互促进的关系。

人类与自然的关系由最初的依赖和被动，发展到控制和改造，最终将在共产主义社会中实现和谐统一。这种统一指的是在高度发展的生产力基础上，人类能够更加深刻地理解和尊重自然规律，实现人的自由发展，与自然保持共栖共生的关系。

自然和人类历史的关系具有相互作用和相互依赖的特点，这一关系通过人类对自然的实践不断演化。在历史的演进中，每一代人都在前人留下的自然环境和社会基础之上，通过自己的实践活动改变这些条件。正如马克思所说，"历史不外是各个世代的依次交替。每一代都利用以前各代遗留下来的材料、资金和生产力；由于这个缘故，每一代一方面在完全改变了的环境下继续从事所继承的活动，另一方面又通过完全改变了的活动来变更旧的环境"[1]。这一过程，不断促进了人类对自然的认知和改造，即人类通过改变自然来适应自己的需求，同时也被改造过的自然环境所影响和塑造。

这种动态的互动过程，在不同的历史阶段表现出不同的特点。工业文明的兴起极大地加速了人类对自然的改造速度，也带来了前所未有的生态问题和挑战。

综上，人类与自然的关系是一个动态变化的过程，历史的发展是自然历史和人类历史的统一，人类不断通过改造自然来满足自己的需要，而这种改造又反作用于人类自身的社会结构和个体发展。

---

[1] 《马克思恩格斯文集》第1卷，人民出版社2009年版，第540页。

马克思提及的"对象性"关系，不仅揭示人与自然的互动关系，进一步强调了这种互动在历史发展中的动态性和变化性。人类在劳动实践中不断地改造自然，以适应和满足自身的需求和欲望，这种主动的改造活动体现了人的能动性。然而，自然界作为历史发展的物质基础，同时也以其固有的规律和条件，对人类社会的变革和进步产生反向影响。历史唯物主义框架下，对于人与自然相互作用的分析，揭示了人类社会发展的历史维度，这对于理解人类社会进步，及其与自然环境的和谐共生是至关重要的。特别是在当前人口增长和工业发展压力下，这种历史视角有利于洞察生态危机根源及其解决方案。

三、马克思生态文化思想的诞生：《共产党宣言》

《共产党宣言》不仅是马克思科学社会主义诞生的标志，也是马克思唯物史观形成的重要著作。《共产党宣言》是基于共产主义者同盟的需要而起草的，由马克思亲自完成，其内容深刻反映了资本主义社会的矛盾以及工人阶级的革命使命。通过提出一系列具有前瞻性的理论观点，例如阶级斗争、无产阶级的历史使命，以及资本主义的内在矛盾，它直接推动了工人运动的发展，并为后续的社会主义理论和实践提供了理论基础。

马克思在《共产党宣言》中，基于时空维度来分析资本主义向全球扩张的过程基础上，批判资本主义对工人"自身的自然"和天然存在的自然界的破坏而造成的历史局限性，并指明只有构建共产主义社会，才能实现人与自然的和谐统一。这体现了马克思生态文化思想将政治、经济和社会融合起来，也标志着该思想的完成。

（一）基于世界历史分析范式来阐述资本主义全球扩张引发的生态危机

在《共产党宣言》中，马克思精准地描绘了资本的全球扩张及其对现代工业发展的推动作用。资本的这种扩散不仅超越了国家和民族的界限，更形成了全球化的生产与市场体系，这一转变对世界经济结构产生了深远影响。

资本主义的这种全球化扩张，显著表现在几个方面。首先，资本逐利的本性驱使其不断寻找新的市场，这不仅包括地理上的新市场，还包括产品和服务的新市场。马克思在《共产党宣言》中提到："美洲的发现，绕过非洲的航行，给新兴的资产阶级开辟了新的活动场所。"① 这表明了资本主义如何利用地理大发现扩大其活动范围，通过殖民化、贸易等形式实现资本的积累与增殖。其次，资本的全球化推动了现代大工业的发展。随着市场的不断扩大和需求的持续增加，传统的工场手工业已无法满足生产需求，因此，"蒸汽和机器引起了工业生产的革命，现代大工业代替了工场手工业"②。这种工业化不仅极大地提升了生产效率，也促进了工业技术的快速进步，从而形成了资本主义生产的新模式。同时，资本的全球扩张还导致了国际生产力和生产关系的重新配置。由于资本追求最大化的利润，它促进了生产的国际分工，使得不同国家根据自身的比较优势参与全球市场的竞争。这不仅加深了各国经济的相互依赖，也使得全球经济成为一个高度互联的整体。最后，资本的全球扩张还加剧了全球范围内的社会阶级分化。《共产党宣言》指出，"现代资产者，代替了工业的中间等级"③。资本的集中导致了资产阶级的壮大与无产阶级的扩展，这种阶级对立是全球资本主义发展中不可避免的社会矛盾，也是推动社会历史进程的重要力量。

因此，通过上述分析可以看出，资本的全球化不仅重塑了经济发展的方式，同时也塑造了现代社会的经济结构和阶级关系。这种全球范围内的资本扩张和工业发展，是理解全球经济与社会动态的关键。

在《共产党宣言》中，马克思精辟地阐述了资本的全球扩张及其对世界市场的影响。资本逻辑会驱使资本家不断地扩大销路，因此，资本的全球扩散不仅是出于对新市场的需求，也是出于对原材料的控制需求。这一进程促进了全球统一市场的形成，而整个世界变为资本的原材料供应地和产品倾销市场。

资本的全球扩张极大地影响了世界各地的产业结构。如马克思所指出的，新工业的建立成为一切民族生死攸关的重要问题。这种工业化推动需求的同时，也促使各地域经济结构调整及向工业化和现代化迈进。资本全球化促使资源、资金和技术在全球范围内流动，加速了地区间的经济融合及生产能力的提升。

然而，这种资本的全球扩张和产业发展也带来了一系列社会生态问题。

---

① 《马克思恩格斯全集》第4卷，人民出版社1958年版，第467页。
② 《马克思恩格斯文集》第2卷，人民出版社2009年版，第32页。
③ 《马克思恩格斯文集》第2卷，人民出版社2009年版，第32页。

资源的过度开采和市场的无序竞争往往导致生态环境的破坏和社会不平等的加剧。具体而言，在当代全球化经济体系下，资本的全球扩张不仅仅是经济现象，更是一种深刻的生态与环境问题。资本对自然资源的掠夺性开采是其固有逻辑的，而非偶然发生。这种开采无疑是建立在损害生态平衡的基础上，导致了全球生态系统的不断退化和资源的枯竭。

一是，资本的全球扩张促使生产和消费的地理界线得以突破，将全球的自然资源纳入其生产体系。资产阶级建立了全球性的市场，这不仅扩大了资本的运作范围，也将不同国家的自然资源纳入了资本的掠夺链条。在这一过程中，资源的过度开采成了常态，因为资本的本质是追求最大化的利润，往往以牺牲生态环境为代价。

二是，资本家想方设法转嫁生态危机，体现了资本操作中的另一个关键逻辑——外部化环境成本。资本主义国家往往将生产过程中产生的污染和废弃物转移到其他国家，将环境成本和生态破坏的后果转嫁给资源贫乏和环境脆弱的发展中国家。这不仅说明了资本操作的短视与自利，更暴露了资本主义国家与被掠夺资源的国家之间在生态责任上的不平等。

三是，在资本主义经济体系中，资本对工人的剩余劳动时间的不断压榨，以满足其累积的需求，引发了一系列的生态环境问题。马克思在《共产党宣言》中已经明确指出，资本家支付给工人的"雇佣劳动的平均价格"仅能保证工人的基本生存，而资本家为了获取更多的剩余价值，不断延长工人的劳动时间和提高劳动强度。这种做法不仅仅是对工人的剥削，也为生态环境带来了严重的后果。在资本主义生产模式下，工人"生命的再生产"经常被忽视，生态环境也往往处于牺牲品的位置，以满足资本的增殖目的。马克思对资本主义生产方式下的工人状况进行了深刻的剖析，特别是对"工作日"的探讨揭示了资本对劳动力的极致剥削。工人为了满足资本的积累需求，在不得不接受无休止工作的高强度压力下，自身的自然遭受剧烈的扭曲和破坏，这不仅影响了工人的身心健康，也严重冲击了社会的整体劳动环境。马克思指出，资本家通过延长"工作日"来最大化获取最大限度的剩余价值，这种做法反映了资本对劳动力的无限压榨。

四是，资本家不断扩大生产规模，引致对自然资源的过度开发，造成了生态环境的系统性退化。正如马克思指出，资本主义的生产模式天然倾向于消耗自然，使得人类活动频繁超出了自然界的承载能力，进一步触发了环境退化，生态平衡遭到严重破坏，终将导致自然资源不仅无法再生，甚至可能出现不可逆转的生态灾难。

实际上，从长远看，马克思提醒我们，资本主义制度下的这种对劳动者的剥削和自然资源的极端开发方式，不仅不可持续，而且对经济自身的持续健康发展构成了威胁。

(二) 构建共产主义社会，消弭生态危机，实现人与自然的和谐统一

马克思指出，资本主义的生态危机根源于资本主义生产方式本身。资本主义制度下的生产与发展是建立在不断扩张利润和无限制资源开发的基础上。"现代的资产阶级私有制是建立在阶级对立面上、建立在一些人对另一些人的剥削上面的生产和产品占有的最后而又最完备的表现"，这一严重的阶级分裂和对生产资源的不均衡掌控，导致了生态环境的大量破坏和资源的枯竭。[①] 正如《共产党宣言》中所阐述的，剥削和危机是资本主义系统内固有的特征，也正是私有制带来的直接后果。

马克思提出，资本主义下的生态危机不是偶发事件，而是资本主义经济发展模式必然产生的结果。由于资产阶级在其基本利益之上无力调和与自然的关系，导致生态破坏的根本问题无法在资本主义框架下得到解决。共产党人可以用一句话把自己的理论概括起来：消灭私有制，意即通过消除私有制，弥合由资本主义生产方式带来的社会及生态裂痕。

因此，实现共产主义，即"不是要废除一般的所有制，而是要废除资产阶级的所有制"，就成了解决生态危机的唯一可行途径。[②] 这涉及根本的生产关系和所有制形式的重大变革，通过消除私有制和阶级对立，建立一种符合自然规律和人的需要的新的社会主义生产方式。这种生产方式将会是生态可持续的，并且是以满足全体人民的基本需求为宗旨，而非单纯追求资本积累。

马克思认为，共产主义社会的构建不仅仅意味着经济形态的根本改变，而且是深层次的社会和生态关系的全面革新。他们所设想的未来社会，是基于"代替那存在着阶级和阶级对立的资产阶级旧社会的，将是这样一个联合体，在那里，每个人的自由发展是一切人的自由发展的条件"这一基本原则。[③]

---

① 《马克思恩格斯文集》第 2 卷，人民出版社 2009 年版，第 45 页。
② 《马克思恩格斯文集》第 2 卷，人民出版社 2009 年版，第 45 页。
③ 《马克思恩格斯文集》第 2 卷，人民出版社 2009 年版，第 53 页。

在这个理想的社会联合体中，不仅社会关系得到根本的和解，也即"人与人的和解"，此外，人与自然的关系也将达到和谐，实现"人与自然的和解"。

社会正义与生态正义也是共产主义社会的重要标志。社会正义在共产主义社会中主要体现为消除阶级对立，资源共享和平等参与社会活动的机会。而生态正义，则是通过重新构建人类活动与自然环境的和谐关系来实现的。

共产主义的终极目标，是构建一个没有压迫和剥削的社会，所实行的生产方式将考虑到生态的合理性和持久性，确保人类活动不会超出地球的承载能力。马克思坚信，人类的自由和自然的保护是相辅相成的，共产主义不仅仅是一次经济革命，也是一场深远的生态和社会革命。通过真正实现"人与人的和解"及"人与自然的和解"，共产主义将引领人类进入一个更公平、更可持续的未来。

在《共产党宣言》中，马克思不仅提出了科学社会主义的理论基础，更重要的是，他们通过世界历史的视角深刻剖析了资本主义生态扩张的问题，也构建了马克思生态文化思想。《共产党宣言》通过揭示资本追求无限扩张的根本逻辑，为我们理解和解构全球生态问题提供了一个重要的分析范式。此外，《共产党宣言》还强调了实现人与自然及人与人之间解放的必要性，促进了对社会发展方向的深刻思考。因而，它不仅是一个政治经济学的宣言，也是一种社会生态文化发展模式的宣言。通过批判资本主义的生产与消费模式，提出了一种更为公正和可持续的社会结构的设想，这对于指导当前与未来的全球生态管理和社会生态政策制定具有极其重要的理论价值和实践意义。

第三节

马克思生态文化思想的深入发展与完善

一、马克思生态文化思想的升华：《1857—1858 年经济学手稿》

《1857—1858 年经济学手稿》（以下简称《大纲》）不仅是马克思经济学思想的集大成之作，马克思更在其中透露出深厚的生态文化理论基础，该著作也标志着马克思生态文化思想进入深入发展阶段。在这份手稿中，马克思对人类社会与自然环境的关系进行了深入的剖析和理论建构。

《大纲》中对三大社会形态的深入分析，展示了马克思如何从生态的视角观察社会发展的历史脉络。这一分类不仅反映了人类与自然的互动关系的转变过程，也为理解社会发展与环境可持续性发展之间的复杂关系提供了理解框架。马克思指出人类社会形态经历了三个阶段，即人的依赖关系是最初的关系、以物的依赖性为基础是第二大形式以及建立在个人全面发展和共同的社会生产能力成为社会财富基础上的第三阶段。马克思对三大社会形态的论述逻辑，展示了生产力水平较低的社会中人对于资源的依赖，到高度社会化的生产方式的转变促使人的全面自由发展的叙述逻辑。

更重要的是，《大纲》是对《德意志意识形态》中观点的进一步发展与深化。《大纲》是对《德意志意识形态》的发挥和运用之作，它表现为对原有哲学观点的阐释和更新哲学观点的提出，《大纲》不仅是马克思政治经济学的理论实践，也是在哲学视野中对人与自然关系理解的深化。通过深化这些理论，马克思不仅在经济理论上取得了突破，也为现代生态批判提供了坚实的理论基础。这证明了在《资本论》之前，马克思就已经开始考虑环境问题与经济活动之间的密切关系，并在理论上对此进行了系统的阐述和分析。

具体而言，在《大纲》中，马克思运用唯物史观的方法深入探讨了人的自由与全面发展问题。他参照资本主义社会发展境遇，从历史和理论两个维度分析了不同时期社会生产方式的异同，并揭示了这些生产方式如何影响人的发展状态。马克思特别指出，当前资本主义社会虽然极大地发展了生产力，但同时也制约了个人的自由发展。

此外，马克思的《大纲》有着鲜明的研究主题，即如何从生产方式出发，考察各时期的社会形态对于人的全面与自由发展的影响。根据生产方式的差异，《大纲》分析了从原始社会到封建社会再到资本主义社会，不同社会形态如何展现不同的发展模式及其对人的制约。

在探讨三大社会形态的章节中，马克思强调了理解这一进程的重要性，即如何从一种社会形态过渡到另一种，并且如何在过渡中实现个体的全面发展。这不仅涉及经济生产力的增长和变革，还包括社会意识形态的转变及其对人的自由全面发展的影响。显然，《大纲》不仅是马克思经济学理论的重要文献，也为理解他总结的人类历史发展的普遍规律做出了重要贡献，进而为我们理解社会变革与个人发展之间的复杂关系提供了理论框架和方法论指引。此论述在马克思的理论体系中，尤显重要，因为它直接关联如何通过变革生产方式来实现人的自由和全面发展的潜力。

在人类历史的初期阶段，人类与自然的关系通过其基本形态体现出一种"对立统一"的关系，在这一阶段内，人类的生活和发展高度依赖自然环境，形成了一种原始的和谐共生状态，但这种共生并非没有矛盾和对立。这种矛盾主要表现在人类生存的脆弱性和对自然资源的依赖性上，这决定了人与人之间、人与社会、人与自身的基本关系和发展态势。

在当时，由于科技和生产力水平极为落后，人类只能在很小的范围内改变自然，而不具备对自然进行大规模改造的能力。恩格斯在《自然辩证法》中强调，我们不要过分陶醉于我们人类对自然的征服，这种观点是基于对自然权力的尊重和对人类行为限制的认识。① 因此，自然界的丰富度直接决定了当时人类的生存状态和社会结构。资源的多寡和分布不均，成了不同群体之间依赖和合作的基础，进而塑造了初级社会结构形态的多样化。

社会结构的初级形态受到自然环境的直接影响。在自然条件的制约下，人们必须通过合作来对抗自然界的不确定性和危险，从而在人与人之间形成了一种互助合作的关系。这种关系不仅是人类社会赖以生存和发展的基础，也是个体之间信任和社会凝聚力形成的源泉。

就人与自我之间的关系，初期的生活环境和生产方式对个体自我认识的影响也是深刻的。恩格斯所提出的"不要过分陶醉于我们对自然的征服"的思想，实质上也是在提醒人类在享受自然馈赠的同时，应保持对自然及自我能力的客观评估，认清自我与自然、社会的辩证关系。这种理念不仅是对生态的尊重，也是对自我价值和社会责任的一种深刻认知。

总之，人类历史的第一个阶段里人与自然的关系，基于相互依存与合作的原则，这种关系的本质影响着人际关系和社会结构。

在马克思主义理论框架下，科技进步与生产力提升促进了社会从简单的自然物利用到深度干预自然本质的第二个阶段。原始阶段中，科技发展与生产力增强更多是体现在物理改造上，而到了第二个阶段，则表现为对自然物的本质进行调控与转变。具体表现在，科技不仅使人们有能力改变物体的外

---

① 《马克思恩格斯全集》第 26 卷，人民出版社 2014 年版，第 768－769 页。

在物理结构，更进一步通过物理、化学反应和生物科技手段，改变了物质的微观组织结构以及生命性质本身。这种从原初自然性状到生命性状的转变，不仅体现在技术层面，也反映了对自然的认识和互动方式的根本改变。此变化符合马克思关于物的生产与人的生产活动相互作用的论述，并揭示了技术发展及其对自然干预能力的加强。这种技术在本质上，是围绕着资本主义生产方式对效率和控制的追求。然而，这种对自然本质的深度改造与操控，也加剧了人类与自然的矛盾，表现为生态破坏和环境退化的日益严重。这需要人类更为审慎地反思科技与自然关系的发展路径。

在当前全球化的背景下，人类活动对自然环境的全面和深刻影响已经显现。特别是人造原子弹、氢弹的制造和威胁潜力不仅标志着人类对自然界最极端的破坏力，而且象征着科技向军事化的快速进步对全球安全的重大威胁。同时，工业的发展及其伴随的对资源的掠夺性运用和废物排放不仅加剧了地球的资源消耗，而且显著增加了环境污染的程度，破坏了生态环境的平衡与安全。此外，全球贸易引起的物质流通和物质资源不平衡的现象给地区资源分配和生态系统带来了更为复杂的挑战，这种不平衡对环境可持续性构成了重大的威胁。因此，这一系列的全球范围内的影响，凸显了对全球环境保护政策和国际合作的迫切需求，以缓解和逆转人类行为对自然环境的负面影响。

在当代社会中，资本主义生产方式对环境和生态系统造成的深远影响已受到广泛关注。特别是在生命科学和生物技术迅猛发展的背景下，人类对自然生命形式的人为改变不仅导致了难以想象的生态破坏，而且这种破坏通常具有不可逆性且恢复的时间跨度很长。亿万年的自然演化和生态平衡在现代生物科技的影响下遭到了前所未有的冲击和破坏。

在资本主义制度下，资本家为了追求更高的剩余价值和实现资本无限增殖的目标，不惜对自然资源进行无节制的开发和利用。如此生产模式，不仅加剧了资源的不均衡分配，还导致资源从不发达地区向发达地区的单向流动，从而增大了全球不平衡的发展局面，发达国家在享受资源消费和工业发展带来的利益的同时，将环境成本外部化，即将大量工业废物转移至不发达的落后地区，形成了一种环境霸权主义现象，这不仅破坏了当地的生态环境，也加剧了全球层面的环境不公。

此外，这种由资本主义生产模式驱动的资源配置和环境污染问题，虽然在短期内可能减轻了部分地区的生态压力，但从长远看，将导致全球性的生态危机。如同马克思所分析的，资本的运动和分布不仅仅是经济的问题，更关乎全球环境和良好公共环境的长远发展。生态系统的破坏与恢复对于人类社会具有深远的影响，不可逆转的生态灾难将对全人类的生存环境造成不可回避的负面影响。

因此，为了应对资本主义生产方式造成的这些全球性生态与环境问题，国际社会需要共同努力，推动全球资源公平合理的配置，加强对环境保护的国际合作，以确保人类活动与自然环境的和谐共生，在马克思生态文化思想的指导下促进全球生态文明的建设。这不仅是对马克思生态文化思想的现实呼应，也是可持续发展战略的必然选择。

在资本主义的框架下，科技的发展和自然资源的开发加剧了人类对自然的异化以及与环境关系的退化。这一过程中，科技不仅增强了生产力，也使得自然资源转化为商品的速度加快，从而引发了一系列生态问题的新挑战。当代资本主义社会中，科技的应用往往围绕着提高资源开发效率、减少生产成本，而对自然资源的无节制开发导致资源的过度消耗和生态破坏。这种对自然资源的垄断式开发，不仅体现了工具理性的主导地位，更显示了人类与自然关系的根本扭曲。工业化进程强调的是自然资源的功能性与效益性，导致人类"物的占有"心态的形成。这种心态严重忽视了自然的生态平衡和可持续性，自然被视为无尽的供给来源和工业废物的接收地。马克思指出，这种心态导致物质的富足和人的精神贫乏形成鲜明对比。人类的内在需求被转化为对资源的无休止追求，进而促使个体在精神与物质的矛盾中进一步异化。

在社会发展的第二个阶段，科技的发展和自然资源的开发，在资本主义体制下有其内在的逻辑与需求，但这种开发与利用方式导致了对自然的深远伤害及人的精神世界的枯竭。

在资本主义的生产关系框架下，资本增殖的无限性需求与自然资源的有限性构成了一个根本性的对立关系。资产阶级为了增加利润而不择手段的做法，使得自然资源的过度开采与生态破坏成了不可避免的后果。马克思指出，要认识到，人与自然是对立统一关系，一方面是命运与共的一体，另一方面由于资本盲目追求利润，不可避免地导致人与自然的关系紧张甚至冲突。

当探讨资本主义如何通过人与人、人与自然之间的激烈冲突推动自身走向灭亡时，不得不考虑这背后的历史规律。资本主义制度因其内在矛盾最终不可持续，推动社会向共产主义过渡。在共产主义社会中，人类不再仅是自然的"占有者",而是成为与自然和谐共生的参与者,实现了从根本上的和解与可持续性。此时,人类关于物质的需求转变为"实践的需要、精神的需要、审美的需要"的多维需求。

此外,马克思主义认为生态问题的解决需归结于对生态本体的重新认识。物的奴役状态被打破,人的自由发展变成了社会发展的核心。如此,"生态问题"能从根本上得以解决,因为资本主义条件下的生态问题本质上是资本对自然的不合理掠夺和人的异化状态的外在表现。实现人类的全面发展,继而使人与自然的关系在生态学上重新复归到有机统一的状态。

因此,资本主义由于资本无限增殖的需求与自然资源有限的基本条件之间的矛盾,必然导致人与自然的冲突,经过社会历史的转型,共产主义社会的实现为人类提供了一个与自然和谐共生的发展阶段。对自然界的合理利用和保护成为实现人的全面发展的基础,同时人的全面发展,也有助于实现人与自然持续的和谐关系。

在马克思生态文化思想中,"追求人类的自由解放"不仅是理论上的抽象讨论,而是具体的实践指南。马克思深刻指出,理解并运用"人类社会发展规律和自然规律"是实现人类自由的前提。研究表明,在与自然的相互作用中,维持生态的平衡和谐是实现社会可持续发展和促进人类自由的关键。此外,人类需摆脱物质匮乏的限制,达到物质充足以支撑其全面自由发展的状态。这一过程不仅要求科技进步和生产力的提升,也依赖于对自然界深层规律的尊重和利用。总之,实现人类的自由全面发展,需要我们既注重对自然规律的把握,也需要构建基于生态文化思想之下的生态文明建设。

二、马克思生态文化思想的运用:《资本论》

《资本论》作为马克思的杰作,不仅深化了对资本主义生产方式的理解,而且通过剖析这一资本主义生产体系,展现了自然资源在商品的使用价值及其价值形成过程中的关键作用。在该著作中,马克思的理论触及了人类与自然的物质变换过程,以及资本主义条件下科技对人类、自然及社会的深刻影响。他通过理论研究,首次系统地分析了人类生产行为如何在物质层面上实现与自然的互动,并且指出了这种互动如何受到经济基础的制约与影响。在该著作中,马克思以唯物史观为方法论,以生态文化思想为理论指导,不但阐释了资本主义的内部运行规律,更进一步地验证了马克思生态文化思想的科学性和它在现代社会中的适用性。这种分析不仅促进了历史唯物主义的科学发展，也为理解人与自然的相互作用提供了新的视角，延伸出对资本主义社会如何影响自然生态环境的深刻洞察。

因此，《资本论》不仅是研究经济理论的重要文献，推动了历史唯物主义和生态文化思想的进一步发展，也是理解和解决现代社会环境问题的重要工具。

（一）自然资源是物质财富来源

在《资本论》中，自然资源与劳动一并构成了物质财富的双重来源。此论点揭示了物质财富的多源性及其形成的社会性质。正如马克思所强调，无论社会形式如何，使用价值总是构成财富的物质内容。这意味着社会物质财富不仅仅源于劳动，还源于自然的供给，自然力量与人的劳动力相互作用，共同参与了物质财富的创造过程。

从更深层次来考察，自然不只是被动的物质存在，它还通过其独有的资源特性为人类生产提供了可能，成为物质财富无可替代的源泉。商品作为物质财富的一种表现，其所蕴含的使用价值实则是自然与劳动结合的产品。因此，"劳动是财富之父，土地是财富之母"，此论述深刻指出了自然资源和劳动对于生产物质财富的共同作用。[①] 马克思在其作品中进一步批判了将劳动视为一切财富和文化的唯一源泉的观点，他指出，自然界同劳动一样，亦是物质资本构成中不可或缺的一部分。

此外，将自然仅视为资本的附庸是不公正的，它忽视了自然资源自身的价值和对环境可持续性的重要性。在实际的社会生产中，认识到自然资源的合理利用及保护对于实现财富的可持续生产至关重要。

（二）人与自然的物质变换过程

1. 劳动促进人与自然的物质变换顺畅

劳动在马克思主义理论中扮演着至关重要的角色。它不仅仅是经济发展的驱动力，更是维系人和自然的桥梁。"劳动"首先是唯物史观的核心概念之一，而且是人类社会发展和自然界之间不可或缺的连接纽带。早期，马克思在其《手稿》《提纲》等著作中，就已经对劳动的概念和作用进行解读。马克

[①] 《马克思恩格斯文集》第5卷，人民出版社2009年版，第56-57页。

思认为，劳动首先是一个过程，这一过程揭示了人与自然之间的互动与互依状态。而在《资本论》中，马克思对劳动的认识又进一步深化了。他提出劳动实质上是人类通过其自身活动来调节与自然之间的"物质变换"，即"劳动首先是人和自然之间的过程，是人以自身的活动为中介、调整和控制人和自然之间的物质变换的过程"[1]。通过这种方式，人类不断改造自然，以满足自己的需要。

在马克思的经典理论体系中，劳动帮助人类实现与自然的相互作用、相互依存的关系目的。正如马克思所论述的，"劳动过程，……是制造使用价值的有目的的活动，是为了人类的需要而对自然物的占有，是人和自然之间的物质变换的一般条件，是人类生活的永恒的自然条件"[2]。这一定义明确指出，劳动不仅是人类的基本生存条件，而且还是人类社会与自然界进行物质交换、相互作用和转化的必要途径。劳动使得人类可以通过直接或间接的方式转换和利用自然资源，以满足其物质和精神的需求。通过"劳动"，人类将自然界的物质转化为满足自身需要的资料，而这一过程必须依托自然所提供的劳动资料、劳动对象及工具。因此，自然不仅提供了生产过程中所需的原料，其本身也承担着生产工具的角色。同时，人类的生产活动也在反过来不断地影响和改变自然环境。

同时，劳动在人的自然力与自然物质之间的互动中扮演了核心角色。当人类以劳动的方式与自然物质进行互动时，不仅是在占有或转化自然资源，同时也在逐步改造和提升自身能力。马克思明确指出："人自身作为一种自然力与自然物质相对立。为了在对自身生活有用的形式上占有自然物质，人就使他身上的自然力——手臂和腿、头和手运动起来。当他通过这种运动作用于他身外的自然，并改变自然时，也就同时改变他自身的自然。他使自身的自然中蕴藏着的潜力发挥出来，并且使这种力的活动受到他自己控制。"[3] 通过这一过程，劳动不仅促进自然资源转化为劳动产品，更成为人类自我实现和潜能开发的途径。

通过劳动，人类不仅改变自然环境，提取自然资源服务于自身发展，更

---

[1] 《马克思恩格斯文集》第5卷，人民出版社2009年版，第207页。
[2] 《马克思恩格斯文集》第5卷，人民出版社2009年版，第215页。
[3] 《马克思恩格斯文集》第5卷，人民出版社2009年版，第208页。

通过与自然的互动过程反过来促进个人技能、意识和身体能力的全面发展。

因此，劳动不仅是人类生存和发展的基础活动，也是人类与自然、人与社会以及人与自身三者关系的重要体现。马克思明确指出，劳动是人类历史的首要条件，是人与自然界的物质交换的活动。通过劳动，人类不仅从自然中获取资源以满足其生存和发展的需要，同时也在劳动过程中回馈自然，进行自然的改造和提升。这种双重的物质交换过程体现了人类对自然的有目的占有，同时也是人类与自然相辅相成、共生共荣的关系的具体实践。从人与自身的关系角度来看，人自身所蕴藏的潜力也通过劳动发挥出来，人自身得以发展。这反映了劳动的自我实现功能。劳动不仅是自然与人类相互作用的场域，也是人的自我建构和自我实现的过程。在改造自然的同时，人也在改造自己，通过劳动实践，人们发展了自己的技能、知识和才能，同时提升了对自然和社会的理解以及自我认知。

劳动不仅是人类与自然相互作用的基础，也是个体自身发展的动力，和维护生态平衡的重要方式。

2. 资本逻辑是物质变换断裂的根源

马克思的"物质变换断裂"理论，深刻揭示了在资本主义制度下，人与自然之间的根本矛盾和异化现象。"物质变换断裂"理论，不仅指出了物质和能量在社会与自然界之间的不断交换与转化，也强调了在这一交换过程中出现的结构性问题。在特定的社会形态中，尤其是资本主义生产过程下，资本主义固有的生产关系一方面导致了自然资源被不平等占有，另一方面资本的积累与扩张往往以牺牲生态环境和自然资源为代价。这种对自然的盲目开发和利用，造就了人与自然的深度异化。具体表现为人类原本作为自然存在的主体，逐渐被异化为资本增殖工具的客体，这种现象在马克思的理论中得到了深刻批判。此过程不但阻碍了人的全面发展，也破坏了生态系统的平衡，这正是"物质变换断裂"的核心所在，揭示了自然的异化的实质是人的本质的异化。

福斯特对马克思的"物质变换"概念进行了深入解析，认为这一概念为马克思探讨自然异化及其与劳动异化之间的关系提供了一个理论基础。在马克思的思想中，"物质变换"的概念显得尤为重要，因为它揭示了自然与人类生产活动之间的相互作用及其在资本主义社会中的扭曲现象。

资本主义的生产模式违背了自然的循环规律，表现在对土壤和其他自然资源的无度掠夺，其中不仅包括物理层面的剥削，也包括在生态系统中生物多样性的丧失。通过剥夺自然界的营养成分及其他必需元素，阻碍了自然能力的自我再生和持续性，最终导致了自然的异化。

在资本主义条件下，这种"物质变换断裂"不仅是自然元素之间关系的破裂，更深层次地，它反映了社会的生产关系与生产力之间的矛盾。随着生产力的增长和生产关系的固化，资本主义生产逐渐变得与自然法则相背，形成了一种非持续性的生产模式，其结果是导致了社会与自然环境之间的不和谐，表现为当代社会的各种生态危机。从气候变化到生物多样性的丧失，这些危机都可以看作是"物质变换断裂"的直接后果。

在资本主义社会结构下，"物质变换裂缝"所暴露的本质特征不仅仅是人类与自然意义上的物质断层，更是一种更深层次的异化现象。这一现象体现在，劳动作为自然界与人类之间的中介桥梁，发生了根本性的扭曲和异化。这种异化不单单表现为人类对自然资源的过度开采与破坏，更深刻地反映了生产过程中人的本质力量的异化。资本主义制度下，生产手段的私有化和利润最大化的驱使，使得劳动不再是人的自我实现与自然和谐相处的方式，而是变为了异化的工具，这种生产方式在不断深化人与自然的疏离。马克思也进一步揭示了资本主义社会所有异化的深层次根源。

马克思指出，资本逻辑造成了物质变换的断裂。资本主义生产方式下的"物质变换的断裂"，表现为经济活动与自然环境之间的激烈冲突。尤其是在资本主义生产方式下，以人对自然的支配为前提的假定之下，不仅仅表现为对自然资源的无节制开采，而更深层的表现为经济发展与生态系统之间的矛盾。马克思在其理论中深刻揭示了这种生产方式如何导致了人与自然之间的物质变换断裂。一方面，这种断裂首先体现在资源的过度消耗上，原本应为持续循环与再生的自然资源，在资本主义的推动下变成了单向的消耗品，自然界的再生能力未能跟上资本对其的需求速度，导致生态环境持续恶化。另一方面，在这种生产模式下，劳动者与自然的关系也被异化为资本增殖的工具，人的劳动不再是与自然和谐相处的桥梁，而是资本积累的手段。这种从根本上的异化，不仅使人类社会与自然环境的分离愈发加剧，也在更广泛层面上反映了社会结构与生态系统之间的系统性裂痕。

具体而言，资本主义生产中，资本自身固有的"追求利润的最大化"目标，导致了资本家对自然资源的过度开采与消耗。这种开采和消耗是无限的，因为资本的积累需求不断扩张,伴随着资源的枯竭和生态环境的恶化,导致了外部自然的异化。在资本主义制度下,自然资源不仅仅被视为生产资料的来源,更往往被视为无限供应的仓库,从而导致了对这些资源的无度开发和利用。这一行为模式在生产过程中不断输出废弃物,远超自然界的自净能力和修复能力,促使自然生态环境持续走向恶化。例如,农业生产中大规模使用化学肥料和农药,不仅耗尽土地的养分,还可能造成土地贫瘠、水体污染及生物多样性的丧失。因此,"正常的物质变换"在资本主义生产方式下受到严重扰动与阻碍。自然界和人类的有机联系被削弱,导致了生态危机的增多,如土地贫瘠、矿藏枯竭和气候恶化。这样的环境退化削弱了地球的承载能力,影响经济的持续性发展与人类的长远福祉。

在探讨资本主义生产方式如何对人类自身造成损害时,不得不深入分析该生产方式如何塑造了一种极度以利润为中心的工业环境。资本主义制度下,资本家为了追求经济效益的最大化,不惜牺牲工人的安全和健康条件。"同时变成了对工人在劳动时的生活条件系统的掠夺,也就是对空间、空气、阳光以及对保护工厂在生产过程中人身安全和健康的设备系统的掠夺,至于工人的福利设施就根本谈不上了"[①],这种掠夺直接威胁到了工人的身心健康,加剧了劳动与生活条件的异化。此外,资本主义生产模式通过加剧生态环境的破坏,进一步削弱了人与自然的和谐共生关系。资本主义无节制开采自然资源导致生态平衡的严重破坏,此种策略不断扩大了生态赤字,使得未来世代的生存环境面临不确定性和潜在的不可逆的生态灾难。

马克思指出,劳动者在这种生产模式下的异化不仅仅是生产力与生产关系的矛盾,更是深层次社会结构与人的本质力量的冲突。这种冲突表现在,工人被迫在增长的生产压力和日益恶化的工作环境间挣扎,渐渐与其自身的劳动成果以及与自然环境的联系割裂开来。由此引发的劳动者个体与集体的异化现象,不仅限于经济范畴,更延伸到了社会和文化的维度,严重影响了工人的身心健康与社会身份认同。

因此,资本逻辑下的生产方式不仅在物质层面对人类存在构成挑战,更在劳动者精神和自然生态问题上造成了深远的影响,进而削弱了劳动者的话语权和降低了生存质量,引发了一系列社会环境问题。进而,资本逻辑成了

---

① 《马克思恩格斯文集》第5卷,人民出版社2009年版,第491页。

物质断裂的根源。

(三) 科技对人、自然与社会的影响

1. 科技是联结人与自然的中介

马克思认为,科技作为人与自然之间的桥梁,发挥着至关重要的中介功能。科技不仅仅是工具,更是人类认识和转化自然的一种力量。从社会历史的发展脉络来看,古代人对自然的理解主要停留在直观和经验的层面,当时科技的角色相对较为初级。然而,随着时间的推移,尤其是近现代科学的兴起,我们对自然的认识渐渐从形式到本质,从宏观到微观展开,科技活动由此开始以更加深入和计划性的方式介入自然现象的解释与利用中。这种认识能力的转变,不仅对自然有了更全面的理解,而且极大地提升了人类塑造自然环境的能力。进而在此基础上,人类对自然的认识由必然走向自由。"自由是对必然的认识。'必然只有在它没有被理解时才是盲目的。'自由不在于在幻想中摆脱自然规律而独立,而在于认识这些规律,从而能够有计划地使自然规律为一定目的服务。"① 这一论述不仅强调了科技在解放和发展人的能力中的作用,也指明了科技与自然的深层次互动过程。

综上,科技是联结人与自然的重要中介,科技的发展和应用,既是人的本质力量的体现,也是实现人与自然和谐共生的必要条件。

在马克思思想理论中,科技被视为增进人类与自然物质变换的效率和范围的工具。根据马克思的"现实的个人"概念,人为了生活的需求,不得不与自然进行不断的物质交换。然而,这种交换在没有科技的支持下,其范围和效率是极为有限的。正如马克思所阐述的,人类对自然的利用与统治在很大程度上依赖于技术的发展。例如,通过机械可以大规模地利用自然资源,实现人的生存与发展需要。科技不仅提高了人与自然物质交换的效率,而且也拓宽了这种交换的广度与深度。恩格斯指出,如蒸汽机之于英国煤矿,科技的应用赋予了自然资源新的价值,使得原本无限的自然资源得以被高效且持续地开发和利用。科技的介入,使得自然资源的潜能得以充分挖掘,从而为人类社会的进步和发展提供了必要的物质基础。

从更广泛的社会生态系统角度考虑,科技不仅是人和自然物质变换的工

---

① 《马克思恩格斯文集》第9卷,人民出版社2019年版,第120页。

具,还是促进人与自然关系协调发展的重要中介。科技的发展和应用提供了一种方式,使人类能够更加高效地应对自然挑战,如通过科技实现废物的回收再利用,改造和优化自然环境,使其更适合人类居住。这种通过科技介入调整和改善自然环境的实践,不仅符合马克思唯物史观中人与自然的辩证关系,也反映了科技如何促进社会生态的和谐发展。

科技在提高人与自然物质交换的效率与范围方面起到了不可或缺的作用。通过科技的应用,人类不仅可以更有效地利用和转化自然资源,还可以在更广泛的范围内与自然界进行互动,从而推动人与自然和谐共生的目标达成。科技的发展是马克思生态文化视角下,推动社会朝着生态文明方向进步的关键力量。

因此,可以看出,马克思眼中的中介具有无可替代的地位,科技不仅仅是生产力的一种表现,更是人与自然和谐相处的桥梁。这种观点与传统工业社会的科技观存在本质的区别,传统观点往往强调科技的控制和改造自然的能力,而忽略了自然对人类的反作用与制约。马克思提出的科技理念先验地具有生态性,意味着科技发展应当首先考虑其对生态环境的影响,保证科技进步与生态环境的可持续性。

2. 科技促进人与自然的双重关系

科技作为人与自然连接的桥梁,有效促进了人类对自然的深入理解以及生态意识的养成。在对自然的全面了解的过程中,科技成为人类在理解自然过程中不可或缺的工具。正如恩格斯总结了"能量守恒定律""细胞学说""生物进化论"等科学知识后指出,这些理论不仅帮助人们认识到自然界的系统性和连贯性,也反映出自然界是一个不断发展的动态系统,这也暗示了科学技术对理解自然界的重要贡献。

恩格斯指出:"我们一天天地学会更正确地理解自然规律,学会认识我们对自然界习常过程的干预所造成的较近或较远的后果……我们越来越有可能学会认识并从而控制那些至少由我们的最常见的生产行为所造成的较远的自然后果。"[①] 也就是说,通过科技的发展,人类能够更深入地了解和预测自己对自然环境行为的影响。这种预见能力的提升,不仅帮助人们认识到即刻行为可能带来的长远后果,亦促使人们改进现有的生产与生活方式,进而实施

---

① 《马克思恩格斯文集》第9卷,人民出版社2009年版,第560页。

更为环保的行动策略。持续的科技进步和教育普及，促使人们在不断地调整和优化与自然的相互作用中，实现人与自然和谐共生的理想状态。

在探讨科技提升生产力与培养生态意识的二重价值时，我们必须从马克思的科技观念及科技对生产力的作用出发。首先，科技在加快物质转换效率和提高生产力方面起到了核心作用。现代科技不仅全面融入劳动者、劳动对象和劳动材料之中，而且通过精确和高效的技术水平，极大地增加了生产过程中的资源和能源使用效率。

然而，一些西方学者指责马克思过分强调科技的生产力价值，认为这是科技决定论的体现，并认为马克思的这种观点在当前的生态危机中扮演了不可推卸的责任。但正如马克思在《德意志意识形态》中所强调，如果不发展生产力，社会将会陷入贫穷和对资源的无限争夺，从而引发包括对自然破坏在内的一系列后果。因此，在推动科技进步的同时，也必须注重科技的生态价值，即通过科技发展促进生态文明的建设，并提高整个社会的生态意识。

在马克思主义理论中，生产力的概念被深刻地挖掘，其不仅仅局限于"量"的层面，如生产效率的提高和生产规模的扩大，更重要的是其包含了"质"的层面。马克思特别强调了生产力与人的本质之间的内在联系，"工业的历史和工业的已经生成的对象性的存在，是一本打开了的关于人的本质力量的书，是感性地摆在我们面前的人的心理学"[①]。这一论述，揭示了生产力概念中的深层含义，即生产力的发展不仅仅是技术和效率的提升，更是人类自我实现和本质发展的过程。

然而，现实中很多人对于生产力的理解还停留在表面，未能充分认识到与人的本质力量的紧密关联，导致了科技和生产力的异化。他们倾向于将"科技是生产力"等同于简单地利用科技扩大生产规模和提高生产数量，忽略了科技在促进人的全面发展和提高生活质量方面的本质作用。这种片面的理解和应用，未能真正体现马克思关于生产力"质"的层面的深刻论断，也未能实现科技的真正生态价值。

因此，我们应该从更加全面和深入的角度理解马克思的生产力理论，不仅关注生产的数量和效率，更要着眼于生产活动对人的本质力量的提升和自然环境的和谐发展。这对于指导当代科技发展和社会进步具有极为重要的

---

① 《马克思恩格斯全集》第 42 卷，人民出版社 1979 年版，第 127 页。

意义。

马克思对人与自然的关系有着深刻的洞察，尽管自然并不一定适合人的生存，不同于动物只能消极地适应自然，人类具有通过科技改造自然以满足自身需求的独特能力。马克思曾经明确指出，人类可以通过人力兴建大规模的工程来占有自然力，这在产业史上起到了决定性的作用。此观点体现了人类通过科技手段主动改善生存环境的能力，从根本上改变了人与自然的关系状态。

科技不仅是改良自然环境的必要手段，而且是推动社会生产力发展的关键动力。在历史中这样的例子比比皆是，例如阿拉伯人统治下的西班牙和西西里岛，兴修水利成为这些地区繁荣的秘密所在。与此相反，印度尽管自然资源丰富，但由于运输和交换各种产品的工具极端落后，其生产力几乎陷入了瘫痪状态。这一对比强调了科技进步，尤其是基础设施建设如铁路和水利等，对于支撑和促进生产力发展的重要性。

马克思进一步提出，在建设铁路等大型基础设施时，应考虑到如何服务于农业等传统产业的需求。他指出铁路的铺设可以很容易地用来为农业服务，在需要取土的地方修建水库，可以有效地解决由于缺水造成的区域性饥荒问题。可以看到，马克思不仅关注科技在改造自然和提升生产力中的作用，而且强调了科技发展与生态可持续性之间的平衡。

在马克思的视域中，科技的资本主义应用及其产生的异化问题具有深刻的批判意义。马克思揭示了在资本主义框架下，科技进步虽然推动了生产力的飞跃发展，却未必伴随着劳动者自身条件的改善，反而带来了新形式的"科技异化"问题。科技在资本主义制度下的运用，常常偏离了其本应服务于人的本质目的，而转变成为资产阶级对工人阶级进行更有效控制的工具。这种控制不仅体现在物理层面，更深入精神与心理层面，导致劳动者与其劳动成果之间的异化，以及与自身生产技能的异化。

马克思批判这种通过技术实现生产的过程中，工人的活动变得片面，简化为机器运转的一部分，他们的劳动不再是自我表达的过程，而是变成了无尽的重复，没有创造性和满足感。这种情形反映了科技在资本主义条件下如何被错误地应用以压迫工人，即技术本身并非问题所在，问题在于它如何被运用。

马克思并未否定科技的重要性或其潜在的积极功能，在非资本主义的使用方式下，科技完全有可能促进人的全面发展和自由。科技异化，归根到底在于资本主义的生产关系，特别是私有制框架下的生产方式。在合适的社会条件下，科技应作为推动人类解放的工具，帮助人类超越自然的限制，实现自我发展。

因此，要改变科技与人的关系并确保技术进步真正惠及所有人，不仅要求技术上的革新，更需要社会制度和生产关系的根本变革。这是马克思科技批判理论的核心观点和现实意义，即通过对资本主义生产方式的超越，重新确立人与科技的正向联系，从而使技术成为服务于人类的工具，而不是将科技作为压迫和控制人的手段。

在马克思的理论观点中，科技在资本主义下造成的自然异化是一个重要议题。他们深刻揭示了在资本主义生产方式下，科技不仅加速了自然资源的开采，还导致了劳动者与自然环境的对立关系。确实，这种情况反映了科技在错误的社会关系和生产关系下的消极用途。然而，马克思并没有否定科技本身，而是强调通过改变生产方式和社会关系，科技应被用来服务于社会的全面发展，实现人与自然的和谐。他们提倡在深化人们对人、自然、真理的认识的基础上校正科技发展方向，从而让技术进步成为推动社会前进的有益工具，而不是异化和破坏的源泉。这也表明，科技的发展必须与社会制度的完善同步，以确保科技进步能真正促进人的自由与发展。

在探究科技与生态、人类与自然的关系中，马克思认为首先要重视人的科学与自然科学的协同发展。正如他曾提出，"自然科学往后将包括关于人的科学，正像关于人的科学包括自然科学一样：这将是一门科学"[①]。马克思的"一门科学"理念为我们提供了突破传统科学研究局限的新视角。根据此理念，科技不应仅关注于自然科学的发展，而应增强对人文科学的重视，实现科学的全面协调发展。这种思想强调了人与自然不应被割裂开处理，而是应作为一个互动的整体来研究。在此视角下，科技发展的方向需要进行根本性的调整。

具体而言，一是调整科技发展的方向。促进关于人的科学和关于自然的科学的协同发展，是遵循马克思主义的科学发展观的必然要求。以往自然科学与人文科学之间的分离，导致了我们对环境及社会严重问题的忽视或错误

---

① 《马克思恩格斯文集》第1卷，人民出版社2009年版，第194页。

处理。而"一门科学"的理念提倡这两者的整合，倡导一种对自然与人的全面认识，真正实现科学的全面发展。

二是关于人与自然的整合性研究，在解决当代生态问题如气候变化、生物多样性消失等方面显得尤为重要。科技应当服务于生态文明的构建，而生态问题的解决正需要科学领域之间的通力合作。例如，环境科学、生态学、人文地理学等学科的交叉与融合，能更有效地解决这些复杂的生态问题。

三是重视并践行马克思提出的"一门科学"理念，不仅仅是科学理论的创新，更是对科技实践活动的深刻指导。马克思的这种大科学观，为我们提供了一个评价和谋划现代科技发展的新框架。通过打破自然科学与人文科学之间的障碍，促使两种科学在互动中共同进步，科技能更全面地服务于人类社会和自然环境的和谐发展。随着工业化与现代化的迅速发展，人类对自然的掠夺加剧，自然和人类的关系日益紧张。在此背景下，重视并实践"一门科学"的理念，是缓解这一矛盾、实现可持续发展的重要途径。

在马克思的视域下，由于科学并不是一个固定不变的真理，而是不断发展和完善的过程，人类对科学技术态度的调整必须基于人本身认识的局限性与不断发展变化的客观实际，所以必须保持审慎的态度，认识到科学的局限，并评估其可能带来的环境风险。

科技虽然在解决人类问题上具有巨大的潜力，但它并不是万能的。正视科技在应对生态环境问题时的局限性，是我们调整科技应用策略的关键。以科技作为解决环境问题的一部分，同时结合控制人口增长、改变不环保的生产和消费模式，以及改革不利于生态的社会制度，才能全面应对自然的异化问题。因此，在马克思生态文化思想的指导下，我们对科学和技术应该持续遵循批判的实用主义原则，通过科学的视角均衡考虑其利益与风险，使科技成为推动生态环境可持续发展的有力工具。

3. 科技是推动社会历史发展的工具

马克思深刻地认识到科技与社会的交互作用，并且关注在资本主义体系下科技的应用及其对社会生态环境的后果。马克思在其著作《机器、自然力和科学的应用》和《资本论》中，系统揭示了科技在资本主义社会中的运用方式，以及这些方式对人类健康和自然环境的重大影响。资本主义对科技利用的首要目的，是提升生产效率，降低成本并追求最大化的剩余价值，这一运用方式对工人阶级和自然环境构成了严重挑战。

在资本主义制度下，机器的运用不仅未能减轻工人的劳动负担，反而通过增强单位时间内的劳动强度和延长工作时间，加重了工人的劳动强度。机器将工人转变为其附件，并从根本上剥夺了工人的创造性和操作灵巧性，这一过程不仅对工人的身心健康造成了负面影响，同时也损害了工人的社会地位和生活质量。

更进一步，资本主义系统下的科技运用同样对生态环境产生了破坏性影响。在追求经济增长和产出最大化的过程中，自然资源遭到无节制的开发和利用，导致了生态环境的持续退化。工人和机器在这一体系中不仅是生产的工具，还成了对自然的无差别掠夺的工具，这种对自然的掠夺并未考虑到生态持续性和环境负担，最终导致生态系统失衡和生态灾难的发生。

总而言之，马克思对资本主义下机器和科技的批判，揭示了科技与社会生产关系的内在联系，并强调科技在不同社会制度下具有不同的社会后果。

一方面，科技在资本主义体系中充当了掌控自然和社会的重要工具，这直接导致了科技与本应有的生态向度相背离。然而，按照马克思的见解，科技同时也拥有着深远的革命性力量，是"比巴尔贝斯、拉斯拜尔和布朗基诸位公民更危险万分的革命家"[①]。这种革命性质是科技实现资本主义制度向共产主义转变的基础。具体而言，科技在资本主义社会中主要作为生产力的增加和劳动效率的提升工具，科技的发展和应用主要旨在提高生产力和剩余价值的获取，从而导致对自然资源的过度开发和生态环境的严重破坏。在这一制度中，科技被用作压制自然和人的手段，完全背离了其原有的生态向度和人本属性。

另一方面，科技的本质并非单一。马克思认为，在资本主义高度发达的基础上科技将引领社会向共产主义转变。在这一过程中，科技将不再仅仅被用作生成剩余价值的工具，而是转向服务于整个社会的共同利益。在共产主义社会中，科技被视为人类合理控制和运用的工具，能够真正发挥其改造自然和社会的潜力，恢复其生态本质和服务于人的本性。

因此，我们可以看出，科技虽然在资本主义社会中具有双重矛盾性质，但它的根本性质和潜在的革命性力量决定了科技是向共产主义过渡的关键。要实现这一点，需要我们重新审视和调整科技的发展轨迹，确保其服务于社

---

① 《马克思恩格斯选集》第 1 卷，人民出版社 2012 年版，第 775 页。

会和生态的可持续发展，从而真正回归其为人类所用的根本宗旨。

三、马克思生态文化思想的回溯：《人类学笔记》

（一）历史是自然史与人类史的统一

在1879至1882年间，马克思对人类学和民族学进行深入研究，通过其精细的批注，剖析了当时几位著名学者的作品。具体来说，他撰写了包括"柯瓦列夫斯基笔记""摩尔根笔记""拉伯克笔记""梅恩笔记"以及"菲尔笔记"在内的读书笔记。这些笔记不仅体现了他对人类学和民族学深刻的理解，也展现了他将这些学问与历史唯物主义理论相结合的尝试。在中国学术界，这些笔记通常被统称为《人类学笔记》，这一名称已被广泛接受并用于学术研究中。这份笔记不仅体现了马克思哲学思想的一个重要方面，也为后来马克思主义的研究提供了丰富的民族学和人类学资料，也深化了对社会结构和人类发展规律的认识，更展示了人与自然的生态维度与人与人之间的社会维度作为两条轨迹在历史中延展，进而回溯了马克思生态文化思想。

在现代马克思主义理论的探讨中，理解社会形态和文明起源的多维视角尤为关键。从"柯瓦列夫斯基笔记""摩尔根笔记""拉伯克笔记""梅恩笔记"以及"菲尔笔记"中的学术研究来看，我们可以深入探讨不同文明的发展轨迹以及社会形态的演变。马克思的这些笔记不仅丰富了当代社会对古代社会结构和文明进程的理解，也为现代社会文明发展提供了理论上的参照和启示。

首先，"柯瓦列夫斯基笔记"聚焦于印度、阿尔及利亚的公社制度及土地所有权的研究。这些讨论聚焦于对土地所有权与社会结构关系的理解，尤其是聚焦于探索"土地公有制"背景下的社会动态发展。在阐释不同产权制度如何影响社会发展和公民生活条件方面，这一视角提供了宝贵的历史经验和实证分析基础。

其次，"拉伯克笔记"关注原始社会中的婚姻、家庭和宗教等方面，揭示了这些元素如何共同塑造社会行为和文化传统。对原始社会文化与社会结构的剖析，为我们理解复杂社会行为与文化现象的起源提供了重要视角。"梅恩笔记"则主要探讨古代的法制史和社会制度史，以及国家产生的路径，从法制角度理解社会组织的本质和演进。这部分研究强调法律和制度如何成为社会发展和国家形成的基石,并探询这一过程中的各种动力与影响因素。"菲尔笔记"的批判性分析,反对将西方社会发展模式作为衡量东方社会发展的唯一标准,提出包容各种文明进程的必要性。通过反思"西方中心主义",这部笔记提醒我们在全球化背景下,理解和尊重多样化的文明发展路径是理解人类历史和文明进程的关键。

最后,"摩尔根笔记"通过全面探索家庭、婚姻的历史演变以及文明起源,为理解人类社会的基本构成与演化机制提供了系统的理论框架。不得不说,五部笔记中,摩尔根笔记最为全面、系统地探索了国家与文明起源问题。

通过深入分析马克思的阅读笔记,可以观察到这些笔记虽然繁杂,涉及多个主题。但细致整理之后发现,其主题可以归纳为探讨"原始社会"与"文明起源"两大类问题。这些问题涉及的内容大部分摘自原著,马克思自己的原创表述较少,显示出其阅读笔记主要用于初步学术研究。

马克思笔记的核心目的较可能是深度探讨人类文明起源的问题,并基于此,展开其对资本主义必然灭亡以及共产主义社会必然实现的合理性与现实性的论证。这一点不仅展示了马克思的"唯物史观",更体现了他试图通过历史发展的逻辑来预见社会变迁,从而为共产主义社会的实现提供理论支撑。

马克思的笔记不仅仅是对已有文献的整理,更重要的是,它们为他的深入研究和理论构建打下基础,体现了对资本主义历史阶段及其超越的探索。这为理解马克思的历史理论提供了一个宝贵的视角,强调了他对历史发展和社会变迁细致入微的考察,以及以"唯物史观"对未来社会形态发展的科学预见。

在探讨马克思的理论时,可以看到,他早期对人的日常生活的关注及哲学思辨,引领他形成了"历史是自然史与人类史的统一"的独到见解。马克思强调人类社会与自然界的复杂而微妙的关系,正是基于这样的理解,使得马克思能够将目光投向更加宏观的历史视角,尤其在他逐步深入生态问题领域的理论探索中。

具体来说,马克思指出自然界并不是一个孤立的存在,而是与人类历史紧密相连。他认为,自然界的变化直接影响着社会结构与人类行为的演变,这种理论的洞察力表明,没有自然史的认知,人类史的理解将不可能完整。通过对工业文明以来人与自然关系的批判性反思,马克思逐渐形成了对生态问题的深远思考。

因此，马克思的研究暗示人类应当在改造自然的同时，保持对生态的关照和保护，避免对自然造成不可逆转的破坏。这一转向不仅彰显了人类对自然的依赖，也强调了人类活动与自然法则之间必须保持和谐与平衡。

马克思对人的日常生活与哲学思辩的早期关注不仅深化了他对历史的理解，也体现了马克思生态文化思想中的唯物史观立场，使得"历史是自然史与人类史的统一"的观点得以全面展开，并为现代生态文明建设提供了理论导向。

（二）自然驱动人类社会文明的进程

马克思在《德意志意识形态》中提出的"现实的个人"和物质生活条件的观点，为我们理解人类社会和自然环境的关系提供了逻辑起点。马克思认为，人类的社会形式和意识形态是建立在物质生活条件基础之上的，而这些物质生活条件首先是自然环境。人类的存在和发展，必须依赖于自然资源和环境条件，因此，人与自然的关系是马克思历史唯物主义理论的基石。

马克思的生态文化思想强调，人类的生产活动和社会发展必须与自然环境的保护和合理利用相平衡。马克思在其著作中多次强调，自然界不仅是人类生存的基础，同时也是人类社会发展的基础和前提。因此，马克思的生态文化思想强调人类应当尊重自然规律，制定和执行可持续发展的社会经济政策，这是人类社会可持续发展的必然要求。

在现代社会，马克思的生态文化思想对于引导人们正确认识和处理人与自然的关系具有重要的理论意义和实践价值。人类的生产活动应当限制在自然界承载能力范围之内，以避免对生态环境造成不可逆转的破坏，确保自然资源能够得到合理利用和可持续发展。

总之，马克思对现实的个人和物质生活条件的探讨，为理解人类社会与自然环境的复杂关系提供了科学的理论基础。

在马克思的理论探索中，一个极为关键的概念是"两种生产模式"，即物质生产方式和人自身的生产方式。马克思在其著作中明确指出，生产方式不仅决定了社会的经济结构，而且深刻影响着整个社会的政治和法律制度、社会意识形态乃至整个文化体系。这一观点通过摩尔根的研究得到了有力的支持，摩尔根在《古代社会》一书中实证分析了不同生产模式对于古代社会结构和文化发展的影响，尤其是在家族、部落到国家的演进过程中的作用。

第三章 马克思生态文化思想的历史衍进

摩尔根的研究，以实地考察和人类学视角出发，揭示了生产方式与社会形态变迁之间的内在联系，这与马克思的"两种生产模式"理论高度吻合。摩尔根发现，从母权制社会到父权制社会的转变，正是生产力发展与生产关系变革的直接结果。在他的研究中，明确指出了生产工具的改进和使用效率提高是推动社会结构变迁的主要动力，这一点再次印证了马克思关于生产力与生产关系的相互作用共同推动历史进程的论断。

此外，恩格斯认为摩尔根的发现可以被视为是独立于马克思而发现的唯物史观的实证支持。这种观点不仅仅局限于理论的验证，更重要的是为理解人类社会的发展提供了一个坚实的实践基础，也为后来的马克思主义者研究社会变迁和文化发展提供了珍贵的经验和数据。

因此，摩尔根的研究不仅支持了马克思的"两种生产模式"理论，更为我们提供了一个观察和分析社会和历史变化的有力工具，这对于理解过去与指导未来都具有极其重要的意义。同时，这也展示了马克思理论与实践研究相结合的研究范式，其科学性和先进性在社会科学领域具有长远的影响和深远的启示。

在马克思的理论视野下，地理环境不仅是物质生产的基本条件，更是推动文明发展和形态多样性的核心因素。从历史的纬度来看，人类的生产实践活动既受到地理环境的制约，也通过改造自然进而推动生产力的变革和社会结构的演进。地理环境的多样性，为人类文化的差异性和多样性奠定了物质基础。正如马克思所说："一定地区的人口数量，要受该地区所产生的生活资料数量的限制。"[①] 这不仅说明人口发展受到生活资料生产的制约，同时也指出了地理环境对生活资料生产能力的决定作用。马克思还提出，要使任何一个地区因人口逐渐形成人口过剩的情形而成为人们迁徙的出发点，需要在生活资料的取得上具有特别有利的条件。因此，不同地理环境下的物质生产条件是形成各民族独特文明形态的前提与关键要素。

马克思进一步深化了自然地理环境与人类文明关系的理解。他认为，生物种类和地理环境的不同导致了经济和社会结构的多样性，这种多样性反映在民族文明上，形成了各自独特的文化和生活方式。例如，在北美洲拥有丰富自然资源的地区，如哥伦比亚河流域、苏必利尔湖到密歇根湖的地区，一

[①] 《马克思恩格斯全集》第 45 卷，人民出版社 1985 年版，第 433 页。

直是众多部落的聚居之地,这些地区的地理环境促进了当地社群的繁荣与文化特色的形成。

根据马克思和摩尔根的理论,地理条件的差异是导致不同地区人类发展历史阶段不同的重要因素。此种差异影响了各地区资源的可用性、环境的适居性以及文化的交流方式,最终影响了社会结构与社会文明路径的形成。

马克思在研究各国发展路径时,深入探讨了地理环境对社会发展的决定性作用,他曾在《资本论》中提到不同的生产方式及其对应的社会结构,部分是由各地的自然条件和资源种类决定的。"例如非洲过去和现在都处于蒙昧时代和野蛮时代两种文化交织混杂状态……北美和南美的村居印第安人,处于野蛮时代中级阶段。"[1]举例而言,温带地区由于气候适宜和土地肥沃,较早地发展起农业生产,从而推动了封建制度的建立和发展。同时,地理隔绝的地区,如一些岛国,由于外来影响较少,其社会发展的独立性更强,常常保留着较为原始的生产方式和社会结构。

从摩尔根的著作中可以看出,人类社会发展的历史可以分为蒙昧时代、野蛮时代和文明时代,这一发展序列不仅仅是时间序列,亦是文化和社会结构复杂程度的序列。摩尔根进一步指出,地理环境的优劣直接关系到社会从蒙昧向野蛮再到文明的转变。例如,他提到非洲的某些部分由于地理环境的封闭和恶劣,仍旧处于蒙昧时代和野蛮时代的交错中,未能进入高级阶段的文明时代。

需要注意的是,地理条件并不是静态不变的。随着科技进步和社会实践的深入,人们已能在一定程度上改造自然,改善原本不利的地理条件。举例来说,灌溉技术的发展使得原本干旱的地区能够进行农业生产;建筑技术的进步也使得人类能够在极端气候条件下生存和发展。

总的来看,地理条件对人类历史发展的影响是深远和复杂的,既有直接的物质环境限制,也有通过生态和文化间接地作用于社会构造影响。比如,自然资源的不同差异对于不同地区的发展道路产生了深远影响。正如古代人类根据各自所在的地理环境不同选择了不同的生活方式和发展模式,现代各地区也因地理条件的不同而发展出有各自特色的经济和文化形态。这种差异主要反映在物产资源的分布、气候条件的变异以及地形地貌的多样性上。"在

---

[1]《马克思恩格斯全集》第 45 卷,人民出版社 1985 年版,第 331 页。

东半球是动物的驯养，而在西半球——则是用灌溉法来种植玉蜀黍和其他植物并使用土坯和石块来建造房屋。"① 这一叙述清晰地说明了因自然条件差异而造成的生活方式和技术应用的不同。东半球的气候条件和土壤特性更适合动物的驯养和谷物的种植，如此形成了依赖家畜的农业经济体系；西半球则适合于玉蜀黍等作物的生长，此类农业的发展带动了其特定的居住和建筑技术的形成。

通过对这些地理环境与自然资源差异的考察，不难发现，各地区的经济资源所决定的发展路径，极大地影响着社区发展和生活质量的改善。在人类历史发展的长河中，自然资源的争夺一直是核心因素之一，这不仅因为"一定地区的人口数量，要受该地区所产生的生活资料数量的限制"②，还因为自然资源的控制，实际上代表了权力和生存竞争的胜出。部落间为争夺自然资源而爆发的战争，是生产力与生产关系矛盾的极端体现。部落间通过战争对土地的掠夺和对人的恐吓来获取资源优势。此外，战争的后果对自然环境产生了深远影响，这些影响包括从自然资源的掠夺到生态环境的破坏。如法国在征服阿尔及利亚部分地区后，"就是宣布大部分被征服的领土为（法国）政府的财产"③。这种做法不仅改变了本地的生产及社会关系，还导致了生态的长期破坏。

综上所述可以看出，人类发展道路是普遍性与特殊性的统一。而在马克思的理论框架下，人类发展道路普遍性与特殊性的统一不仅展示了对唯物史观的深入理解，而且揭示了人类社会发展与自然环境的密切关系。具体而言，自然环境不同导致了各社会的发展路径具有特殊性，但这些路径仍遵循共同的历史规律，体现了发展的普遍性。这一点与现代生态社会学的基本观点是相通的，即通过研究自然环境的发展来理解社会发展的特点和趋势。

马克思在其丰富的学术生涯中，采取了多种研究方法来构建和完善其理论体系。这些研究方法不断证实并丰富了唯物史观，巩固了其在科学社会主义理论中的中心地位。

在早期，马克思以哲学批判和思辩分析为主。这一时期，通过对于哲学

---

① 《马克思恩格斯全集》第 45 卷，人民出版社 1985 年版，第 329 页。
② 《马克思恩格斯全集》第 45 卷，人民出版社 1985 年版，第 433 页。
③ 《马克思恩格斯全集》第 45 卷，人民出版社 1985 年版，第 316 页。

传统的深刻理解和批判，他创建了唯物史观的理论框架。这一阶段的思想批判，不仅是哲学上的革新，更是社会科学领域研究范式的一次重大转变。进入中年后，马克思主要采用经济学分析方法，对资本主义社会的经济结构进行深入研究。通过这些研究，他提出了"剩余价值理论"，进一步揭示了社会发展与阶级斗争的经济根源。到了晚年，马克思转向文献学的研究方法，深化对古代文本和历史材料的批判性分析，从而扩展了唯物史观的研究范围，涵盖了对人类早期文明起源和发展模式的探讨。这些晚期研究不仅加深了他对历史的理解，也使得唯物史观在全球的适用性和指导意义得到了扩展和深化。

总之，马克思通过不断地适应和运用不同的研究方法，在其整个学术生涯中，逐步验证、展开并丰富了唯物史观。这一理论不止在理论层面取得了深刻影响，在实践上也为全球的社会主义运动提供了科学的指导和理论依据。这表明，一个科学理论的形成和完善是一个持续的、多方面的探索过程。在《人类学笔记》[1]，通过不同历史材料的细致分析，再次证实了唯物史观的科学性和准确性。该笔记从多角度深入探讨了马克思唯物史观的应用和发展，展示着它不断演化的理论力量。

马克思的自然观与社会理论紧密相连，他的观点随着其学术生涯的演进而日益成熟，特别是在认识到人类社会与自然界的关系上展现出深刻的洞察力。在早期的学术探索中，"唯物史观"的确立为马克思生态文化思想奠定了坚实的理论基础。马克思认为，《资本论》中的"剩余价值论"不仅仅是对资本主义经济模式的批判，也进一步深化了他对于自然、人和社会关系的理解。

在马克思的思想中，自然不仅是《资本论》剖析的剩余价值的背景或条件，而且是构成人类社会和历史发展不可或缺的部分。通过对资本主义生产方式的分析，他逐渐揭示出生态问题对社会的影响，从而展现了自然与社会发展之间复杂的动态关系。在《人类学笔记》中，马克思通过考察史前历史中的人类社会，确认了人类起源与发展的生态前提，这一阶段的思考也被视作是唯物史观的深化。

值得注意的是，马克思的生态文化思想并非孤立发展，而是与其整体的社会理论密切相关。只有把自然与人类社会联系起来才能得出关于人类历史发展的正确结论，此观点是马克思对自然和社会双向互动关系的核心表述。自然界不仅提供了人类生存的物质基础，同样也是人类社会发展和历史变迁的舞台。

马克思的学术研究始终围绕着历史环境与人类活动的相互关系展开。在对唯物主义理论的塑造中，马克思深受德国古典哲学影响，最终形成了历史唯物主义的核心理论框架。马克思的生态文化思想，是在考量自然、人和社会三者在实践中的统一关系基础上逐渐建立起来的。

在《资本论》中，马克思通过剩余价值论对历史唯物主义进行了初次具体应用和拓展。这一阶段，生态文化思想进入了深化阶段，特别是从资本主义生产模式对自然、人和社会造成破坏的情形中，揭示了资本主义凌驾于自然之上的实质。此外，他在晚年进一步撰写《人类学笔记》，通过对史前历史的研究，实现了历史唯物主义的第二次深化与回溯，进而验证了人类起源与发展的生态前提。

通过理论探赜与批判，马克思不仅增强了历史唯物主义理论的科学性和普遍性，也使得生态文化思想得到逐渐扩展。从最初考虑人与自然的基本关系，扩展到涵盖经济、政治和社会各个层面，从而形成了一套较为完整的马克思生态文化思想。

第四章
马克思生态文化思想的逻辑理路

尽管马克思生态文化思想的阐述散见于其一生不同著作之中，却构成了一个内在完整并逻辑连贯的理论体系。马克思生态文化思想的逻辑理路主要由其内在意蕴、生成逻辑、逻辑线索和逻辑旨归构成。深入剖析这一思想体系的逻辑理路，不仅有助于更好地理解马克思如何通过他的唯物史观框架，来解构和重建人与自然的关系，还可以加深我们对马克思生态文化思想的理解，进而为当前生态危机的理论与实践探索提供宝贵的理论资源。

第一节
马克思生态文化思想的内在意蕴

一、马克思生态文化思想的政治维度

马克思认为，人类必须认识到他们与自然之间共生的关系，并且在社会政策制定中应该反映这种关系。马克思强调了破坏生态环境将对社会产生深远影响，并认为环境问题应当成为政治议程的一部分。这种观点要求必须形成一种包含政治维度的生态理论，以保障环境保护和社会发展之间的平衡。关注政治维度的生态理论，是对环境恶化对社会各领域深远影响的积极回应。该理论关注生态问题如何影响政治、经济和文化领域，并寻求在这些领域之间实现更高效的协调。从根本上讲，环境恶化考验了现有政治体系的应对策略与制度安排，这需要一个新的理论框架来重新评估这些政治因素如何与生态系统相互作用。正如学者余谋昌所言，"环境问题进入政治结构，政治已经不仅要处理人与人的社会关系，而且要处理人与自然的生态关系"[1]。因此，生态政治理论充当理性化环境管理和社会政治结构的桥梁。它强调理解和处理生态环境问题不仅是自然科学的任务，更是政治学和社会科学的重要内容。例如，在政策决策中，优先考虑环境保护与改善，应当是一个基本原则，该原则揭示了环境保护不仅是保障自然生态系统的需求，同时也是维护社会生产力和人类福祉的必要条件。

---

[1] 余谋昌：《生态文化论》，河北教育出版社2001年版，第336页。

（一）从政治视野来看待生态问题

在深入探讨政治视野下的环境问题过程中，不可忽视人类的政治活动不是游离于人类社会实践生活之外的抽象的东西，它是人类社会实践活动的一个基本领域。从广义上看，环境问题的政治化不仅仅关系到个别国家的政策制定，还紧密关联全球政治经济结构的重构。

具体而言，环境危机如气候变化、自然资源耗尽等问题，已经触发了一系列的政治动态。例如，国际合作与冲突常常围绕着环境资源的分配与管理展开，生态问题因此成为一个特殊而深刻的政治问题。可见，环境问题和政治活动之间的交互尤为频繁。环境问题不仅影响着政治决策的方向和质量，也在塑造着全球政治经济的未来格局。

在马克思的著作中，他精辟地分析了早期资本主义如何通过破坏生态环境而实现追求剩余价值最大化的目标，从而揭示了环境问题与阶级斗争之间的内在联系。根据马克思的分析，资本主义的原始积累和对剩余价值的追求，直接导致了自然环境的恶化和生态的破坏，进而严重影响了工人阶级的生存状况。

随着18世纪后半期产业革命的兴起，尤其是蒸汽机和棉花加工机的广泛应用，资本主义生产方式迅速扩展，工业大生产取代了手工业。这一过程不仅极大增强了人类对自然界的开发能力，也导致了对自然资源的无节制开采和对环境的大规模破坏等问题。这些环境问题不仅仅是涉及生态的破坏，更因其直接关系到工人阶级的生活质量和基本生存环境，从而成为资本主义的社会问题和两大阶级斗争的重要主题。由于最初的产业工人"能读书的很少，能写写东西的就更少了；他们按时上教堂去，不谈政治，不搞阴谋活动，不动脑筋，热衷于体育活动，带着从小养成的虔敬的心情听人讲圣经，由于他们为人忠厚温顺，和社会上比较有特权的阶级相处得很和睦。但他们的精神生活是死气沉沉的……对于村子以外席卷了全人类的强大的运动却一无所知"[1]。

因此，马克思深刻批评了资本主义生产方式下，工人仅能获取维持基本生存所需的那部分产品。大量的生产利益被资本家阶级所占有，而工人阶级

---

[1] 《马克思恩格斯全集》第2卷，人民出版社1957年版，第283页。

却在恶劣的环境中劳作，他们的生存环境被资本主义的生产活动所剥夺，加剧了无产阶级与资产阶级之间的对立和冲突。由此可见，环境问题本质上是一个阶级问题，是资本主义制度下阶级斗争的重要维度之一。因此，保护环境与改善工人阶级的生活条件，是同一场斗争的两个方面。可见，环境保护不仅是生态的需求，更是社会和政治斗争的一部分。工业革命不仅改变了资本主义生产方式，同时也重塑了生态环境和社会结构。"如果没有工业革命，他们是永远不会脱离这种生活方式的。诚然，这种生活很惬意，很舒适，但到底不是人应该过的。他们确实也不算是人，而只是一部替一直主宰着历史的少数贵族做工的机器。工业革命只是使这种情况发展到极点，把工人完全变成了简单的机器，剥夺了他们独立活动的最后一点残余。但是，正因为如此，工业革命也就促使他们去思考，促使他们去争取人应有的地位。"[1] 生活环境的恶化和工作岗位被机器替代，迫使工人阶级不断地思考与反抗，进而加剧了资产阶级和无产阶级的冲突。正如恩格斯所指出的，资本主义不断追求剩余价值和高额利润，不可避免地造成了生态环境的恶化，这反过来又加剧了无产阶级与资产阶级之间的矛盾。在观察到资本主义私有制对环境造成的破坏之后，恩格斯进一步指出，资本主义下的环境问题不仅仅是一个生态问题，而且是一个充满了政治斗争的问题。

（二）变革私有制来解决生态问题

生态环境与资本主义生产方式之间的冲突，是马克思生态文化思想中极富深意的论题。首先，必须认定的前提是，自然环境是人类社会生存与发展的基础。马克思曾强调，"人在生产中只能像自然本身那样发挥作用，就是说，只能改变物质的形式。不仅如此，他在改变这种形态的劳动中还要经常依靠自然力的帮助"[2]。这表明人类与自然的相互依赖关系。然而在资本主义社会结构下，由于资本的本质特性所驱使，资本家无休止地追求剩余价值和超额利润的行为，被视作可任意掠夺的资源，常常以牺牲自然为代价，进而造成了对自然环境的"残酷统治"和"疯狂掠夺"现象，实现了资本对自然资源的非法占有和控制。

资本在利益驱动下所产生的非理性行为，不仅对生态环境构成了明显的

---

[1] 《马克思恩格斯文集》第 1 卷，人民出版社 2009 年版，第 390 页。
[2] 《马克思恩格斯文集》第 5 卷，人民出版社 2009 年版，第 56 页。

威胁，而且加剧了社会内部的矛盾与冲突，资本通过改变自然物质形态和地理分布来降低其生产成本，也因此加剧了城市与农村的不均衡发展。对此，马克思也指出，资本主义土地所有制导致农业人口减少，人口向大工业城市集中，进一步造成一系列生态和社会问题。这种趋向不仅改变了人类与自然的传统互动方式，也削弱了人类对自然资源利用的可持续性。因而，资本主义对自然资源的无度掠夺，不仅仅是一种生态破坏行为，同时也是对自然与社会的双重剥削。这种模式加剧了人与自然以及社会内部的矛盾和对立，从而在全球范围内制造了既不公平也不持久的发展模式。解决这一问题的关键，在于如何重新构建人与自然和谐相处的生产与生活方式。马克思认识到人与自然的和谐共生是搭建未来社会主义的根基。

而在资本主义社会中，随着人口的集中与城市的扩张，伴随而来的环境问题日益严峻。正如恩格斯指出，工厂的集中，城市规模的扩大，也使城市中的生活排泄物和生产排泄物迅速增加和相对集中，从而造成了生活环境、工作环境和城市环境的局部的甚至是严重的污染。此外，这种现象还不可避免地会造成地力的浪费。进而，资本主义私有制条件下的大型农业与大型工业的发展，相互作用、相互渗透与相互影响，构成了复杂的生态环境问题。

在资本主义竞争中，资本家为了争夺垄断地位而展开激烈斗争，这往往对自然环境和社会经济的稳定造成了不可小觑的影响。恩格斯曾明确指出，资本家对自然环境的剥削是为了实现了其利润最大化的目的，而非生产效益，此一行为不论在理论还是实践层面，均显示出资本家追逐利润最大化的单一动力，即"销售时可获得的利润成了唯一的动力"[1]。这种对利益的极端追求，不可避免地忽视了自然界的权益，其直接后果便是生态系统的严重破坏和环境的进一步恶化。

资本家在争夺土地资源时，往往不顾生态环境的可持续性。恩格斯曾利用土地租赁作为例证："如果土地能像空气一样容易得到，那末谁也不会付地租了。但是事实并不是这样，而且在每一个场合下被占有的土地面积总是有限的。"[2] 可见，资源的稀缺性和资本家之间为了这些有限资源的激烈斗争，是对自然资源的过度开发的主要原因，并导致了生态平衡被破坏、环境被污

---

[1] 《马克思恩格斯文集》第9卷，人民出版社2009年版，第562页。
[2] 《马克思恩格斯全集》第1卷，人民出版社1956年版，第608页。

染等一系列问题，最终影响到社会经济的良性发展。可见，资本家为了争夺垄断地位进行的竞争，以利润最大化为核心驱动力，不可避免地牺牲了自然环境与社会经济的长远利益。

马克思在其著作中，充分展示了资本主义生产方式对自然生态环境的破坏。他详细记录了在资本主义系统下，自然环境被视作无尽供应的资源和无需负责的垃圾场；恩格斯指出这种行为的后果，是周遭环境及居住者承受了双重负担。因为，资本主义私有制不仅使生产者同自然环境之间产生了脱节，也加剧了社会内部职工阶级和资产阶级之间的矛盾。他详尽描绘了制革厂、染布厂等沿艾尔克河布置的产业，因其生产过程中产生的废水、废物和臭气等无控制地排放给自然，使得自然问题转变成为资本增殖的附属品。

马克思通过对资本主义私有制根源的深入分析，发现资本主义社会资本对自然的非法占有，是造成自然问题和人与自然关系问题的根本原因。据此，他提出了克服环境污染及生态破坏的路径。他认为，真正的解决方法不仅需从发展生产力的经济维度考虑，更应从彻底变革社会制度即实现共产主义社会的政治高度出发。在共产主义社会中，通过废除私有制，消除资本的积累动力从而使人与自然之间的关系得到纠正和恢复。马克思关于资本主义制度与生态环境破坏现象之间关系的分析，不仅展示了生态环境破坏问题的根源，同时也提供了解决这一问题的政治变革路径。

二、马克思生态文化思想的经济维度

（一）自然生产力理论

在马克思的理论体系中，自然生产力的定义被精确定义为"不需要任何代价的""未经人类加工就已经存在的自然资源"。这些自然生产力包括了自然界中广泛存在的各种资源，例如阳光、空气、水、土壤、森林、矿藏及各类动植物等。马克思强调这些自然生产力是不需人类付出产出成本就自然存在的，是最原始的财富来源。如阳光和空气，作为生命维系的基本要素，它们对于任何生产活动都是必不可少的，而无需人工制造或维护；水和土壤则是农业生产的基础，无论是传统农耕还是现代农业都离不开这两种资源。再如森林、矿藏，它们的存在，不但直接供给原材料，还维护了生态系统平衡，对生产活动有着间接但深远的影响。上述这些自然力要素对社会发展起到了重要作用，不论是对提升社会生产力还是生态环境保护方面都具有重要价值。

因此，这些"不需要任何代价的""未经人类加工就已经存在的自然资源"不只是简单的物质资源，它们在社会生产力的形成和发展中扮演着根本性的角色。人类社会的可持续发展依赖于对这些自然生产力的合理开发和保护，避免因过度开发而导致的生态破坏和资源枯竭。这些自然资源不仅在物质层面支撑着社会生产活动，更通过其生态功能影响和制约着人类生产方式和生活质量。

马克思在其生态文化思想理论中，特别强调了自然与劳动之间的内在联系。他认为，劳动是一切财富的来源，而自然界则提供了开展这些劳动必需的物质基础。这种关系归纳为一句话："没有自然界，没有感性的外部世界，工人什么也不能创造。自然界是工人的劳动得以实现、工人的劳动在其中活动、工人的劳动从中生产出和借以生产出自己的产品的材料。"① 自然界不仅是劳动发挥其创造性的场所，同时也是提供劳动必需的物质条件。

在马克思看来，劳动者在自然界中寻找并利用各种资源，通过劳动过程将自然资源转化为社会财富。这一过程不仅是对自然界的物理改造，也是一种社会生产力的体现。在这个过程中，自然力发挥了积极的角色，"自然力不是超额利润的源泉，而只是超额利润的一种自然基础；因而它是特别高的劳动生产力的自然基础"②。这明确了自然力在增强劳动生产力中的关键地位。

可见，自然界的存在不仅是劳动活动不可或缺的前提条件，而且在转化为经济价值的过程中扮演了极其重要的角色。自然资源是劳动与生产力互动的桥梁，从而成为社会生产力结构中重要的组成部分。因此，自然世界不仅为劳动提供了素材，更是劳动创造财富过程中不可分割的一部分。

在马克思的生产力理论中，自然生产力对社会生产力起着根本性的作用。马克思将这影响归结为两大类——"生活资料的自然资源"与"劳动资料的自然资源"，这两类资源在经济活动中起到了不可或缺的角色。首先，"生活资料的自然资源"，如地力肥沃的土壤、丰富的水资源等，直接决定了一个地区的农业生产力和居民的生活基础。其次，"劳动资料的自然资源"，包括丰富的森林资源、金属矿产以及水力资源等，这些资源为工业发展及其他生产

---

① 《1844年经济学哲学手稿》，中共中央编译局编译，人民出版社2018年版，第48页。
② 《马克思恩格斯文集》第7卷，人民出版社2009年版，第728页。

活动提供了原材料和能源，从而间接推动了生产效率的提升和社会生产力的增长。

马克思强调，劳动生产率是同自然条件相联系的，说明了自然资源的配置和质量直接影响到劳动效率和生产水平。经济发展的差异，很大程度上是由各地区自然资源的差异化决定的。譬如，资源丰富的地区往往拥有更高的生产效率和更快的经济增长速度。

总结来说，"生活资料的自然资源"及"劳动资料的自然资源"是经济学中自然条件的两大分类，这些自然条件不仅决定了物质生产的可能性和生活的基本保障，也是推动社会生产力发展的关键因素。马克思深入分析了这两大类自然资源与经济、技术发展水平之间的密切关系，为我们理解生产力发展提供了理论基础。

马克思在其经济学理论中深入探讨了自然条件与生产活动之间的关系，特别是在农业领域的显著影响。他提出："自然就以土地的植物性产品或动物性产品的形式或以渔业产品等形式，提供必要的生活资料。农业劳动（这里包括单纯采集、狩猎、捕鱼、畜牧等劳动）的这种自然生产率，是一切剩余劳动的基础；而一切劳动首先而且最初是以占有和生产食物为目的的。"[①] 此外，他还强调："农业劳动的生产率是和自然条件联系在一起的，并且由于自然条件的生产率不同，同量劳动会体现为较多或较少的产品或使用价值。"[②] 从马克思的观点可以看出，生态环境的质量，直接关系到自然生产力的强弱。

生态环境质量的优劣对自然生态系统的生产力有着直接影响，进而影响社会的自然资源供给。良好的生态环境能够促进更好的自然生产率，例如土壤肥沃、水质纯净等优越自然条件，可以直接提高农业产出，增加动植物资源的多样性和丰富性。相反，生态环境恶化，如水土流失、环境污染等，会导致生产资料的枯竭和生产力的下降。因此，生态环境的状况是维持自然生产力和促进农业发展的重要条件。

（二）生态消费理论

马克思对资本主义消费模式的批判深刻而全面。他认为，资本主义生产模式的核心是利润最大化，这不仅导致了对自然资源的无节制掠夺，还促使

---

① 《马克思恩格斯全集》第 46 卷，人民出版社 2003 年版，第 713 页。
② 《马克思恩格斯全集》第 46 卷，人民出版社 2003 年版，第 924 页。

消费模式具有极端浪费性。马克思指出,这种盲目追求经济增长的生产消费方式,不可避免地导致了生态环境的恶化与资源的不可持续性。

在马克思看来,人与自然之间的关系应当是和谐共生的,在物质的生产与交换过程中,必须采取一种合理的消费观念,"以维护和充分实现自然界对于人的生态环境价值"。他提出,只有通过理性地调整人类生产消费活动,才能确保自然资源的持续性和生态系统的平衡。

对于马克思而言,合理的消费不仅是个人层面的选择,更是整个社会经济系统应当遵循的原则。他批判资本主义的生产观念,主要是因为它以牺牲环境为代价,仅仅是为了满足资本增殖的需求,而非满足人类的实际需要。相对于这种不合理的消费模式,马克思则鼓励理性的消费模式,即在满足基本需求与促进人的全面发展的同时,还要考虑到生产活动对生态环境的长远影响。

在探讨资本主义经济的发展过程中,马克思不仅深刻批判了该体系中的生产消费模式,还提出了其根本的解决方案——社会制度的改革。他描绘了在一个理想的社会制度中应当实行的生态消费观念:"社会化的人,联合起来的生产者,将合理地调节他们和自然之间的物质交换,把它置于他们的共同控制之下,而不让它作为一种盲目的力量来控制自己;靠消耗最小的力量,在最无愧于和最适合于他们的人类本性的条件下进行这种物质交换。"[1] 马克思的这段概述可以进一步细化为对自然资源的合理利用和保护。马克思认为,真正的社会化生产方式可以避免现代资本主义制度下对资源的无节制开发和生态环境的不可逆破坏,同时强调生产者应当通过自我管理来调控与自然的关系,旨在创建一种可持续的经济发展方式。

进而在批判资本主义消费模式的基础上,马克思论述了循环消费的重要性。他们提出,应该使生产废料转化为同一个产业部门或其他产业部门的生产要素,通过这一过程,这些所谓的排泄物再次被引入生产消费或个人消费的循环中,使废料重新成为贸易的对象,从而为生态循环经济提供可能。

可以看出,马克思对资本主义生产消费方式的批判并不只是限于表面的不满,而是深入如何通过改革社会制度来解决实际问题,即通过变革社会制度,进而构建社会化生产与循环消费的理论架构,来提供解决生态和经济问

---

[1] 《马克思恩格斯文集》第 7 卷,人民出版社 2009 年版,第 928-929 页。

题的路径。该路径不仅关注环境保护,而且强调生态与经济发展的可持续性,体现了他对未来社会发展道路的深刻洞察和理论创新。

三、马克思生态文化思想的社会维度

(一) 把握人与自然的对象性理论,构建人与自然和谐共生关系

在马克思思想理论发展过程中,他通过批判黑格尔的客观唯心主义及费尔巴哈的旧唯物主义实现重大的哲学革命。法兰克福学派施密特在其著作《马克思的自然概念》中,明确阐述了马克思的自然观与其他各种自然观的区别,首先在于它的社会历史的特征。这说明施密特捕捉到了马克思自然观中的社会历史维度——这也是马克思对传统自然观进行哲学变革的一个核心点。

马克思的自然观强调,自然与人不是割裂的单一元素,而是处于一个相互作用和影响的统一体中。他强调了"自然的人化"和"人化的自然",这意味着自然不仅是被人类历史所塑造,同样,人也是在不断改造自然中塑造和发展的。这种对自然和人的关系的重新定义,打破了传统自然观中人与自然是相互独立的观点,提出了对自然的一种新的社会历史性意义的理解。

在《手稿》中,马克思提出人与自然之间的关系是一种"对象性关系"。这一理论框架为理解人类与自然环境的相互作用提供了重要的视角。

马克思在处理人与自然的关系时强调,人是自然的一部分,同时自然也在人的影响之下表现出其特性。因此,人和自然界不仅共存,他们的关系还体现了一种互为对象、相互影响并展现对方存在状态和本质力量的维度。这种关系的核心,就是"对象性存在"的概念,即"说一个东西是对象性的、自然的、感性的,又说,在这个东西自身之外有对象、自然界、感觉,或者说,它自身对于第三者说来是对象、自然界、感觉,这都是同一个意思"①。这表明,无论是人对自然的感知,还是自然对人的影响,都可视为一种对象性的存在。

在此基础上,马克思进一步论述了"对象性关系"的具体内容。他指出,对象性关系是事物与事物之间普遍具有的互为对象,彼此共在,各自表现和确证对方的存在状况、生命活动和本质力量的一种现实存在而必然发生的关

---

① 《1844 年经济学哲学手稿》,人民出版社 2018 年版,第 269 页。

系。这种关系揭示了一种深层的互动，人通过实践活动不仅改变自然，也在这一过程中实现自己的生命价值。同时，若无感性的、真实存在的自然界，人也无法完全实现自己的生命潜能。

马克思的"对象性关系"深刻地阐述了人类与自然的真正相互依赖性和不可分割性，这不仅是生物学上的共生，更重要的是在哲学上对人类存在状态与行为的深刻洞察。通过对这一概念的理解，我们可以更全面地认识到人类活动与自然界之间的复杂关系，以及在当前生态危机的背景下我们的责任和应对策略。

在马克思的视域下，人与自然的关系被赋予了特殊的意义，特别是在探讨"对象性关系"时，马克思进一步强调了"人是类存在物"的观点。他认为人的实践和理论都无法脱离其类的维度。

首先，马克思指出，"人是类存在物"，这意味着人不仅在个体层面上与自然和社会其他成员互动，更在类的层面上与他们建立联系和相互作用。正如马克思所言，人的生存和发展不可避免地与他的自然和社会环境交织在一起。这意味着，人通过自己的劳动实践以及对自然的改造，投射并体现了自己的类本质。就是这一过程中，"人在实践上和理论上都把类——他自身的类以及其他物的类——当作自己的对象"①。因此，自然不仅仅是人类生存的资源库，它还是人类实现其本质的场所。也就是说，自然不能简单看作是供给资源和环境服务，而应视为人类社会活动中表达人的类存在、验证人的本质力量的关键对象。这种观点强调，自然界和人的生产生活是相互依存的，自然不只是人类生活的舞台，同样也是实现人类生产和生活方式的必要条件。马克思在描述这一概念时指出，整个自然界不仅是人的直接生活资料，更是人精神世界的一部分，是人本质力量的表现和确认的重要元素。

在马克思的生态文化思想理论中，人与自然之间的关系问题是核心问题。特别是，在探究这种深层次的联系时，马克思提出了"对象性关系"的概念，此概念深刻体现了人与自然之间的相互依存和共同演化的实质。如马克思所言："自然界，就它本身不是人的身体而言，是人的无机的身体。人靠自然界生活。这就是说，自然界是人为了不致死亡而必须与之不断交往的、人的身

---

① 《马克思恩格斯文集》第1卷，人民出版社2009年版，第161页。

体。"① 这一描述清晰地揭示了人类存在的基础及其与自然界的根本联系。然而，自然不仅仅是人类生存的"物质基础"，它还构成了人的精神和文化生活的一部分。人类的生产活动、文化形态乃至生活方式，都是在与自然的不断互动和影响中形成和演变。从这个意义上说，自然界与人类不仅是相互依存的关系，还处于一种"共生"关系的状态，即相互促进与相互依赖。如在实践活动中，人通过改造自然来满足自己的需要，反过来自然界的变化又促使人重新调整其生存方式和发展策略。

可见，马克思的"对象性关系"不仅是描述人与自然物质交往的理论框架，更是一个深刻反映生态系统内部相互作用与依存机制的理论。这一理论不断激励我们重新思考和塑造与自然的关系，提倡一种既符合人的类本性也尊重自然规律的生存与发展方式。只有这样，人类才能在避免生态危机的同时，实现可持续发展的目标。在马克思的理论框架内，"人与自然和谐共生"的对象性关系具有其内在的客观性与合理性。这种关系展示了人类与自然环境之间的互动和依存。首先，人类是主体性的存在，有能力意识到并履行"天赋人责"；其次，通过科学的认知和实际的实践，人类有可能实现与自然的和谐相处。具体来说，人类可以通过合理利用资源和保护环境来达到这一目的，从而在实践中促进人与自然的可持续发展。

马克思的"人与自然和谐共生关系"理论也体现了社会历史性。具体而言，马克思将人与自然的关系分为三个发展阶段：原始和谐关系、对立关系和和谐统一关系。整体来看，这三种关系反映了人类与自然之间相互作用的历史演变和深刻启示。

在马克思看来，原始和谐关系标志着人类社会的早期阶段，在这一阶段，人类对自然界的了解非常有限，几乎没有能力改变自然环境，而是更多地处在自然的赖以生存的状态中。在这种关系下，自然界的现象常常被神秘化，被视作超自然力量的体现。

随着生产力的发展和实践经验的积累，人类开始进入与自然的斗争关系阶段。在这一阶段，人类开始试图征服自然，通过技术和工具改造自然环境以满足其日益增长的需求。然而，这种对自然的肆意改造往往伴随着对生态系统的破坏，经常导致严重的生态后果，这成为马克思所指的对立关系的核

---

① 《马克思恩格斯全集》第42卷，人民出版社1979年版，第95页。

心内涵。最终，马克思提出了和谐统一关系的概念，认为人类应当超越之前简单的征服自然的思维模式，转向更加科学和合理的自然关系。在这一阶段，人类不仅仅是自然的改造者，更是自然的合作伙伴和卫士。这要求我们在提升社会生产力的同时，归纳实践经验，积极采取科学的方法理解和保护自然，促进"人与自然和谐共生"。

通览马克思关于人与自然的三阶段理论，可以明确地看到，从原始的顺应到积极的改造，再到理性的和谐共处，这一历史进程不仅彰显了人类社会生产力和科技水平的进步，也体现了人类观念和价值取向的演变。无疑，这种理论提供了宝贵的视角，帮助我们理解和重构当前与自然的关系，也是推动当代生态文明进步的重要理论资源。

（二）挖掘科技的生态价值，促进工农业生态化发展

在审视马克思对于科技在生态社会发展，尤其是对于工业和农业发展作用的论述时，我们不可忽视他强调科技进步在减少工业产生的废气、废渣和废水，即所谓的"生产排泄物"中扮演的重要角色。马克思在《资本论》中提出，面对19世纪工业化进程中的显著生态环境破坏问题，应通过技术来解决，进而实现生态工业的发展及农业的现代化。

首先，马克思认为科技进步尤其是机械化的改良，是优化资源利用效率并从根本上减少生产中的浪费的关键。他指出："废料的减少，部分地要取决于所使用的机器的质量。"① 接着，他还提倡利用科技促进生产排泄物的再循环与再利用，以减少工业生产末端的废物产生。通过科技手段如清洁能源和循环利用技术的应用，不仅能够处理农业生产中的机械肥料问题，同时还能通过高技术含量的农产品开发促进绿色农业生产的市场竞争力。

马克思揭示了通过科技进步来提高生产效率、优化资源利用并减少生态破坏的可能性。他还通过促进生产废物的高效利用与循环，证明科技的确是推动生态工业和农业发展的必要和有效手段。首先，马克思指出，所谓废料几乎在每一种产业中都起重要的作用。这表明了他对产业中资源循环利用的前瞻性认识，他进一步阐述了通过改良技术朝提高废料利用效率方向上转变。例如，他具体提到通过改良机器的应用，可以将原本没有经济价值的材料，

---

① 《马克思恩格斯文集》第7卷，人民出版社2009年版，第117页。

转变为重新利用的资源。另外，马克思强调，技术的进步特别是在化学领域的发展，可以将原本被视为废物的物质如煤焦油等转化为高值化产品，化学的进步使以前几乎毫无用处的煤焦油转化为苯胺染料、燃料，近来甚至把它转化为药品。这些转化技术不仅有助于减少废料的产生，而且极大地降低了工业活动对环境的负面影响，同时使得废料产生了新的经济价值。

（三）消除资本主义生产模式，构建可持续发展的社会

在马克思的理论体系中，资本主义制度不可避免的灭亡，有其内在的逻辑根源，这主要体现在资本主义生产方式的不可持续性上。无论是在农业还是工业方面，资本主义的生产都是为了最大化短期利润，而非长远的生态和社会福祉。

马克思指出考察资本主义农业生产时，不难发现无论是美国农业开放式的开发体制，还是欧洲农业的所谓高效耕作都是这种掠夺模式。这些都是基于对自然资源的极度开发和掠夺。这种生产模式背离了生态平衡和可持续发展的原则，导致土地枯竭和生态系统退化。类似地，在工业领域，资本主义生产亦是建立在无节制资源消耗和环境污染之上的，这不仅造成了环境的长期损害，同时也削弱了生产自身的持续性基础。可以看出，资本主义的农业与工业问题，实际上可以看作是资本主义生产方式固有不可持续性的两个表现形式。这种生产方式损害生态系统，反过来又限制了未来生产的可能性，形成了一个恶性循环。总体而言，资本主义生产方式的这种基于短视和掠夺的本质，不仅令其在理论上存有深刻的矛盾，在实践中也显现出诸多的生态与社会问题。马克思的分析揭示了资本主义生产模式的根本局限，预示了其最终的崩溃。对于未来，必须探索更为可持续且公正的社会生产形态，以实现人与自然的和谐共生。

在资本主义农业生产的不可持续性问题上，马克思对土地问题与农业问题进行了深入分析。马克思指出了资本主义模式下，"物质代谢断裂"问题引发严重后果，特别是由于城乡分离导致土地养分未能返回自然土壤，进一步造成了土壤肥力的明显下降。对于如何处理这种问题，资本主义社会有两种主要策略：一是依靠经济和政治权力向外扩张进行资源掠夺；二是通过科技进步发明合成新的人工肥料以补充土壤营养。

具体而言，马克思提出，资本主义尝试通过两种主要方式解决其农业生

产中的"物质代谢断裂"问题。首先，资本主义国家通过向自然资源丰富的国家如秘鲁扩张，从而获取了大量的自然肥料；其次，随着科技的发展，人工合成肥料如过磷酸钙和氮肥应运而生。这两种方式虽临时缓解了生产力的需求，但它们对农业和环境的影响反而加剧了资本主义生产的不可持续性。虽然秘鲁等地原初的自然肥料资源被大规模开采，但这些地区逐渐演变成了生态失衡的区域，不仅自然肥料资源枯竭，还引发了更广泛的生态环境问题。"资本主义制度同合理的农业相矛盾，或者说，合理的农业同资本主义制度不相容（虽然资本主义制度促进农业技术的发展），合理的农业所需要的，要么是自食其力的小农的手，要么是联合起来的生产者的控制。"[①] 在这个语境下，资本主义提供的解决方案显得自相矛盾。人工合成肥料的广泛使用，虽然初步提高了农作物产量，但长期看对土壤的自然肥力造成了显著的侵蚀，并带来了其他环境问题，例如土壤结构破坏和水体污染，从而进一步证实了马克思关于物质代谢断裂的批判真正意义上并未被应对解决。因此，这两种资本主义农业解决策略虽然在表面上解决了农业产出和饲料供应的问题，但实际上并未从根本上修复"物质代谢的断裂"，也未能逆转资本主义生产方式对生态和环境造成的破坏。

而资本主义工业生产的不可持续性问题，从其内在机制来看，与"增长或死亡"这一资本主义的典型格言密切相关。资本主义社会的生产与扩张模式，依赖于持续的经济增殖。而经济的增殖不仅是社会体制追求的目标，更是维持其稳定运行的必要条件。然而，当资本的自我扩张遭遇瓶颈时，就可能引发利润停滞甚至下降，从而导致经济体系内发生剧烈震动。为了持续其增长的动力，资本主义工业社会不惜选择一条资源消耗巨大、环境污染严重并带来高度浪费的发展道路。这种模式无疑抵触了生态可持续的基本原则，不仅损耗了宝贵的自然资源，且对环境造成了长远的伤害。

资本主义工业生产模式深度依赖于机器的大规模集中使用，这些机器的运行需要一个持续不断的能源供应体系支撑，主要包括化石燃料、核能、水能与风能等多种能源形式。通过对这些能源的不断开采与利用，一方面满足了工业生产的规模扩展需求，另一方面也导致了资源消耗和环境污染问题的日益严重。资本主义工业生产模式中，"高耗能"的特点与"高污染"恶果恰

---

① 《马克思恩格斯文集》第7卷，人民出版社2009年版，第137页。

为映证。作为工业生产的重要能源的化石燃料，其燃烧过程中释放的有毒气体是导致空气污染的主要原因之一。其次，燃料燃烧所产生的固体废物又对土壤和水体环境造成了污染。而核能虽在理论上被认为是较清洁的能源，但具体运用中曾因严重的安全事故如切尔诺贝利以及福岛核事故，显示出当发生核泄漏事故时，其对环境与人类带来的灾难是巨大且长期的。这类风险的存在，使得核能作为一种环保能源的优势被巨大的潜在安全隐患所抵消。由于资本主义对产出和利润的无休止追求，导致了对资源的极限挖掘和对环境的重创。然而，随着可持续发展观念的深入人心和技术的进步，工业生产越来越倾向于使用低碳、循环和绿色的生产模式。这不仅是对传统高污染、高耗能生产模式的批判和超越，也为资本主义工业生产指明了一条可持续发展的道路。因此，资本主义工业生产在大规模机械化和集中化过程中所显示的高耗能和高污染问题，既揭示了其环境成本的高昂，也促使人们反思并寻求新的可持续发展的生产途径。

资本主义工业生产的一个核心特征是其高度的资源浪费，这种浪费性质在于其根本的利润导向机制。在这一生产模式下，主要目标是资本价值增殖的最大化，而人力、物力及自然资源的消耗往往被忽视。资本主义生产体系常常因其短视的经济增长模式而遭到批评，因为这种模式倾向于牺牲长期的生态和社会福利以换取即时的经济利益。首先，资本主义工业生产往往忽视了生态资源的内在价值，以资源输入的不断扩大和生产规模的粗放增长为特征，造成了严重的资源过度消耗和生态破坏。其次，这种生产方式还鼓励了过度消费和虚浮消费的文化，生产出的许多产品并不是为了满足人类真正的需要，而是为了追求短期的市场利润，甚至以牺牲环境与生态的可持续性为代价。这种对自然的"斗争"方式，必然导致环境问题的恶化和生态系统功能的丧失，进而影响到整个社会的可持续发展。总之，资本主义工业生产的高浪费的特性，使其与可持续发展的基本要求相悖。通过转变生产和消费模式，积极探索与生态环境相协调的社会经济发展模式，为实现全人类的长远福祉和地球的可持续生存提供可能。这一转变不仅仅是一种经济或技术上的调整，还是深远的社会和文化变革，进而指向一个可持续性的未来社会。

在马克思早期的思想著作中，特别是在他的《手稿》和《德意志意识形态》两部著作里，可以捕捉到关于可持续发展的基本理念踪迹。在《手稿》中，马克思深刻指出："劳动本身，不仅在目前的条件下，而且就其一般目的仅仅在于增加财富，在我看来是有害的、招致灾难的。"① 这明确展现了他对生产活动中仅追求物质富裕而忽略长远后果的批判态度。另一方面，《德意志意识形态》提供了关于可持续发展的历史细节。马克思在该著作中阐述："历史的每一阶段都遇到一定的物质结果，一定的生产力总和，人对自然以及个人之间历史地形成的关系，都遇到前一代传给后一代的大量生产力、资金和环境，尽管一方面这些生产力、资金和环境为新的一代所改变，但另一方面，它们也预先规定新的一代本身的生活条件，使它得到一定的发展和具有特殊的性质。"② 可见，马克思非常重视自然生态环境的可持续发展问题，认为这不仅关系到社会经济的发展模式，还涉及人类对自然资源的利用与未来的道路选择。

在《资本论》中，马克思阐述了其关于可持续发展的见解，显示出其对环境可持续性的前瞻性思考。马克思提出，从高级社会经济形态来看，个人对土地的"私有权"和对人一样，显得相当荒谬。社会与民族，甚至所有存在的社会合在一起，都不具备成为土地的终极"所有者"的合法性。相反，他们更像是土地的"占有者"和"利用者"，必须承担起为后人留下更好条件的责任，就如"好家长"一般，将土地以更优状态传承下去。他认为，真正的可持续发展不应仅仅满足当前的需要，而应当注重资源的长期利用价值，确保环境的持久健康和生态系统的平衡。这种观点与现今对抗生态危机的理念不谋而合，反映了马克思对环境问题的深刻洞察力。通过马克思的这些论述，可以看到他对人与自然关系的重视，主张人类活动必须限制在生态系统的承载力以内，以防出现不可逆的生态灾难。

---

① 《1844年经济学哲学手稿》，人民出版社2018年版，第168页。
② 《马克思恩格斯文集》第1卷，人民出版社2009年版，第554－555页。

第二节
马克思生态文化思想的生成逻辑

一、从抽象上升到具体

马克思的生态文化思想,是以资本主义社会生态问题为出发点,辅以敏锐的学术洞察力,而进行论述的一系列理论体系。其中,马克思关于自然与人的关系的理论,特别是其对"人的能动性"和"自然的客观实在性"的论述,为理解人类与自然的关系提供了重要的理论依据。具体而言,马克思在自然观上坚持"人化自然"的观点,强调通过人的活动改造自然以满足社会的需求。同时,他在阐释人类自由与平等的过程中,提出了批判性的看法——对目的论和决定论自然观的批判,深化了对"自然的客观实在性"的理解。但重要的是,即使马克思的思想受到黑格尔哲学的影响显示出抽象哲学思辨性的特征,他的观点仍鲜明地指出,真正的自由和平等必须在认识到自然界限的基础上实现,即体现了马克思生态文化思想从抽象上升到具体的过程。

马克思的唯物辩证法指出,"从抽象上升到具体"的方法论展现了辩证思维的精髓,其不仅是认识论的核心,也是理论与实践相结合的表现。这一方法论首先通过抽象化处理,去除了对象的偶然性,揭示了其内在的必然联系;随后通过具体化步骤逐步丰富了这一理论,最终实现对客观世界深层次规律的把握。正如黑格尔所言,这个前进运动的特征就是:它从一些简单的规定开始,而在这些规定之后的规定性就愈来愈丰富,愈来愈具体。在此基础上,马克思批判性地继承了黑格尔的辩证法,转化为一种实用的思考工具,使之从唯心主义的外衣中脱胎换骨,以适应唯物主义的诉求。

这种抽象与具体的统一是理解复杂事物变化的有效途径,它要求我们在认识过程中,不仅要深入事物的表象之下,更要通过逐步细化的过程,揭示事物的本质与发展的内在逻辑。因此,工具的运用不是孤立的,而是与马克思理论体系的哲学理念和实践密切相关,反映了一种从简单到复杂、从整体到部分的知识把控过程。总之,"从抽象上升到具体"的方法论在马克思主义哲学中占据了核心地位，它不仅深化了理论的发展，更为我们提供了一种深入理解和改变世界的思维工具，是理论创新与实践进步的基石。

马克思的生态文化思想中所体现的方法论，尤其值得关注的是"从抽象上升到具体"的方法。这一方法论不仅是马克思主义唯物辩证法的重要组成部分，同时也构成了其理论核心。马克思明确提出："从抽象上升到具体的方法，只是思维用来掌握具体并把它当作一个精神上的具体再现出来的方式。"[①] 这种方法论的根本目的在于通过对事物的抽象化理解逐步递进，达到对现象全面和深刻把握的目的。

从抽象到具体的研究路径始于对事物本质属性的概括，并逐步深化到具体现象的呈现。初步的抽象，虽然简化了事物的复杂性，却为后续的深入分析奠定了基础。正如马克思所强调，这一抽象的过程并不是离开物质基础的空中楼阁，而是建立在充分的现实之上的。进而，通过对不断丰富的具体情境的综合与分析，实现从理论抽象到具体现象的逻辑过渡，最终在高层次上重新综合这些分析结果，把握事物的内在规律和发展联系。这种过程中，"从抽象上升到具体"的手法被视为"思维具体"，而这种具体是通过逐步深化的抽象和分析合成达成的，从而实现了现象与本质的统一。

马克思运用这种方法，有效促进了对资本主义复杂问题的精准把握。在其批判性研究中，采用"从抽象到具体"的研究方法后，使得有关资本运动及其所引发的社会生态问题等议题能够被系统地解析。这种方法的运用大大增强了理论对现实世界的解释力和预测力，证明了唯物辩证法在实证科学领域的实践价值。

因此，"从抽象上升到具体"的研究方法不仅体现了辩证思维的全面性与深刻性，更为理论与实践的有效结合提供了方法论基础。这证明了马克思主义理论在应对现实问题上，具有不可替代的科学分析价值。

在《资本论》的研究中，马克思采用了从抽象上升到具体的方法来揭示经济关系与历史发展的内在规律。首先，他以商品作为基本的分析单位，认为商品是资本的基本"细胞"。通过对商品的分析，马克思逐步深入货币、资本以及资本主义土地所有制等更为复杂的经济范畴，展示了从单一的经济实体到复杂的经济系统的逻辑发展过程。在此基础上，他不仅描绘了资本主义

---

① 《马克思恩格斯文集》第 8 卷，人民出版社 2009 年版，第 25 页。

经济的具体运作机制，也抽象出了其内在的经济规律，为理解资本主义经济提供了科学的理论框架。

类似地，马克思应用这一方法于人类历史的研究上，将"现实的个人"设定为研究的起点，关注个人的日常生活与生产活动。马克思从分析个体生命的生产和物质资料的生产出发，继而探讨这两种生产活动里产生的自然关系与社会关系，通过具体的社会实践揭示了人类历史的发展规律。在此过程中，他不仅深入理解复杂社会现象，同时也揭示了社会变化与发展的根本动因。因此，马克思通过从抽象到具体的分析方法，不仅深化了对资本主义经济结构的理解，而且拓展了对人类社会历史发展规律的科学认识。

马克思的生态文化思想，深植于其唯物史观的理论土壤之中，其发展历程演示了从抽象到具体实践的深化过程。初始阶段，马克思基于唯物史观，对人与自然关系的复杂历史和现实条件进行科学抽象，形成了早期的生态文化思想核心。此后，他批判性地审视资本主义社会的经济和政治生活，揭露资本主义生产方式对自然环境及工人健康的破坏效应，从而提出相关的经济、政治和社会维度的思想理论。与此同时，马克思晚年的研究多关注人类历史的多样性，运用人类学和历史学成果，批判性地考察资本主义以前的多种社会形态，对自然与人类社会起源及其发展关系的分析更加深入，为其生态文化思想的观点提供了理论依据和方法论框架。

二、从哲学思辨走向现实

马克思在大学阶段虽然主攻法律，却对哲学产生了浓厚兴趣，尤其是在准备其博士论文的过程中，他的哲学理论基础和视野逐渐形成。对哲学的独特兴趣，不仅引导了他的学术研究方向，也深刻影响了他后来的思维方式和处理问题的策略方式。此外，马克思的学术背景和理论兴趣在他后续的理论发展中扮演了至关重要的角色。马克思博士毕业后，在《莱茵报》的工作经历，促使他将哲学思辨的方法应用到更具实际意义的社会经济问题上，这种从理论到实践的转变是他思考方式的一大转折点。面对现实问题时，他始终坚持"唯物史观"的方法论，并且逐渐发展出对资本主义社会全方位的批判性思考，尤其体现在其对经济、政治和社会等方面的深入思考分析上。

随着马克思对资本主义社会运行规律的思考逐步深化，其在发现和批判资本主义生态问题的过程中形成了关于人与自然关系的独到见解。进而，"人化自然"的哲学本体论理论在他的思想中逐渐明晰,并最终发展为"唯物主义辩证法"的方法论。这种理论上的转变不仅增强了马克思对自然和社会的理解,还体现了他对人与自然、社会的认识论路径的确立,以及确立了自然内在价值与外在价值统一的价值论原则。

由此可见,马克思的学术背景和工作经历是其生态文化思想形成的基石,特别体现在政治经济学和社会历史学以及对资本主义社会的生态批判方面。马克思的政治经济学理论不仅体现了他对资本主义现状的深刻批判,更扩展至对其资本主义社会生态危机的考察。学术生涯初期,马克思在哲学、经济学和历史学领域的深厚积累,使他能够构建出一套对资本主义社会进行全面剖析的理论框架。同时,马克思在考察人类社会历史及其与自然的关系时,着力在分析原始社会与现代资本社会的差异基础上,对生态和社会发展多样性进行科学论证。此外,马克思透过哲学反思反观社会生态,进而不断丰富其理论内涵。接着,他又从对资本主义社会政治经济的分析,转向到对资本主义破坏生态社会现实的批判,由此形成了他的生态文化思想。

从哲学到社会经济现实的转变,不仅反映了他的理论从哲学思辩走向现实实践,也见证了他思想的逐步成熟,最终形成了包括生态文化思想在内的马克思主义理论体系。这一切都充分显示了马克思将个人学术能力与广阔的社会需求结合的卓越能力。总之,马克思通过其多元的学术背景与多维的学术研究,将哲学思维深度应用于实际的社会历史生活中,进一步拓宽了其理论的视野,并形成了其独特的生态文化思想。

第三节

马克思生态文化思想的逻辑线索

一、显性线索:生态文化思想伴随唯物史观形成而产生

唯物史观是马克思生态文化思想的根基,而马克思生态文化思想伴随唯物史观的形成而诞生。马克思的唯物史观是指自然、人类与社会进程的内在联系,该理论在其生态文化思想中占有核心地位。马克思从唯物主义理论视

角出发,揭示了社会发展与自然界运行之间的复杂关系,强调了社会发展的"自然的历史的过程"。具体而言,唯物史观强调人类与社会发展是一个与自然历史紧密相关的过程,人类社会形态与生产活动必须与自然界的状态和变化相协调。同时,在马克思主义的理论体系中,生态文化思想与历史唯物主义是并行发展的。

(一)人与自然关系的初探中萌发生态文化思想

在马克思青年时期,欧洲的"工业革命"已经启动,随之而来的环境问题也开始显现。这一时期,尽管马克思的"唯物史观"还未成形,但马克思已经开始关注自然和人类之间的关联。其《手稿》等著作便是在这样的背景下诞生的,该著作系统地阐释了人与自然的关系,并深刻分析了两者间的"异化现象",为后来的"马克思生态文化思想"的成熟奠定了理论基础。

马克思提出人类与自然界是不可分割的统一体。他反对传统的宗教理念中把人类置于自然之上的观念,认为"整个所谓世界历史不外是人通过人的劳动而诞生的过程"[①]。人类既是自然界的产物,又与自然界在生存和发展上相辅相成,这种思想为现代社会理解人类与自然的和谐共处关系提供了深刻的理论基础。马克思认为自然界是人类的"无机身体",自然不仅提供了人的物质生存所需,还丰富了人的精神世界。他的这一观点,突出了自然对人类的双重价值:既是物质的存在,也是精神的支撑。这种观点告诉我们,人类不仅要从物质上珍惜自然,更应从文化和精神性层面去理解和尊重自然,这是实现人与自然和谐共生的关键。此外,马克思强调,在"自然界的改造"过程中,必须尊重"自然规律",反对对自然的剥削性行为。他批判了人类仅根据自己的需求改造自然的做法,认为这种行为短视。正确的做法应是在尊重自然规律、试图了解其内在规律的基础上再进行合理的改造。最后,马克思的思想中还涵盖了对人与自然关系异化的批判,他对工业化进程中自然环境被破坏的现象进行了深刻批判,强调人类活动应当维护生态平衡和保护自然资源,避免资源的无节制开采和过度污染环境。

总之,尽管"唯物史观"的形成还需时日,马克思在《手稿》等著作中所阐述的关于人与自然关系的思想已经向我们展现了一种全新的视角。这些

---

① 《马克思恩格斯文集》第 1 卷,人民出版社 2009 年版,第 196 页。

早期思想对后来马克思生态文化思想的形成,具有重要的指导意义和启发作用。

(二) 在对资本主义生态批判中形成生态文化思想

在马克思创立唯物史观的这一重要历史时期,他对资本主义生态破坏的批判过程,展现了其深刻的生态文化思想。自 1845 年起,马克思结合唯物史观,开始逐步深入研究资本主义社会如何造成生态危机,并进一步对人与自然的关系进行了系统分析。对于马克思而言,资本主义生产方式不仅导致了自然资源的枯竭与生态平衡的破坏,更使工人阶级面临极端的生存环境与心理压力。马克思进一步指出,资本主义社会物质财富的充沛是基于对自然的无限制开发与对工人的极度剥削,这些都深刻反映了生态危机。

马克思提出关于"自然条件所能提供的东西往往随着由社会条件决定的生产率的提高而相应地减少"的论断,揭示了资本主义生产对自然资源的疯狂掠夺性质。[1] 在资本主义的生产逻辑下,自然资源的盲目开发与浪费使得资源迅速耗竭,出现森林消失、土壤肥力遭到破坏等问题,而这些问题则是资本追求利润最大化的直接后果。同样,马克思还强调了资本家对土地的滥用问题,并认为之所以出现这个问题,是由资本主义对自然环境破坏导致的。进一步地,马克思通过研究生态学与社会学之后,提出了导致人类生态失衡的更广泛社会原因。他认为,随着科技的进步,人类对自然的控制能力虽然增强,但对生态环境的影响评估和预测却显著落后于其实际对自然界的干预速度与规模。因此,资本主义制度下的生态危机,不仅是技术发展的结果,更多在于资本主义生产方式对利润的盲目追求,忽视了环境的可持续性。此外,马克思还从社会阶级结构层面剖析了生态危机的根源。他强调,资本主义阶级结构下,资本家的唯利是图与对高额利润的追求,不可避免地导致了自然资源的过度开发和生态环境的破坏,从而催生生态危机。因此,马克思在创立唯物史观期间,深入探讨了资本主义生产方式与生态环境破坏之间的矛盾关系,进而也为其生态文化思想的发展奠定了重要理论基础。

(三) 唯物史观创立之后的生态文化思想

唯物史观的确立为理解马克思生态文化思想提供了全新的视角。自 1848

---

[1] 《马克思恩格斯全集》第 25 卷,人民出版社 1974 年版,第 289 页。

年以来，马克思认识到人类社会发展和自然环境之间的复杂关系。他提出，人类文明是来自不同地理空间的人类共同生产实践的产物，强调了地理空间的多样性对人类文明的影响以及产生文明的物质与精神财富的过程中的环境考虑。马克思在他的理论中也暗示了可持续发展的理念。他认为，人类并非自然的统治者，而是其合作伙伴和监护人。马克思提出，整个社会和民族，以及所有同时存在的社会加在一起，都不是土地的所有者，他们只是土地的占有者和利用者，并且他们都必须像"好家长"一样，把土地改良后传给后代。这种观点不仅体现了对生态环境保护的重视，也提示了人类在使用自然资源时应持有的一种代际责任感。

此外，马克思生态文化思想从唯物史观的立场出发，考虑人类行动对环境的长期影响，以及如何实现社会经济发展与生态环境保护的双赢目标。不能仅停留于文化的物质构成，也必须包括人类对环境影响的伦理和哲学的意识。这一视角促进了能源使用、生态改造等方面的可持续发展策略，以及对提升公众环保意识与改变生产生活方式的调整。

因此，在马克思唯物史观创立之后形成的生态文化思想，不仅让我们重新认识文明进程中人类与自然的关系，也促使我们思考如何在当今世界推行有效的生态政策，确保资源的合理使用和生态环境的可持续健康发展。

二、隐性线索：对资本主义社会异化劳动的扬弃

马克思批判了资本主义社会中劳动异化现象，这一批判不仅是反对资本主义生产方式，而且是为在共产主义社会中劳动形态的转变埋下伏笔。具体而言，共产主义社会中劳动目的、形式与内涵均发生了转变。同时，这也成了马克思生态文化思想的隐性线索。

一是共产主义社会的首要目标是实现人类的解放，而人类的解放首先是人类劳动形态从被异化到自由发展的转变，这种转变实质上是对人、自然和社会关系的重新整合。因为只有当劳动不再是手段，而是个体自由表现的方式时，人类和自然的关系才能达到真正的和谐，进而才能实现生态的持续健康发展。

在资本主义制度下，异化劳动现象是马克思劳动论中针对资本主义社会生态问题的直接批判对象。异化劳动揭示了在资本主义社会中，工人与其劳动成果之间的疏离状态，这不仅导致了工人的精神和身体消耗，同时也引发

了多方面的社会问题。首先，劳动者在资本主义生产过程中变成了劳动力商品，他们的劳动不再是自我实现的手段，而是为了生存而迫不得已的选择。这种劳动形式剥夺了劳动者对劳动过程及其产品的控制权和决定权，造成了工人对自己劳动的陌生感及其人格的异化。其次，劳动异化导致工人阶级的分裂和内部竞争，这种分裂状况阻碍了阶级自我意识的形成，继而削弱了工人阶级对资本主义制度的集体反抗力量。此外，由于资本追求的是无限的利润，这就必然导致对工人剥削的加剧及工作条件的不断恶化。长此以往，不但加深了工人物质与精神生活的双重贫困，也加剧了社会的不平等程度。

从整体的社会发展来看，异化劳动还助长了消费主义文化，消费主义文化在满足和扩大消费欲望的同时，转移了工人阶级对于自身经济状况和社会地位的关注，消解了其对资本主义制度的批判意识。这种文化现象不仅改变了人们的生活方式，还对环境造成了持续的压力和破坏，进一步加剧了生态危机。

这些由异化劳动引发的社会问题，凸显了资本主义制度的局限性，也为马克思提供了批判的理论基础。探析了这些问题后，马克思进一步探讨在未来的共产主义社会中，如何通过消除劳动的异化来恢复劳动的本质，即劳动不再单纯是赚取工资的手段，而是成为人们自我表达和实现的方式。在共产主义社会，劳动将基于共同的利益和自愿的合作，每个人都可以根据自己的能力和需要去参与社会生产，实现个人与集体的和谐发展。这一转变不仅是对资本主义社会劳动异化状态的根本超越，也是向更加公正和可持续的社会形态迈进的重要路径。

在共产主义社会下，劳动形态通过对异化劳动的扬弃而实现巨变，标志着从资本主义生产方式向更高级形式的演化。劳动在新的生产方式下，不再是个体生存的被迫选择，而是转化为自由与自主的实践。具体而言，率先发生变化的是劳动动机。在资本主义体制下，劳动往往是出于生存的压力，这是被外部目标和需求所驱使，通常与痛苦和压迫相伴随，劳动者的劳动成果不归自己所有，而是服务于资本的积累。而在共产主义社会，劳动是自我实现的内在需要，不再仅仅是为了他人或物质的回报，而是个体发展与自我表达的需要，体现了由外在目标支配的劳动形式向由内在目标支配的劳动形式的根本转变。

此外，马克思指出"物质生产"是一切社会生活和一切现实历史的基础。

在共产主义社会，劳动的属性通过对自然的尊重、顺应自然原则和保护自然的理念，转成了人与自然和谐共生的实践，从而解决了人与自然、人与人之间的异化。人类不再是被物质所奴役，而是通过劳动实现自我的全面发展和自然的可持续发展。因此，共产主义社会的劳动形态的转变及其对异化劳动的根本摒弃，为实现人的全面发展和社会的全面进步奠定了坚实基础。这不仅是劳动形式的革命，更是社会整体进步的体现。

可见，共产主义下的劳动所展示的自主性和创造性，是对资本主义生产方式下劳动异化状态的直接否定与超越。在这种制度下，劳动成为真正意义上的自由活动，劳动者能够在生产过程中实现自己的才能和需求，劳动不再是苦役，而是人类生活的一部分和个人发展的途径。这种自主性劳动的基础是一种全新的生产关系和财产所有制的相关改变，确保每个个体都能在社会生活中得到充分的尊重和其自由个性空间的发展。因此，由资本主义到共产主义的劳动形态转变，本质上是由物质财富的单向生产转化为人的全面发展和自主创造的新的生活方式。这一转变标志着从以资本为中心到以人为中心的根本转移，实现了人的全面解放。这不仅是生产力与生产关系的革新，更是人类社会从异化到自我实现的伟大跃进。

二是共产主义社会的劳动内涵发生了转变。马克思指出，劳动不仅仅是一种物质生产的方式，它还包括了精神的生产。在共产主义社会，劳动形式必然会从单纯追求物质利益向追求物质与精神享受统一转变。这体现了劳动在创造物质财富的同时，更注重生活质量的提升与精神层面的丰富。这种转变对于保护环境和实现可持续发展具有深远的影响。例如，劳动者在追求物质效益的同时，也越来越注重其劳动过程和结果对环境的影响，实现生产活动与自然环境的和谐。这种劳动方式的转变，实质上是对自然更加合理的利用，避免了资源的无效和过度消耗，符合可持续性发展的要求。

在《手稿》中，马克思揭示了劳动的根本性力量，并对人的自我实现过程中的根本机制进行了深刻阐述。他认为，劳动不仅仅是一种生产行为，而且是展现人的本质力量，是实现"人的完全自由发展"的关键方式。马克思在《手稿》中阐述，由于劳动的"属人性"，它不仅能够在历史的发展过程中逐渐摆脱异化的形态，更能显示出人的创造性与自主性。

在马克思看来，自然界和社会现实制约了人的自由，常常使劳动表现为一种被异化的状态。而通过对劳动本质的重新认识，揭示劳动的真正面貌，即从一种外在的需求转变为自我实现的需求，劳动从而显现出它的根本性力量："上午打猎，下午捕鱼，傍晚从事畜牧，晚饭后从事批判。"① 这种理想形态反映了劳动的多样性，可以促进人的全面发展。然而，当劳动处于异化的状态时，人的本质被掩盖，真正的自我被压抑。资本主义社会中的劳动者被迫接受单一、重复的劳动形式，这种状态下的劳动不再体现人的全面性和自主性。从异化状态解放出来的劳动才是真正的劳动，此时人与劳动的关系不再是异化和剥削的关系，而是成为表现个人自由和创造力的途径。

当马克思提到劳动的解放，实际上指向的是一场根本变革，这种变革将推翻基于资本的异化劳动形态，重新确立劳动作为人类自我实现和自由发展的基石。这是一场彻底的自然、人和社会的解放运动，无产阶级将会逐步认识到这一点并觉醒，从而推动这一革命时刻的到来，继而重塑整个社会结构。

三是共产主义社会劳动的形式由社会化劳动向个性化劳动转变。劳动的社会化与个性化活动的转化是一个丰富而复杂的过程。马克思强调，尽管每个人作为个体存在，每天都在进行着自我生产的劳动，但这种劳动不仅仅是生理意义上的，而且是呈现在社会层面的共同活动，即生产劳动。马克思主义通过"否定的辩证法"对这一过程进行了深刻的阐释。在马克思看来，真正意义上的个体活动只有通过社会化的生产，才能充分发挥其个性化的潜力，克服自我与他者之间异己力量的支配，实现自我与社会的和谐统一。

此外，马克思认为，个体的劳动在社会生产过程中的实践，尽管在程度和范围上有所限制，却是个体通过社会性生产活动得以全面依存和表现的平台。个体与自然、社会的关系通过"人与人、人与社会的关系"而被现实化和历史化。这一点揭示了个体活动如何在社会化的语境中实现其深刻的转变和个性的充分展现。

马克思认为，劳动体现自然属性和社会属性的双重向度，它涉及自然力与社会力的相互作用和转化。马克思在《资本论》中描述，劳动力是人类精神和肉体能力的结合，本质上是一种自然力量。然而，在历史的发展过程中，这种自然力量经社会化过程转变，使其不仅仅是带有物质性的自然改变，而且进一步成为一种有社会意义的力量。在劳动过程中，通过对自然界中资源的转化，劳动作为一种社会力量发挥了其自然属性，因而实现了"自然力"

---

① 《德意志意识形态》（节选本），人民出版社2018年版，第30页。

与"社会力"的统一。

除了自然属性的劳动,人类通过社会化属性的劳动,不仅为他人生产使用价值,同时也为整个社会生产使用价值。在生产社会使用价值的时候,劳动力超越单纯的个体层面,连接到更广泛的社会生产关系网中。此时,劳动转化的过程不仅是自然力属性向社会力属性的转变,也是社会化的劳动向个人化的、显示个性的活动的转变。在这个过程中,个体在其劳动中,体现了更多的展现个体自由发展的劳动。如马克思所述,从"必然王国"向"自由王国"的转变,标志着劳动的另一个向度——从受自然必然性制约的劳动,到成为个性充分发展的自由劳动。马克思认为,真正的自由是个性的充分发展,通过实现这种个性充分发展的自由,劳动才能真正转化为不再是苛求劳动力的劳动,而是作为目的本身的人类能力的发展阶段。因此,劳动力的这种转变在马克思的理论体系中具有深远的意义。它不仅解释了劳动如何从一种被自然条件和必然性所限制的社会力量,成为个体自我实现和自由发展的实践力量,同时也揭示了马克思对于个体自由和社会发展的展望。只有在未来的共产主义社会形态中,人类的这种自由才能真正成为现实,其中劳动形态的转换扮演了核心的角色。

第四节
马克思生态文化思想的逻辑旨归

一、构建人与自然和谐的生态文化思想

(一)人类中心主义的出场及其产生的异化困境

在资本主义工业文明的影响下,人们对自然的态度和行为方式产生了根本性的变化。随着工业化进程的加速,"人是目的"的道德信条在价值观念中越发显著,这不仅提升了人的主体地位,而且催生了"人类中心主义"的价值观。在这样的思潮影响下,自然界逐渐被视为一个可以无限索取的资源库,其存在的意义仅仅是为了满足人类的需求。这种观点认为,自然资源的开发

与利用是人类文明进步的必由之路，是实现经济快速增长的基石。然而，这种一味以人为中心的发展模式严重忽略了自然本身的生态价值。自然并非单纯的生产资料，而是一个复杂的系统，拥有其固有的平衡机制。过度开发自然资源，破坏了这一生态平衡，随之而来的是环境问题，日益显露了这种单一发展模式的短视和危害。随着各种问题的累积，人类对自然的盲目征服逐步导致自然的不可持续，这种"主客二分"的思维模式造成了人与自然的对立，加剧了生态环境的恶化。

马克思认为，人类中心主义的根本失误并非在于其"以人类为中心"的视角本身，而是在于这一立场往往导致对自然的片面理解和掠夺性利用。正如马克思指出的，"被抽象地孤立地理解的、被固定为与人分离的自然界，对人说来也是无"[1]。这一观点揭示了自然的价值不能仅被视为服务于人类的工具，同时不能离开人类的主体地位空谈自然。

因此，人类与自然的关系需从实体的对立转变为共生共存的关系，即认识到人的活动是在自然的承载力范围内进行，并应当尊重自然的自有规律和价值。人类的发展不应建立在牺牲生态平衡的基础上，而应寻求一种生态文明的道路，即通过科学调节人与自然的相互作用，实现社会的可持续进步和生态保护。

资本主义社会的发展释放了无限生产力，并迅猛推进了工业文明进程，还宣称能够"勇往无前地发展"并"迅速地瓦解发展道路上的一切障碍"，在物质层面上实现了前所未有的"满足一切人的一切需要"。然而，这种发展背后隐藏的是对人和自然的深度异化。资本主义模式在增加物质财富的同时，也重塑了人们的生活和生产方式，进而改变了人们的需求结构。

在这样的需求结构中，马克思发现了人的双重异化现象：一方面，资本家对精致化的需要及其对精致化资料的苛求体现出对理性和进步的追求；所谓的"精致化"需求，实际上反映了一种资本主义生产模式下的消费异化逻辑。在资本主义体制下，商品不仅是满足基本生活需求的手段，更是社会地位和个人身份的象征。这种象征性消费，往往追求商品的外在附加价值，而对商品本身的内在价值重视较少。在这种消费模式下，有产阶级的消费需求被不断地激发和放大，而这种需求的满足往往要以消耗巨大的自然资源和人

---

[1] 《马克思恩格斯全集》第42卷，人民出版社1979年版，第178页。

力为代价。

另一方面,工人对牲畜般的野蛮化和彻底的、粗陋的简单化的需要,则彰显了一种野蛮倒退。相对于有产阶级的精致化需求,无产阶级的需求则因其经济条件限制而呈现出相对"粗陋化"的特征。

首先,从工人的工作环境来看,机器的使用带来了工人和生产资料的高度集中,使得工人长时间被束缚于狭小且设施简陋的生产场所,这样的环境不仅限制了他们的身体活动,还严重影响了生理健康。这些工作场所普遍存在着通风不良、光照不足和卫生条件恶劣的问题,从而加剧了职业病的发生率,这无疑加深了工人的身体折磨。此外,工人的生活环境也是问题重重。因为收入有限,他们只能居住在条件极差的住所,这些所谓的"洞穴一般的房子",不仅空间狭小,且往往缺乏必要的生活设施,甚至基本的生活保障都难以得到满足。而这样恶劣的居住条件,不仅影响了工人的生活质量,更是心理负担的一大来源,因他们时刻担心失去这些基本的生活保障。在健康状况方面,由于长时间的繁重劳作,加上恶劣的劳动条件和生活条件,工人们极易患上各种职业病。缺乏有效的安全措施,工伤和职业性疾病在工人中间普遍存在,甚至不时有生命安全的严重威胁。

这种由工作与生活环境双重压迫形成的恶性循环,不断剥削与侵害工人的身心健康。工人们所面对的不仅仅是身体上的剥削,还有来自生命上的屠戮,这种剥削远不止物质层面,更是一种对人的生存状态和生命尊严的深刻侵犯,彰显了资本主义生产方式的阶级本质和对劳动者的极端异化。

此外,工人阶级还面临着由于生存环境恶劣而造成极其严峻的心理折磨。首先,"机器大工业"时代下,工人的劳动高度碎片化,变为单一重复的机械操作。这种劳动形态剥夺了工人的创造性,使工作本身变得极端单调乏味,无法体现个人的价值与才能。工人因此深陷精神上的苦闷和自我价值的怀疑之中。加之,工作的简单性导致技能容易被掌握,工人随时面临被替换的风险,这种不稳定性进一步加剧了他们的心理压力。工人的生存状态呈现出一种"没有任何财产除了劳动力"的特点,他们经历着来自同行和机器的双重竞争,导致了他们安全感缺失与对未来的不确定性。

因此,对于工人来说,在基本生活与工作条件方面,迫切需要的是保障最低生存标准的居住环境和劳动条件。这包含了干净的水和食物、新鲜的空气、合适的屋舍作为最基本的生活需求,以及适宜的工作空间、基本的健康和安全保障、合适的工作时长等工作条件。此外，确保有稳定收入以满足最基本的生活需求，也是遏制工人阶级不断扩大的心理压力的关键策略。因而，在心理与尊严层面上，赋予工人基本的尊严和体面至关重要。心理健康不仅关乎个人的福祉，也直接影响社会的稳定与和谐。

总之，我们必须认识到，工业时代工人所面临的劳动环境和心理状态的不断恶化不仅影响工人的个体生活，还会对社会稳定构成潜在威胁。

然而，尽管工人阶级的需求往往被简化为基本的生物需求，在工业社会中这些简单化需求常常被忽视或被视为理所当然。正如马克思所指出的，资本主义社会中富有与贫穷之间存在着直接的联系，奢侈生活和极端贫困是同一枚硬币的两面，"挥霍和节约，奢侈和困苦，富有和贫穷是画等号的"[①]。这种分配不均，造成了资源在社会各阶层间的极端不平衡。

工人的基本需求被忽略，不仅反映在薪资和劳动条件上，更体现在生活质量和心理健康的忽视上。在工业化进程加剧的背景下，工人为了生存而持续承受过度劳动的剥削；这不仅造成了其身体健康的严重损害，更侵蚀了他们的心理健康和社会尊严。长期而言，这种状况易使工人阶级感到绝望，增加了社会不稳定和紧张的风险。因此，尽管工业化带来了物质文明的飞速发展，为资产阶级精致化需要提供机会，但它在满足工人的"粗陋化的需要"方面表现出漠视，可见"这种包容在需要的粗陋野蛮之中的文明"非但没有得到必要的批判，反而被市场逻辑化成了一种牟利工具，这种现象表明工业化社会在伦理与人文关怀方面存在重大缺失。

由此看来，提高工人的生活质量和保障其基本需求，不仅是对工人本身的尊重和保护，同样也是维持社会稳定和谐的必要条件。提升工人阶级的生存条件，应成为整个社会关注的焦点，这是实现社会持续性发展的基础。否则，若持续忽视这部分群体的基本需求，将可能带来长期的社会问题和不稳定因素，最终威胁到社会整体的稳定与发展。

在当代资本主义社会中，自然经常被视为实现经济增长和资本积累的工具。自然逐步被商品化和资本化，在这一过程中自然的固有价值和人类生存的前提被边缘化。马克思关于自然与人类的关系论述，强调了人类对自然的依存性，他指出："人在肉体上只有靠这些自然产品才能生活，不管这些产品

[①] 《1844年经济学哲学手稿》，人民出版社2018年版，第253页。

是以食物、燃料、衣着的形式还是以住房等等的形式表现出来。"① 这意味着自然首先是人类生存的基本条件。然而,在资本主义的生产体系下,自然被转化为商品,其价值被简化为能够带来资本增殖的资源。这种对自然的商业化不仅导致了资源的枯竭,也剥夺了自然生态本身的复原力和可持续性。也就是说,以"斗争方式对待自然",展现了一种对自然界进行过度开发和剥削的态度,这在很大程度上忽视了自然的生产力价值,导致资源过度消耗。进一步地,资本主义对自然资源的开发和使用常常基于短期利益的考虑,忽视了生态系统的健康与人类福祉之间的关系。

因此,自然的异化和过度强调自然的商业价值,是资本主义的必然产物,且对生态环境所造成的破坏是全球性挑战。

一方面,在资本主义体系下,私有制的逐利本质深刻地影响了自然的有机整体性。资本的驱动力是追求最大的经济效益,这导致了自然资源的分割和枯竭。资本通常忽略了生态环境长期的和整体的价值,只关注即刻可获得的经济利益,这不可避免地引发了资源的过度开发和环境的破坏。

具体来说,当自然元素如土地、森林、矿山能够被转化为直接的经济收益时,它们就被视为有价值的资产。相反,那些看似无法直接贡献经济增长的自然元素,如未开发的荒野或沙地,则往往被边缘化或视为无价值的。这种基于经济收益的评价标准,形成了一种对待自然资源的"二分法"策略,一个是有利可图的,另一个则是无足轻重的。此外,在对待自然的关系中,经常采取"斗争"的方式进行,试图征服而非和谐共处,这种对待自然的方式进一步强化了对环境的破坏性影响。因此,资本主义的私有制和逐利性质在无形中瓦解了自然的有机性,将环境问题简约为经济问题,忽视了生态系统内部复杂而微妙的平衡。

另一方面,在资本主义体系中,自然被纳入人的主观评价标准体系中。也就是说,自然的生态价值被压缩成一种与"交换价值"和"人的效用"相关的狭隘形式。这种取向基于商品化的观念,即事物的价值仅在其被交换时显现。因此,自然资源只有在能被资本化或用于人类需求时才被视为"有价值"的,这种观念侵蚀了生态本身固有的价值和功能,导致了生态系统的结构和功能失衡。

---

① 《马克思恩格斯文集》第 1 卷,人民出版社 2009 年版,第 161 页。

自然的物质表象被转化为一种"生产资料",对自然采取粗糙的经验管理,过度的资源开发和采用"斗争"方式开发自然,必然导致生态破坏和资源耗竭。在这一过程中,原本应由自然循环和生态平衡维系的生态系统,被削弱为简单的商业和经济活动工具,自然的多样性和稳定性因此遭受重创。

马克思提倡的是人与自然的和谐共生,强调人类活动应当尊重并适应自然规律,而不是以"人的效用"为核心理念对自然资源进行开发和利用。然而,在现代社会,这种基于交换价值的评价体系还是普遍存在,它不仅限制了自然的多维价值,也忽视了自然环境对人类自身长远利益的重要支持作用。这一评价体系的实质效应,导致了由于过度商业化而逐步脱离本身和人类实际需要的自然开发局面。

(二)构建基于辩证唯物主义的生态文化思想

辩证唯物主义的生态文化思想在现代环境哲学和生态保护的实践中,提供了超越传统的人类中心论的全新思路。马克思明确指出,人类必须与自然和谐共处,才能实现社会的可持续发展。具体地说,辩证唯物主义生态文化思想,摒弃了传统上单一的以人类福祉为中心的开发模式,倡导人与自然的共生关系,这不仅反映了对自然界的内在价值尊重,也体现了对未来世代的责任感。

具体而言,一是辩证唯物主义生态文化思想强调,人类活动与自然环境是一个不可分割的整体,这种观点认为人类社会的发展必须与自然环境的保护同步进行。这与传统人类中心论的观念形成了鲜明对比,后者往往只关注人类短期利益的实现,忽视了自然环境的长期发展和对全局的影响。二是辩证唯物主义的生态文化思想认为,自然不仅仅是人类生产和生活的物质基础,更是全人类共有的丰富遗产。这种观点促使人类在面对生态环境问题时,不应只考虑经济效益的最大化,而应兼顾生态系统的健康和生物多样性的维护。这种转变意味着必须改变应对自然环境的掠夺性态度,向更为尊重自然的方向发展。三是辩证唯物主义的生态文化思想重视社会公正与生态公正的紧密联系。这一观点明确了环境问题的社会性质,指出环境恶化往往与社会不公密切相关,而环境正义的实现是全人类共同的责任。这要求我们在推动经济社会发展的同时,也必须关注弱势群体对健康环境的基本权利,确保不让任何人因为环境恶化而遭受不公。四是辩证唯物主义的生态文化思想提倡的是一种动态的、开放的生态系统观，其核心在于认识到人与自然之间互动关系平衡的重要性。人类不再是自然的征服者，而是生态系统中的一员，必须在认识自然规律的基础上，采取科学的方法合理利用和保护自然资源。可见，辩证唯物主义的生态文化思想逐步摒弃了人类中心论，提出了人与自然和谐共存的新路径，这将为实现全球可持续发展目标提供理论支持和指导实践。

马克思的辩证唯物主义生态文化思想，强调人类社会与自然环境的和谐相处是实现可持续发展的关键。与传统的目的论自然观和机械论自然观相比，这种现代生态观不再将自然视为被动的、仅供人类开发和利用的对象。相反，它促使我们认识到人类与自然之间存在的动态互动关系，强调在对自然的干预中需要遵循"自然规律"，同时反映出生态系统的内在价值。具体而言，这种新的观念移除了目的论所强调的人类中心主义色彩，也不赞同传统机械论那样简单粗暴地将自然界物化处理。它和资本主义下的非理性观念形成了鲜明对比，展示了一种深具现实意义的"辩证唯物主义自然观"，旨在促进人类与自然的平衡发展，体现了对生态和自然的尊重。因此，这种现代的观念既展现了自然与社会互动的深刻性，也为现代生态文明建设提供了理论支撑和实践方向，显示出其深远的理论价值和广泛的社会影响。

具体而言，一方面这种新观念切断了目的论自然观中的人的优先性思想。按照目的论的说法，人类似乎被赋予了某种唯我独尊的地位，而其他一切生物与物质则存在于人的需要之下。然而，新观念认为"人类并非拥有天然的优先性"，所有生物包括人类自己，在大自然的进化过程中，平等地参与与驱动生态平衡进程中的互动模式。另一方面，新的生态观念也放大了传统机械自然观无法解释的现象——生物的相互作用。"人与自然是处于同一个有机体之中"，表明物种并非各自独立存在而是彼此紧密相关的。可见，机械论自然观中的种种断裂和稳定性理论显得尤为过时，因为它无法合理解释环境变化对物种及其生态影响的全貌。相反，新的生态观认为人类的社会活动会直接或间接影响自然界的稳定性，同时自然界的变化又反作用于人类社会，这种双向动态关系的辩证性理解是机械论所缺乏的。这种自然观的转变不仅代表了对过去理论的批判和超越，更指明了未来生态文明发展的方向。通过深化理解"人类和自然间的共生关系"，我们不仅能够更加科学地应对生态环境问题，而且能够在实践中促进持续和谐的自然社会发展模式。

因此，这种新的生态观，也体现了新的辩证唯物主义生态文化思想的逐步形成，它基于一种深刻的理论基础，即"人与自然是统一的有机体"。这种观点破除了过去那种将人类活动与自然环境强行割裂开的传统思维模式。在这种新视野中，"一切僵硬的东西溶解了，一切固定的东西消散了，一切被当做永恒存在的特殊的东西变成了转瞬即逝的东西"。因此，自然不再是一个静态地被征服与利用的对象，而是与人类息息相关并处于持续动态之中的伙伴。

辩证唯物主义生态文化思想支持我们理解自然与人类之间的动态互动关系，并指出这种关系是互利互惠和共同发展的。自然不仅是人类生存的场所，同时人类活动也反过来影响自然的状态，这种状态在循环中不断更新与调整。这样的理解重点突破了以往自然观中的单向利用或控制理论，强调"整个自然界被证明是在永恒的流动和循环中运动着"。

二、构建基于人与自然和谐的生态人

作为生态问题的制造者和解决者，人类必须转变传统的生态观念，成为新型的生态人。在马克思生态文化思想的视域下，生态人的构建既要贯彻合目的性与合规律性的原则，也要致力于推动"人与自然、人与社会"双重和解目标的实现。

一方面，合目的性与合规律性的统一是构建生态人的理论基础。这一原则要求我们在追求经济社会发展的同时，充分考虑自然规律和环境的承载能力。人类活动应当顺应自然规律进程，实现科学发展和可持续利用自然资源，以确保人与自然和谐共生并避免生态系统的不可逆损害。另一方面，实现人与自然、人与社会的双重和解是生态人理想状态的核心内容。人与自然和解要求我们改变掠夺性的自然利用模式，转向一种将人类活动融入自然进程的和谐方式，即"天人合一"的生态理念。人与社会和解则涉及社会制度的环境友好化改造，要求政治、经济、文化等各方面的制度设计都能支持可持续发展和生态保护。马克思的生态文化思想强调，人的自由全面发展是社会主义社会的根本目标，而自然是人的生活基础。因此，构建这种基于新型的人与自然关系的生态人，不仅是解决环境问题的需要，也是实现人的全面发展的必要条件，进而实现长远的生态文明和人类社会的和谐发展。

（一）以合目的性与合规律性相统一为前提

在马克思生态文化思想中，人的发展与人的本质表现紧密相连，并与人们转变客观世界和创造价值的实践活动密不可分。人的本质不仅体现在生物学属性上，更在于其社会属性——人的活动和创造性能力。正如马克思所指出的，人的本质在人的实践活动中得以呈现和展示，因此，实践活动不仅是人类生存的基础，还是人类发展的动力。此外，人类在实践中展示其主体性和创造性价值。通过积极的改造和优化自然环境，人类不仅满足了物质需求，还促进了与自然的和谐共生。再者，现代社会中人类面对自然的态度和实践行动，体现了人所特有的对象性活动。通过各种科技和文明的进步，比如绿色建设和可持续发展战略，人类不断调整对自然的利用方式，力求达成生态与生产的平衡。这种对自然界的积极改造行为，不仅反映了人的需求和欲望，也展现了一种对生物多样性的尊重和对地球未来负责的态度。

在人的实践活动中，"有目的性"在其中扮演了核心角色，即人类行动常常围绕着特定的目标进行，这些目标不仅与人的生存直接相关，更与人类社会的长远利益密切相关。因此，人的实践不仅是对其物质条件的改变，也是对社会关系和社会结构的动态构建，这一过程反映了人发挥主体性和社会实践能力的不断提升。通过这样的实践，人类不断走向自我完善，展现了人的本质力量，以及通过不断实践和改进社会形态的能力，也体现了人类实践具有合目的性的特征。

此外，人类在生产生活实践活动中，也要符合合规律性的原则。所谓合规律性，是指人类在实践活动中，一方面需遵循自然与社会的客观规律，另一方面要实现个体的主体能动性。具体而言，所有的实践活动都必须基于对事物固有本性及其内在规律的尊重与遵循。"合规律性"强调了在任何改变自然或社会状态的行动中，人类的介入都不应违反事物固有的自然规律和社会规律。然而，单纯依靠遵循客观规律并不能完全激发人的主体创造力，而"合目的性"便体现了人的主观能动性在实践中的必要角色。主观能动性不仅促进人认识规律、掌握规律，更通过目的性实际行动使得这些规律在促成人类利益中发挥作用。但必须注意的是，人类在实际行动时，其决策结果受到个体或群体的知识、认知水平和决策能力的限制。过度强调个体主体性而忽视这些不足可能会导致实践的异化。

因此，在合规律性的基础上，渐进式地发挥合目的性是理智的选择。因而，从理论到实践，从个体到国家层面，都要求做到"合目的性与合规律性"的统一，要求我们在尊重与利用自然规律的同时，充分发挥和适度控制人的主观能动性，不断对知识和认知进行更新与调整，以实现人与自然的和谐共生。同时，这也对实践活动中的生态人提出了明确方向。

（二）以"两大和解"为核心

在马克思的生态理论体系中，"生态人"思想强调了人与自然的和谐共生，对人类社会与自然环境的相互依赖给予了哲学理论支持。马克思提出，自然不仅是人类生存的基础，同时也是社会发展的前提。因此，"生态"在此语境下，不限于纯粹的自然生态，涵盖了更为广泛的社会生态，这是"生命的存在状态"的一种广义解释。因此，人的存在和发展不能脱离自然和社会的双重背景。

自由作为人的本质追求，在马克思生态文化思想中占有核心地位。通过实践的过程，人类在努力解放自己，从自然和社会的双重"奴役"中摆脱出来。在这一进程中，人的全面发展成为可能，这既是自由的体现，也是全人类全面发展的保障。马克思认为，只有当人类能够在自然界中找到其适当的位置，实现与自然的和谐共生，才能真正实现自由和解放。

人的自由全面发展经历了从量变到质变的历史演进过程。这一过程包括了人从缺乏主体性的状态，经过对此主体性的过度张扬，最终在共产主义社会的"两大和解"中实现真正的人的主体性。这整个过程展现了人从自然人到社会人的转变，本质上是从人的自然的存在状态向社会存在状态的进化过程。在这一过程中，人类不仅强调了自我主体性的重要性，同时也实现了对自然必然性和社会历史必然性的自由。在资本主义社会生产方式下，人的主体性发挥到极致，却因忽视了"合目的性与合规律性"的统一，导致了自然异化和社会异化的出现，进而导致人的异化状态。这种异化的生命状态使得人只能是片面地、被动地进行发展。然而，如何从资本主义社会向共产主义社会过渡，以及在此过程中如何实现人的自由全面发展，则是长期的历史任务。

可见，"生态人"不仅强调人与自然、社会的和谐关系，而且提示我们如何在不同历史阶段理解和应对人的主体性这一核心议题。在恢复和增强人的主体性的过程中，必须克服资本主义生产方式中的异化问题，重建人与自然以及社会的有机联系。

"生态人"的构建成为每一个历史阶段都不可或缺的必经阶段。该过程固然漫长且充满曲折,但通过深化对自然与社会法则的理解和实践,人类社会终将实现从异化到自由的转变。因此,"生态人"的构建是全面发展人的主体性,实现与自然和社会的和谐共存的历史进程。在这一进程中,需要不断结合理论的洞察与实践的经验,共同推进人的自由和全面发展的历史目标。

三、构建基于人与自然和谐的共产主义社会

在马克思生态文化思想的指引下,构建一个共产主义社会是最终的价值指向,为了实现这一价值目标,生产力和生产关系要进行革命性变革,生产和生活方式也要实现转型。

一方面,在资本主义社会的消费模式下,消费往往呈现出异化的特征——消费不再是为了满足人本身的需要,而是为了消费本身或显示身份,这种方式往往忽视了消费行为对环境的影响。生态消费的核心是消费行为与生态环境的和谐共生。这要求消费者在选择消费商品和服务时,优先考虑那些对环境影响小、可持续的选择。这种转变不仅是消费观念的变革,也是对生产行为的约束,引导生产者向更环保的生产方式转型。另一方面,生产方式必须从线性经济向循环经济转型。线性经济模式,即"取—制—废"模式,这种模式一直是工业化社会的常态,这种模式忽视了自然资源的有限性和生态环境的承载力。相反,循环经济强调在生产过程中实现资源的循环利用最大化和废弃最小化。这需要在生产设计初期就引入环保理念,通过技术创新和制度安排促使生产过程合理使用自然资源。此外,构建生态经济还需要整个社会体系的支持。因而,构建一个以马克思生态文化思想为指导的共产主义社会,需要我们在思想上、制度上、实践上进行一系列深刻的变革。这种变革是全面的,涉及每一个生产和消费的环节,并要求保持经济发展的同时,更加重视生态环境的保护和自然资源的可持续使用。可见,这不仅是社会经济发展模式的转变,更是实现人的全面自由发展和社会全面进步的必要条件。

(一)生活方式的转型:异化消费到生态消费

现代社会中的生态危机与人类的生活方式紧密相连,这主要是由"消费主义"导致的"异化消费"方式盛行所造成的。生活方式作为人类消费物质资料的具体表现形式,是人与自然关系中的一个关键点。消费物质资料的方式,往往决定了他们对自然资源的利用方式,从而直接影响到自然环境的

状态。

对于当前的生态环境危机,到底是由资源的过度开发还是由消费行为的不合理驱动的问题,学界观点各异。但是不容忽视的是,过度的消费行为必然带来资源的过度开发。由此可见从"异化消费"至"生态消费"这一转变的必要性,利用合理的消费方式来减少资源的不当开发,从而降低对自然环境的破坏。总之,人类生存方式与生态系统的健康存在着不可分割的联系。现代生活方式需要通过促进生态理性消费的普及和实践,发挥生态文化价值观念的核心作用,通过这样的生活方式转变,社会才能向着可持续化方向发展,实现人与自然环境的和谐共存。

资本主义生活方式的盛行,是建立在"大量生产—大量消费—大量废弃"的循环之上,这一方式深刻反映了工业文明下物质生产的显著提升对社会生活模式的影响。在科技迅猛发展和生产力激增的背景下,物质丰富和经济繁荣似乎为人们带来了前所未有的富足,但这种看似光鲜的生活方式背后,却隐藏着资源过度消耗和生态环境破坏的严重问题。特别是奢侈消费、时尚消费、面子消费等消费异化现象的流行,增强了社会对自然资源的掠夺性开发,加剧了生态系统的负担,进而威胁到了生态安全和可持续发展的可能性。不节制的自然资源开发与不可再生资源的枯竭表明,当前普遍的消费导向的生活模式与构建生态文化社会的目标背道而驰。

在马克思的视域下,现代生活方式的批判聚焦于其对自然资源的过度消费和对生态环境的破坏性影响。这种生活方式显著表现在两个层面:资源的无节制消耗及环境的严重污染。"三废"(废水、废气、废渣)的无控制排放,表明了工业化社会在追求经济增长中对环境保护的极大忽视。这不仅导致了资源的快速枯竭,还衍生了包括水土污染、大气污染在内的多重环境问题,严重威胁了地球上多种生物的生存环境。

仔细研究发现,贪婪的消费观念与生态系统的退化直接相关。当前社会中,物质消费的加速与"大量生产—大量消费—大量废弃"的恶性循环不断强化。在这种消费模式驱动下,自然资源被视为取之不尽的供应库,从而加剧了对这些资源的掠夺,进一步削弱了地球的自我恢复能力。此外,高速的经济发展模式要求持续的资源投入,这种对资源无度的索求与开发,破坏了生态的平衡,引发了包括气候变化、生物多样性减少等全球性环境问题,这些环境问题反过来限制了社会进一步的可持续发展。

在面对这一系列生态问题时，生活方式中的"无度的消费"及其对自然资源和环境的负面影响理应受到深刻批判。马克思认为，现代社会的消费模式频繁超越了自然界的资源与环境承载力，这种无节制的消费行为不仅导致了生态赤字，还可能触发不可逆转的生态灾难。这种消费模式的背后，是对"商品的魅力"和社会地位象征的过度追求，而非基于实际需要。马克思特别批判现代消费主义中的"虚假需要"和"异化消费"现象。马克思关于异化消费的理论指的是，消费行为不再是为了满足基本生存或合理的生活需求，而是转变为一种显示个人身份和社会地位的手段。这种消费行为往往被商业广告和市场营销所操纵，导致人们对于消费商品的需求超越了其原有的实际用途，进而加剧了对自然资源的过度开采和消耗。此外，"异化消费"在削弱人的自我实现和自然本性的同时，也强化了资本对生产力的控制。马克思强调，人与自然应当是和谐共生的关系，而现代消费文化则是以牺牲自然为代价，屈服于无止境的物质追求下，最终导致人的精神世界和自然生态的双重贫困。

在当前全球化和消费主义高度发达的社会背景下，生活方式的选择已影响到社会结构的每个层面，尤其是影响到环境资源的可持续性。过度的物质消费不仅耗费自然资源，还加剧生态退化，威胁人类的长期福祉。因此，从"异化消费"的生活方式向"生态消费"的生活方式的转型显得尤为重要。

马克思曾经警告说，过度的资本主导会导致消费的异化，这不仅仅是生产力的剥夺，更是文化和道德价值的丧失。而"生产到生活到社会关系的全面转型"是摆脱物质主义消费牢笼的初步尝试。通过反对"高消费、过量消费、奢侈消费、超前消费等种种异化消费"，并重视消费过程和结果对自然和社会关系的影响，倡导"人—自然—社会"的和谐共处，可以实现真正的社会进步和环境保护的双赢局面。

实质上，生活方式的生态化转型，是对现代社会导向的深刻批判和必要调整。它鼓励采取更为科学、合理的生活消费模式，这不仅仅对应个体的健康，更关乎整个社会的可持续发展和生态系统的稳定。这种转变促使人们重新评估与自然和谐相处的价值，并在消费行为中体现出对环境保护的责任感。

因此，实现从异化消费的生活方式向生态消费的生活方式转型，既是应对环境危机的战略选择，也是提升生活质量的必然趋势。通过修正消费模式，不仅可以减少对自然资源的过度开发和消耗，还可以激发社会对健康、科学和可持续生活方式的广泛认同与践行，进一步推动生态文明的构建与发展。

换言之，"生态消费"已成为维护生态平衡及可持续发展的重要消费模式。不同于"异化消费"的短视和无度，"生态消费"强调在满足人类需求的同时，要确保消费过程和结构不超过生态环境可持续的边界。具体来说，"生态消费"提出了一种生活方式的生态化标准，这一标准目的是实现人类活动与环境承载力的和谐共处。

"生态消费"在实现方式上，要求明确考虑到自然资源的有限性和经济、技术条件的客观限制。消费者的选择应当在不破坏生态平衡的前提下进行，必须管控自身的需求，避免对自然资源的超额开采。这包括优先选择可再生或可循环利用的资源，以及支持低碳技术和产品，以此减少对生态环境的负面影响。

此外，"生态消费"也要求从个体消费行为转变为社会共识，通过教育和政策引导，使消费者自觉行动起来，实现消费行为的绿色转型。这种转型不仅仅是生产方式的改革，更是消费观念的深刻变革，促进了一种新的消费文化的形成与发展。

因此，"生态消费"的最终目标是确保人类活动不超过"生态系统的自我修复和更新能力"。它既是对当前消费模式的一种反思，也是对未来生活方式可持续性的一种期许，这对于推动全球可持续发展具有深远的意义。

生态生活方式之转型不代表简单的消费抑制或禁欲主义的推广，而是要求人们以提升生活质量为中心，实践适度消费的原则。这种生活方式鼓励的是在满足基本生活需求的前提下，摒弃因走向过度消费而导致的奢华和浪费行为。"绿色消费"应当被视为一种反对"异化消费"的具体实践，通过把自身的物质消费需求限制在自然生态环境的承载能力之中，促使人和自然之间重新找到平衡点。现代生活方式的生态转型核心在于离弃那些粗放无序、忽视长期生态后果的消费模式，如破坏性开发与过度消费所带来的环境负担，而代以可持续和生态友好的替代方案。

（二）生产方式的转型：线性经济到循环经济

在马克思的视域下，生产方式不仅是关于物质资料的谋生方式，更是人与自然、人与人之间关系的体现。工业革命以来，资本主义"生产方式"强调以人的利益为核心，采取人类中心主义的思维模式，倾向于开发自然资源以满足无限的物质需求。这种思维模式忽略了自然的固有价值，往往导致资源过度消耗与环境退化的严重后果。

资本主义的生产方式经常表现为线性经济模型，即"取—用—处"模式，这种模式未能循环利用资源，造成了大量资源及能源的浪费和环境损害。相反，"生态生产方式"采用高科技手段实施资源节约和环境保护，推崇非线性和循环经济模型。这种模式强调将废弃物转换为新的资源输入，实现生产系统内部的物质循环和能量闭环，旨在构建人与自然和谐共生的关系。

变革现代生产方式，不仅是技术和管理层面的转换，更是价值观和思维方式的深刻变革。这需要社会各界特别是决策者深化生态文明理念，推动经济社会发展模式向更加可持续和生态友好的方向转变。此种转型符合人类长远利益，有助于缓解和逆转当前生态危机，建设美好的未来。因此，生态生产方式不仅在理论上是必要的，更在实践中显示了其紧迫性和有效性。

因此，从资本主义生产方式向生态生产方式的转型，是实现社会持续发展、保护自然环境与构建人与自然和谐关系的必要途径。这种转变涉及生产力与生产关系的根本重建，并且是人类适应和改造自然的高级阶段。正如马克思所强调的，与自然的关系是整个社会关系的基本决定方向，人类未来社会的可持续发展依赖于对这种关系的重新定义与构建。

基于此，理应构建愈合人与自然之间物质能量变换裂缝的循环经济模式。

循环经济是指在生产、流通和消费等过程中进行的减量化、再利用、资源化活动的总称，是一种新的经济发展方式，这一思想在马克思的著作中最初出现在《资本论》中。

马克思指出，资本主义生产方式对自然造成的负面影响，大大阻碍了人与自然之间的"物质循环过程"，产生了不可忽视的裂缝。要想弥合这种裂缝，首先需改变这一生产方式的核心逻辑，即从以资本积累为中心转向以人的全面发展和自然和谐为核心的生产方式。这一转变不仅是经济结构和生产方式的转换，更是一种文化和思想上的深刻革命，是对人类生产生活方式全面革新的要求。

具体而言，马克思在《资本论》中，透彻地分析了资本主义生产方式下的资源利用和环境问题，并阐述了一系列旨在节约不变资本（即生产条件），通过减少生产排泄物、节约原材料使用、废物利用、减少污染以及推行清洁生产等方法来提高生产效率的思想。马克思的这些理论，在现代看来，可以视为循环经济理念的雏形。特别是他关于减少生产过程中废物的产生并充分利用这些废物的思想，与当代"减量化、再利用、资源化"的循环经济原则不谋而合。依据马克思的理念，可以认为他无意中预见到了循环经济的概念，即通过有效的资源管理和废物利用，实现经济活动和生态环境之间的可持续发展。

此外，马克思还在《资本论》中对提高工业生产利润的途径进行了探讨，尤其强调了通过"废料利用"和"废料减少"来节约不变资本的重要性。这些措施不仅优化了生产过程，还预示着循环经济的雏形，透露出环境与经济之间相辅相成的关系。马克思提到："我们所说的生产排泄物，是指工业和农业的废料；消费排泄物则部分地指人的自然的新陈代谢所产生的排泄物，部分地指消费品消费以后残留下来的东西。"① 这表明了工业生产与人类消费活动均产生了影响生态环境的物质流，而这些物质的有效管理与回收利用是实现生态与经济可持续性的关键。此外，将消费排泄物返还给自然，尤其是土壤，不仅可以改善土壤质量、提高农业产量，还有助于减轻环境污染压力，从而促进生态系统的可持续发展。这种循环利用的观念加深了我们对自然资本的理解和利用方式，展现了人与自然之间物质循环与能量流动的不可或缺的相互依存关系。

而且马克思所强调的废料再利用概念，对于应对资源短缺具有重要意义。以亚麻生产为例，传统采用"水力推动"的机器确实促进了生产效率，但同时也导致了大量的废料产生。对此，马克思批判那些因担忧废料处理问题而不愿意种植亚麻的农场主，强调废料本身也"有其他的利用价值"，并建议通过采用更新的技术手段来促进废料的再利用。在马克思看来，废料再利用不仅是生产过程中的一个经济问题，更是一个生态与社会问题。通过发掘亚麻的其他价值和改进生产工艺，可以显著地提升资源的利用效率，减少生态环境的压力。

从马克思关于"废料再利用"的相关论述中发现，他比较关注"生产排泄物"的处理和再利用。马克思强调，通过技术创新和发展来有效地利用这些所谓的废物，不仅可以提高生产效率，也是增加资本的有效途径。正如新的生产技术所证明的，这些生产排泄物实际上是具有再利用价值的资源。在

---

① 《马克思恩格斯文集》第7卷，人民出版社2009年版，第115页。

这方面，可以看出马克思对循环经济核心原则的直观理解和预见，即资源的维持和循环利用对于经济与生态的双重益处是不可忽视的。

马克思提出的区分对待生产排泄物的方法，尤为引人注目。他认为，"应该把这种通过生产排泄物的再利用而造成的节约和由于废料的减少而造成的节约区别开来"，后者强调的是"把生产排泄物减少到最低限度和把一切进入生产中去的原料和辅助材料的直接利用提到最高限度"。① 这种区分揭示了循环经济中减量化战略的根本，即通过优化生产流程和创新工艺来最小化产生废弃物，同时将资源的利用效率最大化。

可见，在马克思的生产理论中，减少废料和提高资源利用率是实现生态文明和可持续发展的关键所在。马克思指出："废料的减少，部分地要取决于所使用的机器的质量。机器零件加工得越精确，抛光越好，机油、肥皂等物就越节省。这是就辅助材料而言的……究竟有多大一部分原料变为废料，这取决于所使用的机器和工具的质量。最后，这还取决于原料本身的质量。而原料的质量又部分地取决于生产原料的采掘工业和农业的发展（即本来意义上的文化的进步），部分地取决于原料在进入制造厂以前所经历的过程的发达程度。"② 从这段话中，我们发现透过技术进步以减少生产排泄物、提高资源利用率，不仅是技术和经济领域的问题，更是一个广泛的社会、经济和环境的问题。

在当前的生态文明建设背景下，实现资源的高效利用和废弃物的最小化，对于建设低碳、循环和绿色的生产和生活方式具有重要意义。高质量的机器不仅能够减少废料，提高生产效率，而且有助于减少能源消耗和污染排放，才符合现代生态文明建设的需求。据此，我们必须从根本上提升机械设备的制造质量，优化生产工艺，实现生产过程中原料的最大化利用。

此外，原料质量的优化也是减少废料的关键环节。从采掘到加工各环节，应科学有效管理，提升原料利用效率。这需要跨领域的技术创新和管理升级。例如，使用更精确的采掘技术和更高效的原料处理工艺，都是提升原料质量进而推动生态文明进程的有效手段。在这种模式下，每一环节的微小进步都对减少整个生产过程的排泄物有着直接而显著的影响。

---

① 《马克思恩格斯文集》第7卷，人民出版社2009年版，第117页。
② 《马克思恩格斯文集》第7卷，人民出版社2009年版，第117-118页。

总之，通过技术进步和产业升级减少废料的生产不仅有助于资源的节约和环境保护，还能通过提高资源的直接利用率，带来更大的经济效益和社会价值，这为我们实现绿色发展和生态文明建设提供了坚实基础。

而且虽然马克思并没有在他的著作中直接使用"清洁生产"的现代术语，但通过他对工业化社会生产条件的阐述可以看出，他对于生产过程中环境和生产方式的洁净性持有清晰的见解。马克思强调生产方式对环境和劳工健康的重要影响，表明了他理解清洁生产内涵的重要性。

马克思通过描述工业生产对工人身心健康的影响，论述了非清洁生产的负面影响，揭示了一种对环境和人的全面考量的需求。他详细描绘了工人面临的高温、粉尘、噪音等恶劣的工作环境，显示了生产过程中环保和健康安全的重要性。这种描绘不仅反映了马克思对工人生存状态的关怀，也暗示了一种生态式生产理念，即生产活动应在不损害自然资源和人体健康的前提下进行。从一定意义上，马克思的思想预见了后来"清洁生产"的概念，这一概念主张在生产源头减少废弃物与污染，改变传统的以牺牲环境和人的健康为代价的生产模式。马克思关于工厂劳动条件的论述可以被视为对未来清洁生产理念的早期铺垫。

在马克思的理论体系中，为工人提供"安全健康的生产环境"是极为重要的。他们提出，生产过程需要实现"清洁生产"，通过采用先进的"污染控制技术"和"废物处理技术"，从源头上遏制污染的发生。这种方法不仅能够"最大限度地减少对环境的污染"，而且对于保护工人免受身体和心理伤害也是至关重要的。通过这种深入的生产方式改革，马克思和恩格斯展示了他们对工人福祉以及环境保护的深刻关怀。

综上，现代循环经济的核心理念与马克思的思想高度一致，特别在"资源再利用""废物减量化"和"清洁生产"的核心内容上。这种经济模式强调在生产过程中尽量减少资源的输入，最大化资源的循环利用，同时减少生产过程中对环境的污染。

因此，构建以马克思生态文化思想为基本遵循的共产主义社会，不仅是对马克思主义理论的当代诠释和发展，也是对社会生产与生活方式全面转型的实践探索。在这一过程中，生活和生产方式的转型，从异化消费到生态消费，以及从线性经济到循环经济的转变，是实现共产主义社会的关键环节。

一方面，理解生活方式从异化消费到生态消费的转型，需从马克思生态文化思想的深刻内涵着手。马克思强调,消费不仅是物质产品的简单使用,而且是人的自由实践活动,应当反映出人的自然和社会属性的统一。在此基础上,异化消费表现为消费主义和过度消费的文化现象,损害了环境并且与人的本质相背离。转向生态消费意味着必须重构消费观念和行为模式,倡导可持续的消费方式,通过消费行为体现出对自然的敬畏和保护,这一转变是共产主义社会生态文明建设不可或缺的部分。

另一方面,生产方式的转型则体现在由线性经济到循环经济的根本转变上。线性经济的"取－制－废"模式已经无法满足可持续发展的需求,而循环经济则强调在生产过程中实现资源的高效循环使用。马克思在其著作中就已经有所预示,认为生产过程中应最大限度地利用和重复利用资源,以减少对自然资源的消耗和环境的破坏。循环经济不只是一种经济模式,更是基于马克思生态文化思想建设生态文明社会的生产方式的内在要求,它要求在整个生产和消费过程中实现低碳化、资源化以及无害化,从而构建一个资源和能源循环利用的闭环体系。

第五章

马克思生态文化思想在当代西方的传承与发展

马克思生态文化思想深刻洞察人与自然、人与人之间的关系，这些理论为理解和应对人类社会面临的生态问题提供了坚实的理论基础。马克思生态文化思想所蕴含的对于生态问题的前瞻性认知已经远远超越了时代局限，启发了后人解决生态危机的思路。正如萨特所言，马克思主义是不可超越的哲学。萨特对马克思主义的这一基本认识，贯穿于西方几乎所有马克思主义者的著作中。在西方学术界中，众多学派致力于对马克思生态文化思想的研究，并取得了显著的成果，由于本书篇幅所限，只能选取其中具有典型代表性的流派进行研究。

第一节
生态学马克思主义生态文化思想

一、生态学马克思主义生态文化思想的理论核心

（一）资本主义社会面临经济与生态的双重危机

在生态学马克思主义学者们的理论成果中，"奥康纳的双重危机理论"展现了对传统马克思生态理论的独到见解。双重危机理论指出，在资本主义社会不仅产生经济危机，同时还伴随着生态危机，两者相辅相成、相互影响。奥康纳的见解为我们提供了一个理解资本主义生态危机本质的新视角，并强调生态恶化与社会制度的内在联系。

此外，双重危机理论不仅仅是对经济危机和生态问题的描述，更重要的是它提出了资本主义的生态困境，即资本不断追求增殖和扩张，必然导致对自然资源的过度开发和生态环境的破坏。奥康纳不仅阐释了资本主义下的生态与经济的危机，更指明了解决危机的方向，即调整生产方式和生活方式，以实现人与自然的和谐关系。这样的理论探索为我们理解及应对全球生态危机提供了宝贵的学理支持和行动指南。

奥康纳经历了 20 世纪 80 年代和 90 年代，由资本主义经济滞胀期所带来的复杂影响，因此形成了对资本主义危机的深层理解。在对资本主义危机的

第五章 马克思生态文化思想在当代西方的传承与发展

分析中,奥康纳提出了独具洞见的双重危机理论,他认为资本主义不仅面临经济危机,还同时面对生态危机。这种看法标志着从传统单一经济危机理论向更加复杂的生态经济双重危机维度的转变。与传统观点中经济或生态问题的单一解释不同,奥康纳强调两者的互相交织性和共同根源问题。

奥康纳反对将生态危机简单视为次要或衍生的危机,而是将其放在与经济危机同等重要的位置。他的分析不再局限于马克思早期关于异化的论述,而是以历史唯物主义为基础,从资本主义生产方式本身寻找生态失衡和经济失调的根本原因。双重危机论不仅提供了对资本主义固有矛盾的更全面理解,也为解决这些危机提供了理论上的支持。通过这种方式,奥康纳实际上拓宽了对资本主义危机的分析范围,使之不仅局限于经济领域,也深刻触及了生态领域。

此外,在重新构建马克思唯物主义的过程中,奥康纳的理论具有深刻的革新意义。他认为,现有的马克思主义历史唯物主义框架对生产力和生产关系的解释过于狭隘,未能充分融入文化和自然这两个关键维度。尤其是在生态文明面临严峻挑战和文化多样性的影响愈发凸显的背景下,对文化和自然的两大维度的考虑显得尤为迫切。

质言之,奥康纳批判传统历史唯物主义中生产力的解释,仅限于技术与自然的互动关系,而忽略了自然环境的内在价值和生态系统的稳定性。同样,传统模式中的生产关系也偏重于财产形式和社会产品的占有方式,却未涉及自然系统的可持续性和文化实践的传承性。"在马克思关于资本主义的积累、竞争、经济危机、资本的集中与垄断以及其他一些问题的理论阐述中,自然界(自然系统)内部的生态与物质联系以及它们对劳动过程中的协作方式所产生的影响,虽不能说被完全忽略了,但也确定被相对地轻视了。"[1] 正是基于此,他提出需要将文化与自然纳入生产力和生产关系的解释框架。奥康纳主张在马克思的基础上,融合生态和文化视角,重构生产力和生产关系的理论,进而形成更全面的唯物主义理论系统。这种系统不仅要涵盖物质生产层面,也要包括文化传承与生态系统的保护层面。

此外,通过拓宽生产力和生产关系的定义外延,奥康纳的理论为我们理

---

[1] [美]詹姆斯·奥康纳:《自然的理由——生态学马克思主义研究》,唐正东、臧佩洪译,南京大学出版社2003年版,第73页。

解和解决资本主义中所出现的双重危机提供了新视角。在此基础上，他的理论为生态文明的构建及可持续发展目标提供了更为坚实的理论支撑，并为当代社会的各种生态文化问题提供了解决方案。

面对现代资本主义社会中生态危机的形成与加剧问题，可以从奥康纳的观点来具体分析。他提出资本主义生态危机主要体现在两个维度。一是由于资本主义的积累逻辑导致的生态危机。资本主义积累的本质在于通过不断提高生产率，促使更多的自然资源转化为资本增殖的工具。同时资本主义积累的不竭动力在于追求利润最大化，因此这种过程不仅加剧了对自然资源的掠夺，也使得生态环境遭到持续的破坏。二是资本主义经济危机本身也带来生态危机。在资本主义周期性的经济危机中，为了摆脱经济下滑，往往会采取更加激进的消耗自然资源和环境破坏活动来降低成本和复苏经济，这种方式虽然在短期内可能恢复一部分经济活动，但长远看加剧了生态的负担。"经济危机引起的生态危机"显示了资本主义系统在遇到生产过剩或消费不足时如何牺牲环境来实现经济利益的再平衡。这两种危机虽然在性质和表现上有所不同，但却是相辅相成，共同构成了资本主义生态问题的双重维度。它们都来源于资本主义体系内在的生产与消费逻辑——无限制的资源开发和追求经济效益，导致了生态系统的连锁反应进而达到崩溃结果。重要的是，这种结合是充满矛盾和冲突的，不同的资本主义阶段和不同的经济政策可能会加剧其中的某一方面，同时抑制另一方面。这种"不平衡"的结合方式反映了资本主义生态与经济问题的本质——既相互依赖又彼此冲突。

总之，资本主义生态危机的双重维度揭示了其生产与消费逻辑对生态环境造成的深远影响。

在马克思主义经济理论中，"第Ⅰ部类投资"指向了生产资料的生产，其生产扩张直接影响整体社会的资本积累和经济增长速度。在自然资源价格较高的情境中，资本主义企业通常会寻求技术进步以降低对昂贵原材料的依赖，转而投资于提高资源使用效率和节约型技术。这种"成本降低"策略不仅能减少资源消耗，也有助于维持或提高企业的利润率。然而，无论自然资源的价格高低，资本积累的核心目的在于扩张"第Ⅰ部类投资"，从而促进生产能力和生产率的增长。高额的第Ⅰ部类投资通常带来生产效率的提升和经济速度的增长，但这同时也会导致自然资源的大量消耗和环境污染的加剧。因此，过度的资源消耗与生态破坏则是资本积累的必然后果。

在资本主义经济体系中,第Ⅰ部类资本的投资和扩张无疑推动了工业化和现代化的迅猛发展,但其生态后果同样不容忽视。以美国1987—1988年间的能源消耗和有害物排放为例,石油冶炼、煤产品、化学产品、原生金属以及纸张和纸浆产品等行业,在所有行业中的能源消耗和有害物排放比例高达"78%和88%",这一数据显著反映出第Ⅰ部类资本投资在制造业中的集中程度以及对环境的潜在负面影响。

这些行业的扩张不仅导致了资源的大量消耗,也使得生态环境承受了极大的压力。资源在被经济活动不断消耗的同时,生产资料的需求持续升高,当资源消耗速度难以为继续维持生态平衡提供保障的时候,尤其是在不加限制的经济扩张下,环境问题往往被置于次要地位,自然生态环境的质量因此不断下降。

资本主义体制与其内在的生态危机和经济危机息息相关。根据"资本生产能力的增长速度要快于对商品有效需求的增长速度",可以解释经济危机出现的缘由。资本主义生产过剩中断了资本的流通,从而阻碍了资本的积累,并触发了系统性的经济危机。此类危机在资本主义体系中不仅是必然的,而且是周期性的。

资本主义社会中,生态问题的恶化与经济周期有着紧密的关联。当企业为了在经济危机后恢复竞争力,选择"加大对新技术、新产品的研发力度"时,往往忽视了这些活动对生态环境的长远影响,导致自然资源的持续过度开采和生态退化。与此同时,由于需要压低成本,大量雇佣劳动者由于经济危机被解雇,降低了整个社会的消费能力,进一步加剧了商品的过剩和经济的循环衰退。资本主义通过经济危机得以重组和新生,这一过程中对资源的过度开发和对环境造成的长期损害,最终会导致生态危机的爆发。这种连锁反应揭示了资本主义经济增长与生态破坏之间的内在联系,反映了一种必须寻求平衡的矛盾状态——经济增长的代价往往是自然生态的可持续性。

综上所述,资本主义既是一个充满危机的制度也是一个依赖危机的制度,这揭示了它在推动社会生产力发展的同时,也在深化生态与环境的危机。

在资本主义体制下,经济危机通常与过度竞争、效率至上和极端的成本削减紧密相关,这些因素不可避免地加剧了环境污染和生态问题。特别是在经济危机中,为了维持市场竞争力,企业往往采用低成本且可能被禁止的有害技术，加快开发新的有害技术以降低生产成本。这种行为不仅造成了严重的环境破坏，还降低了可持续发展的可能性。

此外，生态危机与经济危机之间的相互影响也是不可忽视的。奥康纳指出，"生态危机有可能引发经济危机"，他以"石油危机"为例，分析了规范化的市场力量和资源短缺如何通过增加成本和降低盈利空间来加剧经济波动。这反映了市场在面对生态挑战时的脆弱性和不稳定性。

由生态危机导致的环境运动以及其他社会运动还会成为加重经济危机的重要因素，其中的逻辑在于这些运动能够改变市场动态和消费者行为，进而影响公司的利润模式和业务持续性。环境政策如果与市场结构和产业布局没有有效对接，可能导致政策落地时效率低下，不仅没能解决根本的生态问题，还可能因此陷入经济效益下滑的恶性循环中。这些环境政策在进行设计时必须结合具体的产业特点和经济条件，否则总体上没有涉及生产条件和具体层面上没有涉及生态学的经济政策，都有可能失败，更有甚者会加剧环境的恶化。

因此，政策制定者需要从系统的角度出发，不仅仅关注环境保护的直接效果，更应考虑其对经济系统的长远影响。通过这种整合视角的政策设计，可以使环境和经济目标达成更有效的同步推进，从而兼顾生态保护和经济稳定发展的双重需求，减轻环境政策可能带来的负面经济影响。

综上，奥康纳的观点深刻地揭示了资本主义体制下的"双重矛盾"及其对生态环境可持续发展的根本影响。在他的理论框架中，资本主义首要的矛盾体现在生产力的过剩和消费需求的相对萎缩之间。这种矛盾导致资本主义生产方式面临持续的挑战，即生产过剩危机频发，其结果不仅仅是经济的停滞，更关键的是对自然资源的过度消耗和加剧环境破坏问题。另外一层矛盾则体现在成本危机上。随着资源的枯竭与环境的退化，生产的边际成本逐渐增加，而资本的无限追求效益的本质使得这些长期的生态成本没有被充分计算进去。因此，资本主义的生态危机具有一种必然性，表现为对生态环境的不可持续利用。这种双重矛盾的作用机制最终导致了资本主义生态危机的必然爆发。

因此，奥康纳的理论揭示了资本主义系统内在的矛盾与生态危机的内在联系，资本主义的发展逻辑中承载着其自身的破坏性力量，从生态和经济的层面展现出显而易见的危机。在资本积累的过程中，对自然资源的掠夺性使用和过度依赖由此推动了生态环境的恶化,这在本质上构成了资本主义系统的"双重矛盾"——不仅推动了生产力的发展,同时也伤害了自身的生产条件。这种对资本增殖和资源消耗的依赖形式,导致了环境退化与自然资源的减少。

具体来说,"资本在损害或破坏其自身的生产条件的时候,便会走向自我否定"[1]。这表明资本积累不仅仅是经济行为的量的增加,更是质的削弱,特别是对生态系统的破坏性影响。此外,稀缺资源、城市空间、健康及训练有素的劳动力等要素成为生产过程中的外部性障碍,这些障碍增加了生产成本,对企业利润率造成威胁,进而也加剧了资本的经济危机。

(二)生态学马克思主义消解生态危机的路径

生态学马克思主义主张通过改造文化价值观来解决生态危机。这种变革突出表现在改造消费和科技的文化价值观。在消费领域,生态学马克思主义强调消费行为应当控制在资源环境承载力的范围之内,使之与生态系统和谐共生,避免生态赤字和不可逆转的生态灾难。在科技方面,生态学马克思主义认为科技发展不应仅追求经济效益,而应强调科技进步与生态环境保护的并重,科技革新应支持可持续发展,促进人与自然和谐相处。这种对生态文化价值观的重塑,是实现生态文明的关键途径。

生态学马克思主义深刻批判了资本主义框架下的消费主义价值观。资本主义社会将消费活动推崇为实现美好生活的核心手段,这种观念不仅是资本积累的催化剂,也深深根植于人们的日常生活之中。在此理念下,人们被鼓励不断追求物质消费,并认为物质消费水平的高低是生活质量的主要体现。然而,这种无休止的消费导致了严重的资源过度开采和生态环境的破坏,违背了尊重自然、顺应自然、保护自然的生态平衡原则。

生态学马克思主义认为,应当重新审视并构建当代的消费文化观念,倡导一种以尊重人与自然和谐关系为核心的新消费价值观。这种价值观强调在不破坏生态环境承载力的前提下实现人的需求,提倡把人类的活动控制在资源环境承载力的范围之内,以确保人与自然的和谐共生。通过这种方式,不仅可以有效遏制目前消费主义对环境的不良影响,更能促进社会实现真正意

---

[1] [美]詹姆斯·奥康纳:《自然的理由——生态学马克思主义研究》,唐正东、臧佩洪译,南京大学出版社 2003 年版,第 294 页。

义上的可持续发展。这一转变是建设生态文明和实现现代化的内在要求。

在当前的环境危机中，消费主义价值观对自然的占有和支配欲望的强化起到了不容忽视的作用。马尔库塞关于"虚假需求"的批判深刻揭示了现代社会中需求、商品、消费和幸福之间关系的颠倒，这种颠倒不仅加剧了经济的内在危机，还深化了人与自然的对立状态。正如马尔库塞所论述，消费主义文化在资本主义社会中被广泛推崇，是因为它符合资本增殖的需要，同时将消费与个人成功和满足感捆绑，强化了人们对商品的依赖。

消费主义不只是一种经济行为，更是一种文化和社会心态，它将商品消费视为实现个人价值和社会地位的主要方式。这种观念导致了人对自然资源的无限索求和掠夺，因为在这种价值观下，自然资源仅仅被视为实现个人消费需求的工具。由于消费活动的扩张，生态系统遭受了前所未有的压力，不仅资源被过度消耗，生物多样性也受到威胁，同时环境污染也日益严重。

此外，消费主义文化观念还强化了个体对物质需求的焦虑与追求，这种心态直接反映在对自然的态度上——不是合作与共生，而是控制与征服。这种对自然的激进态度导致了人与自然的冲突，使得人类与自然的和谐共生关系被破坏。由于消费主义推崇的生活方式的普及，人们趋向于在劳动之外寻求自由和幸福，这进一步使得劳动本身被贬值，工作被视为令人厌恶的生活方式，而非自我实现的途径。加之私有制下劳动的异化，进而加剧了人们对消费活动的依赖，因此导致对消费活动的狂热，必然导致自然资源的过度开发。

在资本主义框架下，生产与消费的紧密相连直接导致了自然环境被简化为满足人类私欲的工具。这种观点反映了一种对自然资源的掠夺性态度，其本质是将自然视为无限供给的仓库。正因如此，在全球市场经济中，为了达到更高的生产效率和满足其消费需求，不断推动着对自然的无节制开发，加剧了生态环境的崩溃及其随之而来的一系列生态问题。

从理论上来说，征服自然的行动打着满足人类需要的旗号而被合理化。这不仅说明了资本主义如何将环境问题市场化，还突出了环境保护在当前经济模式下被边缘化的困境。作为资本主义体系内的一部分，这种以消费为导向的逻辑不仅在本国引发了生态危机，还推动了全球化进程中的生态问题，这种消费的形式作为资本主义生产体系的一部分促使资本主义在国际市场进行扩张。因此，资本的全球流通不仅深化了地区间的经济依赖，也促进了生态破坏的全球化。

生态学马克思主义深刻理解科技在社会发展中的重要性，并反对科技发展与应用的社会中性论。正如生态学马克思主义所认为的，科学技术是客观的，对科学技术应用的评价绝不能脱离特定的社会制度和生产方式，此观点凸显了科技是深深植根于特定的社会生产方式之中。在资本主义生产方式下，技术的应用往往不是为了人类和自然的和谐共生，而是为了最大化利润，从而加剧了人与自然的矛盾，即资本主义生产方式下的技术使用必然造成人和自然关系的紧张。

生态学马克思主义进一步批判资本主义对科技的利用方式，并认为这种方式在根本上促进了对自然的掠夺和破坏。技术在资本主义社会中被看作是推动生产力发展和市场扩张的工具，而忽视了其对环境的长远影响，导致了严重的生态危机。因此，应当在社会主义制度下重新界定真正的科技进步，科技进步的目的应当是服务于人民的需求和自然的可持续性。生态学马克思主义主张通过对生产方式和社会制度的变革，重新构建人与自然的和谐关系，从而在全球范围内推动生态平衡的实现。

在探讨"深绿"思潮与生态学马克思主义对于技术、经济增长与生态危机关系的看法时，我们可以发现两者在理论根基和方法论上的显著差异。西方的"深绿"思潮强调对现有技术应用和经济增长模式全面否定，认为这些是导致生态灾难的核心因素。"深绿"倡导者认为，为了解决生态危机，应逐步淘汰对技术的依赖，实现生产和生活方式的根本变革。

相较之下，生态学马克思主义采取了一种更为深刻的批判立场，他们认为单一的技术批判不足以解决根本问题。技术本身并非生态危机的根源，而是资本主义生产关系中对技术的特定运用方式导致了生态破坏。因此，他们主张变革资本主义生产方式和社会制度，促使技术创新朝有利于生态保护的方向发展。通过这种变革，技术应用能被重新定位，成为实现可持续发展的工具，而非生态危机的推手。生态学马克思主义鼓励技术变革的思想，与"浅绿"思潮具有异曲同工之处，但是生态学马克思主义超越了"浅绿"思潮为资本主义辩护的立场，强调在变革资本主义制度和生产方式的基础上，将技术朝着生态文明方向变革。

总的来说，生态学马克思主义与"深绿"思潮在对待技术和经济增长的问题上表现出了根本的不同。前者认为在资本主义制度的框架下改变生产关系和生产方式,是实现技术应用正义和生态保护的关键,而后者倾向于从更彻底的生活方式和技术应用的改革来解决生态问题。

在现代社会中,技术的发展和应用问题越来越被放在对生态环境的影响考虑之中。在"小规模技术"和"中间技术",以及"好技术"与"坏技术"的划分中,我们能够捕捉到本·阿格尔与奥康纳对于技术如何服务于环境保护的截然不同的观点。本·阿格尔提倡的"小规模技术"和"中间技术",其核心理念在于这类技术既具备较低的成本,又能相对于传统手工业提升生产效率,此外还非常重视其对环境的正面影响。这一点从技术选择的经济性与高效性的双重标准可见一斑。相对而言,奥康纳的分析更深入技术的生态属性,他将技术分为"好技术"和"坏技术",其中"好技术"是指那些对自然资源消耗较少、对生态环境破坏较小的技术。奥康纳的观点强调,技术应用的理想状态是实现"好技术"与经济发展的高度协调,但这中间难免会涉及对技术后果的认知程度及政治因素的干预,以便杜绝"坏技术"的使用,防止其对环境造成不可逆的损害。而高兹的理论为我们提供了另一种视角,他区分了"软技术"与"硬技术",并主张在改变资本主义生产关系的前提下优先考虑使用"软技术"。这类技术通常是小规模的、分散的以及更加人性化的,诸如太阳能、风能等基于可再生资源的技术,对生态系统的影响相对较小。相对地,"硬技术"则在不改变生产关系的状况下可能依旧会伤害到环境。

可见,虽然生态学马克思主义学者们对技术和环境保护的看法有所侧重,但他们共同认识到科技模式的选择对于实现生态环境保护和可持续发展的重要性。特别在当前全球面临环境压力的背景下,发展与应用低生态环境影响技术,调整产业和技术结构,将是促进生态文明进程中不可或缺的一环。

二、生态学马克思主义生态文化思想的理论贡献

(一) 建立起历史唯物主义与生态学之间的联系

生态学马克思主义作为一种新兴理论,有效地建立起了"历史唯物主义"与生态学之间的联系,强化了马克思主义在解决全球生态问题中的重要作用。马克思主义认为,自然不仅是生产的物质条件,也是人类生活的基础,坚持

这一理论使得生态学马克思主义学者能够针对当代生态危机提出独到见解。

首先，生态学马克思主义对历史唯物主义的诠释彰显了其时代价值，生态学马克思主义提出历史发展不仅受经济基础的影响，更与生态环境密切相关。这种观点有效应对了西方"深绿"思潮对历史唯物主义的误读，特别是对其所谓的经济决定论和机械决定论的批判。生态学马克思主义强调，生态环境和人类社会是相互作用、相互影响的，而不是单向决定或被决定的关系。此外，通过重新解释历史唯物主义，生态学马克思主义不仅加深了对自然和社会关系的理解，也为全球环境治理提供了科学而有力的理论支持。这种理论的前瞻性和应用性表明它远超西方那些片面批评马克思主义的"深绿"理论。因此，生态学马克思主义通过深化历史唯物主义与生态学的连接，不仅回应了西方"深绿"思潮的挑战，更向我们展示了一条科学与实践相结合的可持续发展之路。在这一理论指导下，我们可以更全面地理解人与自然的和谐共生关系，并在此基础上探索实现生态文明的新路径。

（二）丰富了马克思主义的资本主义理论

生态学马克思主义通过深化对资本主义内在矛盾的分析，极大地丰富了传统的马克思主义资本主义理论。在总体上，该理论不仅重新审视了"第一重矛盾"，即生产力与生产关系之间的矛盾，还深化了对"第二重矛盾"的理解，即生产方式与自然生态环境之间的矛盾，指出这两重矛盾相互交织下的双重危机，即经济危机与生态危机。具体而言，生态学马克思主义首先指出，资本主义的生产过程不断追求利润最大化，不可避免地导致对自然资源的过度开采，即"第二重矛盾"。这种对自然的掠夺性开发加剧了生态环境的恶化，最终成为制约资本主义经济持续发展的重要因素。其次，生态学马克思主义还补充了传统马克思主义的理论，强调资本积累过程中生态环境因素的作用与影响，进一步展现了资本主义内在矛盾的全貌。

生态学马克思主义深刻批判当代资本主义制度下的生态环境问题，并指出资本主义在生态资源的利用上存在根本的矛盾。"人与自然关系问题""科学技术问题"以及"生态环境问题"组成了生态学马克思主义的理论核心，这些问题的存在凸显了需要从马克思主义理论体系中寻找现代社会的解决方案与对策。马克思主义时代感的表现之一就是寻找构建路径来实现"社会主义与自然""社会主义制度与生态环境"的有机融合。社会主义国家在生态环境建设中遇到的问题多半源于生产力与生产关系的矛盾，这种矛盾理论在马克思主义理论中属于经典理论范畴。

总之，生态学马克思主义的理论创新，不仅加深了我们对资本主义内在矛盾运动的理解，也提升了我们对资本主义制度生成生态危机的认知。

三、生态学马克思主义生态文化思想的理论局限

（一）高估生态危机理论而否认马克思经济危机的当代适用性

在探讨马克思主义经济危机理论与当代资本主义的相关性时，我们不能忽视生态学马克思主义在理解经济危机与生态危机相互作用中存在局限性。

传统的马克思经济危机理论着重分析资本主义内在矛盾，展现了资本积累过程中的周期性波动和结构性问题。然而，生态学马克思主义认为，马克思的经济危机理论已不足以涵盖当代资本主义中出现的新型生态问题。但本质上，它可能高估了生态问题在引发资本主义经济崩溃中的独立作用，从而低估了经济基础与上层建筑在探赜资本主义生态危机中的作用。我们应当承认，二战后资本主义体现的新特点，并未从本质上改变马克思描述的经济危机本质。与此同时，生态学马克思主义提供了理解资本主义生态灾难的有益视角，强调生态危机与经济危机的交互影响及其共生关系。然而，在强调生态因素时，不应忽略经济结构因素仍是诱发危机的核心因素。在资本主义条件下，资本主义生产方式的劣根性导致生产过剩、失业和资源耗竭等问题，进而共同推动了生态与经济危机的问题。

总之，现代资本主义经济危机与生态危机的相互作用需要我们采取一种多元分析框架，既考虑传统经济因素，也不可忽视生态因素的重要性。生态学马克思主义虽提供了宝贵的理论资源，但在实际应用中需谨慎评估其理论偏见，以避免对经济与生态问题的片面解读。通过综合考虑经典马克思主义和生态学马克思主义学派的理论观点，我们能更全面地理解并应对当前全球所面临的双重危机。

（二）部分生态学马克思主义学者否认马克思思想中蕴含的生态维度

奥康纳在资本主义的矛盾二重性理论及双重危机理论中所提出的观点，虽然建立在所谓对经典马克思历史唯物主义的重构之上，但他对于马克思主义的解读显示出明显的误区。他认为经典马克思主义中缺乏对自然维度和生

态维度的关注,这种看法忽略了马克思本人关于自然和人的相互作用的深入讨论。事实上,马克思在多部著作中已经明确指出,自然是人类生产和存在的基础,人类的生产活动必须考虑到自然条件的限制及其可持续性。因此,奥康纳的这一断言并不符合马克思主义经典理论的核心观点,反映了他对马克思主义立场的部分误读。此种误解可能源于对马克思主义生态观点片面解读或缺乏全面理解,从而导致理论上的不准确性。

尽管经典马克思主义没有形成一个完整的系统化生态理论,马克思的著作中却散见许多关于自然与社会关系的深刻见解。这些观点表明他们对自然界不仅有着清晰的认识,而且已经开始探讨人类活动对生态环境的潜在影响。马克思在《手稿》中,明确了人与自然的关系,人是自然界的一部分。人置于自然之中,要受到其他自然物的制约。这说明马克思认识到人类社会的发展与自然环境是紧密相连的,二者的互动关系塑造了人的生活方式和社会的整体结构。在此基础上,马克思强调了人类不仅需要自然以维持其生存,而且必须在自然的界限和条件下进行社会和经济活动。

马克思在诸多论述中强调了资本主义制度如何把自然资源作为无尽的供给源,并对此持续进行无节制的掠夺。他深刻分析了资本主义生产方式对生态环境的破坏,而这种破坏不仅仅局限于即时的资源消耗,更体现在长远的生态影响上。马克思指出,"资本主义农业的任何进步,都不仅是掠夺劳动者的技巧的进步,而且是掠夺土地的技巧的进步;在一定时期内提高土地肥力的任何进步,同时也是破坏土地肥力持久源泉的进步"[①]。这不仅揭示了资本主义制度下利益最大化的经济活动对生态的负面影响,还披露了这种行为策略上的终极后果是长期生态的消耗和破坏。

奥康纳对经典马克思主义的解读曾经存在一定的误区,这主要体现在对马克思生态视角的忽视与误解上。而另一位生态学马克思主义学者福斯特,在其研究中对这一点进行了纠正,并强调马克思的生态理论不仅是深刻的,而且是系统的,这一观点对理解马克思的生态观至关重要。正如福斯特所言,马克思的生态观是"一种深刻的、真正系统的生态(指今天所使用的这个词

---

① 《马克思恩格斯文集》第 5 卷,人民出版社 2009 年版,第 579－580 页。

的所有积极含义)世界观,而且这种生态观是来源于他的唯物主义的"①。在福斯特的研究中,马克思的生态世界观被进一步阐释为与其经济和社会理论紧密相连的一部分。

(三)对生态帝国主义和生态殖民主义的危险认识不足

在现代全球生态问题的讨论中,生态学马克思主义为我们提供了批判现代资本主义和实现生态公正的理论视角。然而,该理论在面对"生态帝国主义"和"生态殖民主义"的具体问题时显示出一定的局限性。这主要表现在几个方面:理论立场不科学、全球视野的缺乏以及对发达国家的责任认识不足。首先,生态学马克思主义虽然持批判资本主义的立场,关注资本对自然的掠夺和破坏,但其分析框架主要依托于西方的理论体系,即所谓的"西方中心论"。这种框架使得理论在全球层面的适用性和解释力受限,它较少考虑到非西方国家在全球生态问题中的立场。生态学马克思主义未能充分关注到全球国家在生态危机中所承受的不平等压力和"生态帝国主义"的实际行为所产生的问题(包括资源的不公平征用和生态债务的强加等问题)。其次,生态学马克思主义对发达国家在全球生态危机中所扮演的角色以及所应负的责任考虑不足。虽然该理论指出资本主义的环境剥削性质,然而,对于发达国家如何通过政治经济手段维持其环境优越性以及如何推行生态殖民主义政策的分析不足。这些国家利用其在国际政治经济体系中优越的地位,向较贫困和技术不发达的国家转移环境成本和有害废物,这实际上是在进行现代化的生态殖民。因此,生态学马克思主义虽然在理论上提供了资本主义与环境问题的深刻洞见,但在具体应对全球范围内的"生态帝国主义"与"生态殖民主义"挑战时,显示出其理论与实践的双重局限。为有效推进全球生态公正,生态学马克思主义需要拓宽其理论范式,加强对生态帝国主义和生态殖民主义的关注,并深化对全球生态不平等的批判和对策研究。

---

① [美]约翰·贝拉米·福斯特:《马克思的生态学——唯物主义与自然》,刘仁胜、肖峰译,高等教育出版社 2006 年版,第 111 页。

第二节
有机马克思主义生态文化思想

一、有机马克思主义生态文化思想的理论核心

（一）有机马克思主义的理论基础

1. 有机马克思主义的理论基础：有机哲学

有机马克思主义作为当代活跃的生态主义思潮，必须将其置于深度反思现代资本主义所引发的全球性生态危机的哲学思维之中去理解。一方面，现代性作为当代的"深层结构"，是理解当代生态危机的关键。有机马克思主义认为，现代性不仅仅是一个时代的标志，更是深刻影响了人类与自然关系的"深层结构"。这种结构强调对自然资源的控制和开发，导致了对生态系统的持续破坏。有机马克思主义批判此"深层结构"的观点，并提出一种新的哲学框架来解构并重建人类与自然的关系。另一方面，有机马克思主义采纳了怀特海提出的"有机整体论"的世界观。此观点不仅吸收了相对论和量子力学的现代科学理解，而且还强调了一种非线性、非决定性的自然观，将自然作为一个动态、相互连接的整体系统。在这一观点的引导下，有机马克思主义提倡构建一种建设性后现代主义的世界观，以此取代根深蒂固的机械论思维模式。

在探讨有机马克思主义的理论脉络中，有机哲学的核心理念扮演了至关重要的角色。有机哲学的四大基本理念——关联性、过程性、整体性和开放性，这些要素对有机马克思主义的理论构建具有重要作用。一是关联性，有机哲学坚持世界的本质是事物间的内在联系并主张"每个事件都是由它与其他事件之间的关系所构成"。这一观点指出，事物不是孤立存在的，其本质属性和功能都是通过与其他事物的关系实现的，因此，"一种存在的规定性和自我同一性不能与全部存在的不同功能所组成的共同体相割裂"[①]。这种思想提

---

① [英] 怀特海：《过程与实在：宇宙论研究》，杨富斌译，中国人民大学出版社2013年版，第31页。

供了一种新的看待世界和解决问题的视角,即任何事物的存在和问题的解决都必须考虑其与全局的关系。二是过程性。有机哲学认为,变化是事物的永恒状态,提出了"唯一保持不变的是过程本身"的观点。这表明世界不是静止不变的,而是在不断的运动和变化中发展,每一个状态都是暂时的,每一个过程都嵌套在更大的过程之中。这种过程性的理解促进了对事物发展动态的深入理解。三是整体性。有机哲学提出,整体不是部分的简单相加,而是部分通过相互作用产生新的质的整体。强调"整体的确定产生于其各部分的确定,以便部分与整体严格地相关联"[1]。从有机哲学的视角看,整个宇宙构成一个巨大的有机整体,其中各部分相互依存、相互影响,共同构成一个动态的、连续变化的系统。四是开放性。在当代哲学和马克思主义理论研究中,开放性原则日益显示其关键性作用。开放性作为一种思想和理论的处事态度,强调现实的不断变动和发展,对有机马克思主义的理论建构具有深远意义。首先,开放性原则认为现实是一个不断发展变化的过程,这一观点为有机马克思主义提供了理论基础。克莱顿和海因泽克在其著作中指出,"有机哲学是本书借鉴的决定性理论资源",并明确提出"有机马克思主义是过程思想的一种形式,它认为现实是一个开放而又不断发展的过程"[2]。再考虑到有机马克思主义与中国传统哲学的关联,开放性原则使得其与传统思想产生共鸣。中国哲学,尤其是道家哲学,长久以来强调顺应自然、宜动宜静的哲学思想,这与有机马克思主义中提倡的适应性和开放性不谋而合。这种理论上的相通性,为有机马克思主义的理论发展提供了中国丰富的本土资源,有助于理论在中国社会的深入根植和广泛传播。因此,开放性原则对有机马克思主义的发展促进和深化起到了不可替代的作用。

有机哲学作为一种建设性后现代主义世界观,从"关联性""过程性""整体性"和"开放性"这几个核心概念出发,为现代社会提供了一种非线性、非机械的理解方式。与传统的机械论世界观相比,有机哲学强调万物之间的相互连接与影响,从而与马克思主义中关于事物发展的辩证法相契合。这种契合不仅是理论上的,而且在哲学深度和思维方式上都有所呼应。

---

[1] [美] 菲利普·克莱顿、贾斯廷·海因泽克:《有机马克思主义:生态灾难与资本主义的替代选择》,孟献丽等译,人民出版社 2015 年版,第 170 页。

[2] [美] 菲利普·克莱顿、贾斯廷·海因泽克:《有机马克思主义:生态灾难与资本主义的替代选择》,孟献丽等译,人民出版社 2015 年版,第 170-171 页。

首先，有机哲学与马克思主义的结合，即所谓的有机马克思主义，试图在维持马克思主义批判社会的锋利性的同时融入后现代主义对多元性和复杂性的认识。尽管如此，这种结合并非没有争议。一些学者如克莱顿和海因泽克批评有机马克思主义由于承载某种宗教唯心主义的倾向，可能未能完全摆脱传统观念的束缚。他们认为，有机马克思主义在更新经典马克思主义时，其理论基础并不牢固，因为它的宗教唯心主义色彩使其难以完全达到真正超越经典马克思主义的程度。然而，正如有机哲学所倡导的"关联性"和"过程性"，这种理论探索本身就是一种对知识不断开放和修正的过程。这种开放性不仅促进了理论内部的发展，也使得理论能够与时俱进，适应新的社会环境和问题。总之，有机马克思主义虽然因其理论基础的宗教唯心主义倾向而受到批评，但它在处理复杂的社会生态问题上展示了其独特的理论价值。通过不断地修正与更新，有机马克思主义不仅为理解现代世界提供了新的视角，也为马克思主义理论的发展贡献了新的可能性。

有机马克思主义在现代意识形态和生态科学的融合中对传统马克思主义进行批判和改进。作为一种理论创新，有机马克思主义赞赏马克思主义的阶级分析和经济学研究的当代价值，同时指出马克思主义的一些基本立场，如"历史决定论""历史规律论"以及"二元论"与生态思维存在显著矛盾。具体来说，有机马克思主义认为，要将马克思主义与"当代物理学""生态科学"及"生态危机"的现实相适应，需借鉴怀特海的过程哲学中的理论资源进行重建。这种新的理论视角强调了事物的相互联系和过程性，与现代系统生态学的视角契合，有助于创造性地解决生态问题。可以看出，有机马克思主义旨在通过理论革新，建立一种更具包容性且与生态科学相协调的马克思主义理论体系。通过这种方式，它试图解决传统马克思主义在应对全球生态危机中遇到的理论和方法上的局限，为理解和应对这些挑战提供新视角。

有机马克思主义通过融入怀特海的过程哲学，促使马克思主义理论在当代的科学与生态挑战中得到创新与发展。怀特海的过程哲学挑战了传统哲学中的"机械论"与"还原论"，并强调"关系实在论""有机论"与"整体性"，这为超越现代哲学的极限提供了理论支持。通过整合怀特海哲学，有机马克思主义不仅弥补了传统马克思主义在生态学与现代科学面前所遇到的理论限制，而且还拓展了其理论的深度和广度。具体而言，一方面，怀特海哲学提供了一种重新理解自然与社会相互作用的视角。他反对"个体主义"，强调现象之间的相互关联性和整体性，这一点与马克思主义关于社会结构和经济基础相互作用的理论是相辅相成的。另一方面，怀特海过程哲学中的"有机思维"与"生态思维"尤其适应于解释与处理面向全球的生态危机。此外，怀特海的过程哲学结合马克思主义侧重对阶级矛盾和社会政治经济的分析，能够确保理论的社会实践性和变革潜力，使得理论既有助于适应物理环境，又能指导具有解放性质的社会实践。

因此，可以看出，有机马克思主义不是理论的简单叠加，而是通过对怀特海哲学的吸收和内化，实现了对马克思主义理论体系的补充和完善。这种理论的创新为理解并解决当代全球生态问题提供了新的视角和工具，说明了有机马克思主义作为以怀特海主义为基础的一种生态文化理论，其意义与价值在于它能够有效地结合现代科学成果和社会主义理论的解释力。因此，我们可以看到，怀特海的过程哲学与马克思主义的结合不仅是理论上的必然，更是解决生态问题的实践需要。

2. 有机马克思主义理论的发展背景

有机马克思主义作为西方马克思主义流派中较新的流派，是在西方马克思主义的理论变迁中孕育而出的流派。西方马克思主义理论的演进显著影响了有机马克思主义的诞生。自从阿多尔诺提出否定的辩证法以后，西方马克思主义开始深刻反思工业文明的局限，逐渐寻求与自然的和谐共处路径，这反映了对人与自然关系的重新审视与批判。这样的思想转变为有机马克思主义提供了对整个工业文明的批判这一理论基础，开启了西方马克思主义从纯经济批判走向生态关怀的新篇章。

在现代性逐渐显现出种种不足与弊端之际，后现代主义的观念和反现代性的呼声日益强烈，推动了马克思主义理论的发展，其中有机马克思主义应运而生，在马克思主义理论体系中占据了特殊的地位。有机马克思主义将自然和文化的辩证统一视为理解社会变迁和人类实践的关键视角，深化了后现代马克思主义的理论研究，并强调生态平衡与经济发展的关系。首先，有机马克思主义的产生基于对现代社会生态状况的深刻关注和反思。马克思及其后继者们提出，人与自然应保持一种和谐共生的关系，这一点在有机马克思主义中被进一步发展，以应对生态赤字和不可逆转的生态灾难的现实挑战。随着资源过度消耗和生态环境的进一步退化，传统发展模式下的环境问题不断凸显，有机马克思主义便在此背景下强调生态文明建设的重要性和迫切性，指出生产方式应更加重视自然资源的约束与自然环境的保护。其次，有机马克思主义理解人的社会存在与自然环境紧密相连，并尝试通过理论创新来解释和解决现实的社会生态问题。这一学说不仅仅看重经济产值的提高，更是倡导在自然资源与人类活动之间寻求新的均衡点，旨在实现真正的可持续发展。

后现代主义视域下，一方面揭示了对人与自然关系的重新审视显得尤为重要，另一方面，"生态霸权主义"所揭示的资本主义内在矛盾，加剧了全球生态危机的严峻形势。面对这种状况，有机马克思主义提出了一套系统的理论应对方案，力求通过调整人与自然的关系来缓解现有生态危机。有机马克思主义强调在全球化背景下对资本主义制度进行批判，并对人类社会与自然环境的关系进行重新定位。这一理论指出，当前资本主义社会的生产和消费模式，严重侵害了自然生态系统，导致了生物多样性的极大损失及生态环境的全面退化。针对这一问题，有机马克思主义提出必须控制人类活动以适应资源环境的承载能力，避免生态结构的进一步崩溃。

因此，有机马克思主义在后现代主义的哲学背景下及资本主义生态霸权的背景下应运而生，并对资本主义所引发的全球生态危机进行了深刻的批判和提供了解决对策。通过重视人与自然的内在联系，该理论展现了其独特的解决问题的思维方法和实践路径，指引我们朝向一个更加和谐的生态文明状态迈进。此种理论的深化和实践，无疑对当前世界各国，特别是生态环境脆弱的地区，具有重要的启示和指导意义。

（二）有机马克思主义中生态危机的根源

由于资本主义的发展与自然之间的矛盾日益尖锐，有机马克思主义通过其独到的理论视角，对这一现象提出了深入的批判。在有机马克思主义看来，人与自然是相互依存、相互联系的整体的观点，为该理论学派批判资本主义社会的生态危机提供了理论支持。

有机马克思主义批判资本主义的现代性对生态环境的破坏，同时在深入地剖析其中的根源时，提出了具有前瞻性的见解。有机马克思主义不仅辨认出资本主义增长的盲目性，而且强调了这种增长模式对生态系统造成的深远影响。首先，有机马克思主义聚焦于资本主义现代性发展模式，指出其发展模式中的根本问题，"世界范围的生态危机、气候恶化、生物多样性的锐减、空气和土壤恶性污染"①,这些都是资本主义的现代性发展过程中追求无限增长所带来的直接后果。资本的逻辑是野蛮和贪婪的,向着资本市场的无限制扩大迈进,这极大地损害了生态环境以及不平衡的生物圈。有机马克思主义对此的解析,深刻揭示了资本主义如何成为生态危机的真正根源,进而认为解决生态危机的关键,在于转变人类的生产和消费方式。

在有机马克思主义看来,要从根本上解决生态危机,需要建立一种人与自然和谐共生的关系,这要求我们超越资本主义视域下的经济增长观,探索一种新的社会经济发展模式,它强调环境的可持续性和资源的有限使用。有机马克思主义的生态批判,提供了一个反思和重构当前经济活动策略的理论范式,促使人类社会向更加生态友好和可持续的方向发展。

有机马克思主义对资本主义发展及其生态危机的根源提出了深刻批判。这种批判重点指向现代性对资本主义发展的错误假设前提及其导致的严重后果。首先,"资本主义倡导的个人主义和自由主义原则"反映出资本主义体系在本质上追求利润最大化和资源的无限掠夺,这不仅忽略了自然资源的有限性,而且背离了人类与自然和谐共生的原则。在政治层面,资本主义体系内"假设国家的首要目标是消极的"展现了对生态保护的轻视态度,这种态度在政策制定中往往忽视环境保护,导致政府在生态治理上的投入不足,进而导致效率低下。而在经济领域,"自由主义市场原则的最优性"的假设,忽略了市场在资源分配上的无效性和对环境资源的过度开发。在生产实践上,资本主义生产模式的盲目扩张和对自然资源的野蛮开采,导致生态环境遭受严重破坏。正如有机马克思主义所指出的,"在时间观和历史观上假设线性发展观"②,这种观念使得资本主义社会忽视了环境恶化的长期效应,而只关注短期经济增长。因此,有机马克思主义不仅揭示了资本主义下现代性假设的种种弊端,更提出了对自然资源的可持续利用和社会公正的必要性。

有机马克思主义深度批判资本主义现代性的思维方式,特别是质疑它的知识认知结构。资本主义社会通常采用的是源自物理学、偏好因果力和决定论结果的思维方式,也就是机械化的思维模式,这种方式倾向于简化复杂系

---

① [美]菲利普·克莱顿、贾斯廷·海因泽克:《有机马克思主义:生态灾难与资本主义的替代选择》,孟献丽等译,人民出版社2015年版,第75页。

② 孟献丽:《有机马克思主义的后现代逻辑》,《社会科学家》2016年第10期,第17-21页。

统，追求一种线性和可预测的逻辑顺序，而忽略了生态系统和社会系统中的复杂性和变动性特征。相对而言，有机马克思主义推崇的是源自生命系统的运行方式，强调整体性和进化关系的思维方式，即有机模式。这种方式不仅认识到自然和社会系统的动态和相互依存性，而且更加注重持续变化和适应过程。

因此，可以看出，为了避免重现现代性的生态危机之路，有机马克思主义在对资本主义现代性进行批判后，明确强调整个社会需要转变思想观念，从机械模式走向有机模式。

有机马克思主义对资本主义现代性发展所造成的严重后果，提出了深刻的洞见。其体现出全球化背景对当代社会发展的复杂影响，全球化背景下的今天呈现出一些新的特征，贫富差距日益扩大，资源枯竭制约经济发展，全球气候遭受破坏，所有这些都正影响着整个生态系统和其中的栖居者（包括人类和非人类）。这段话准确捕捉了当代社会经济发展的痛点，即经济发展的同时伴随着生态环境的严重损害。首先，资本主义现代性下的贪婪的经济扩张模式，导致全球范围内的资源过度开采，生态环境遭到前所未有的破坏，生物多样性的丧失和气候变化现象日益严重。这种以经济增长为核心的发展模式，无疑对地球的生态系统构成了极大威胁，其后果可能是不可逆转的。同时，这种经济模式不仅影响了环境和资源，其社会影响也同样不容忽视。社会不公现象的广泛蔓延表明，经济利益的巨大差异正在加大社会贫富阶级的两极分化。进而导致贫富差距的持续加剧，最终不仅造成经济层面的紧张，也在政治和社会层面引发了更广泛的冲突。因此，必须重新考虑和调整这种自我优先的发展模式，向更可持续、平等的方向转变，这是当代社会面临的重大挑战。

由此可见，资本主义现代性发展所引发的严重社会不公和生态灾难，不仅威胁人类生存环境，也严重阻碍了社会的整体和谐进步，最终将导致人类走向自我毁灭。

（三）有机马克思主义消解生态危机的根本途径

有机马克思主义学者为了解决当前紧迫的生态危机，提出了两个根本性方向。一是坚持有机整体主义的价值立场。二是推动对资本主义社会的全面改革，以促进生态文明的构建。有机马克思主义不仅是对传统马克思主义的延伸，更重视生态价值和人与自然的和谐共生。一方面，有机整体主义的价值立场强调，人类社会与自然环境是一个不可分割的整体。在这一视角下，任何对自然的干预和利用，都需要考虑其对整体生态系统的长远影响。这种价值观要求人类在经济社会活动中，采纳一种全面考虑环境增益与资源可持续性的方法，确保生态系统的健康与稳定性。另一方面，有机马克思主义认为，资本主义下的现代性发展是其生态问题的根本源头。因此，要有效解决生态危机，就有必要对资本主义社会进行全面改革。这种改革不仅涵盖经济体制的转型，更包括文化、政治及社会制度的深刻变革，旨在建设一个以生态理念为导向的文明社会。

1. 价值立场：主张有机整体主义

在当代马克思主义生态文化思想的研究中，有机马克思主义展现出独到的价值立场。不同于单一维度的人类中心主义和生态中心主义，有机马克思主义鼓励"有机整体主义"的生态观。这种观点既批判了以人类利益为核心的传统价值观，也反对仅将自然价值最大化的生态中心主义。

有机马克思主义特别强调人与自然之间存在的内在联系和互动关系。对于有机马克思主义而言，既要承认人类在自然界中的特殊地位，又要认识到人类福祉与生态系统的依赖性和互补性。有机马克思主义的立场表明，实现人与环境的和谐共生是解决环境问题的根本出路。在实践中这种理念呼吁对自然生态系统的尊重，此外，有机马克思主义认为生态危机不仅是自然环境的危机，更是与现代社会结构和制度紧密相关的危机。因此，有机马克思主义通过"有机整体主义"这一核心概念，建构了一个超越单一维度（人类中心主义或生态中心主义）生态观的理论框架，旨在推动社会向更加可持续和公正的方向发展。

而作为有机马克思主义的核心价值立场，"有机整体主义"是一个富有深度的概念，它提倡要认识到宇宙万物的相互关联和依存性。"有机整体主义"认为，事物与事物之间、人与自然之间存在着不可分割的联系，共同构成了一个动态进化的整体。

有机马克思主义在批判现有的人类中心主义和生态中心主义的同时，更强调社会与环境之间存在的"有机联系"，并指出传统观点在处理这些联系时存在的误区。特别是有机马克思主义反对那种认为可以将人与自然之间的联系人为割裂的观点，认为这种割裂视角忽视了生态系统的复杂性和整体性。

第五章　马克思生态文化思想在当代西方的传承与发展

在其看来,"我们首要的错误,是假设我们能够把某些要素从整体中抽取出来,并可在这种分离的状态下认识它们的真相"①。

可见,有机整体主义是一种深刻的哲学观点,它强调了人类与环境之间的密切联系和依存关系。可以看出,人类不是孤立存在的个体,而是在复杂的社会与自然关系网中,与其他事物共同构成了一个整体性的生命系统。在这些关系中,尤其重要的是与人体直接相关的肉体关系,这种关系能够使人类更为直接地与自然其他部分发生联系。如此,关于"我们是谁?我们是什么"的问题便不仅是社会共同体内部的问题,而且还深受更广阔自然环境的影响。人类相互间及其与环境的互动,共同定义了人的存在方式和生活状态。人类"受其生存的社会关系及自然资源环境之间的关系所规定,人类生活在生态共同体中"②。人类是生态系统中的有机组成部分,同时依赖于周边的自然资源与社会关系来定义自身的生存与发展。因而,有机整体主义强调了生态共同体中人与自然环境的不可分割性。

在当今时代,人类生活与生态环境的相关性愈发显著,尤其人的健康福祉与生态系统的状态紧密相连。柯布指出,如果我们根据对人类共同体和自然生态系统的贡献来考察经济发展的话,我们就不会像商品本身那样寻求增加生产。相反,我们将根据是否需要经济增长、在什么地方增长、采取何种形式增长,才能强化作为一个整体的共同体以及自然环境的利益来作出各种决定。显而易见,这一观点挑战了传统以增长为核心的经济发展的观念,强调了一种更为综合和可持续的发展策略。

有机马克思主义下的有机整体主义,强调人类与自然界不可分割的内在联系。人类社会与自然环境是相互依存、相互影响的统一整体,应该超越以往人类中心主义的狭隘视角,倡导生物本体论的平等。有机整体主义阐明,人与自然界的关系是对立统一的,这一关系不仅反映在人类对自然的依赖上,也体现在自然界对人类的制约中。特别是,该学派指出人类对其他生物体

---

① [美]大卫·格里芬:《后现代科学:科学魅力的再现》,马季方译,中央编译出版社2004年版,第155页。
② 何慧丽,小约翰·柯布:《解构资本全球化霸权,建设后现代生态文明》,《中国农业大学学报(社会科学版)》2014年第2期,第22页。

"负有道德义务"①，这不仅是一种伦理要求，更是长期生态平衡的需要。

2. 对资本主义社会的全面改革促进生态文明社会的建设

在面对环境恶化与不断挑战的全球生态危机时，克莱顿等学者提出了一系列具体的改革措施，意图改善和保护环境，进而构建生态文明社会。这些措施反映了从多个维度出发的战略思考，不仅局限于技术和政策层面，更是涵盖了整体的社会经济框架转变。

一是改革的核心是对经济指标的重构，克莱顿等人"呼吁对全球经济结构进行大调整，从而把'生物圈的繁荣'发展放在第一位"②。这种重新定位不再仅仅强调 GDP 的增长，而是提倡以生态和社会福祉为进步的衡量标准。此外，在农业领域，他们提倡将传统农业智慧与现代技术结合，发展可持续的农业模式，这不仅可以提高农业生产的效率，同时也能够保护生物多样性和生态平衡。在工业生产方面，克莱顿的建议是推动制造业的本地化，减少长距离物流带来的碳排放和环境污染问题，这是对传统全球化供应链模式的一种重要调整。而在金融与管理方面，推广可持续的管理方法和改革金融体系同样重要，克莱顿提倡逐步将银行业及金融机构纳入国家监管之下，确保其为公共利益服务，而不仅仅是追求最大化的利润。整体上，这些措施构成了一种全方位的改革框架，旨在通过系统的改革，推动环境与社会的共同进步。克莱顿和他的同仁所提出的方略，是当前资本主义社会进行革新的根本性思路，对各国特别是资本主义国家实现生态文明和可持续发展具有深远的意义。

二是主张构建生态文明社会的共同体组织，进而有效解决社会不公和环境问题。

在现代社会的发展进程中，树立以共同体为基础的观念并建立共同体的组织，成了实现共同福祉和建设生态文明社会的关键所在。通过创建强有力的社区组织，才能够有效地调动和保障资源的有序利用，同时确保民众在生态环境治理中能够发挥主体作用。

整合个体力量与促进共同体发展，是现代生态文明建设中的核心任务。

----

① [美] 杰伊·麦克丹尼尔：《生态学与文化：一种过程的研究方法》，《求是学刊》2004 年第 4 期，第 8 页。

② [美] 菲利普·克莱顿、贾斯廷·海因泽克：《有机马克思主义：生态灾难与资本主义的替代选择》，孟献丽等译，人民出版社 2015 年版，第 234 页。

"当人们从一言一行上真正把自己融入旨在追求共同福祉的共同体时……反而会获得更大的利益。"① 因此，个体福祉与共同体的繁荣是相辅相成的。

一方面，个体的主动融入和积极参与是共同体健康运行的前提。共同体中个体的每一个行动和决定都直接或间接地影响着集体的利益和目标实现。例如，在生态环境治理中，居民自身的环保意识及行为，如垃圾分类和对环保政策的响应，是推动社区生态文明实践的基础。另一方面，共同体的成员通过共同的目标和责任感，可以更有效地推动社会和生态的全面发展。在共同体的框架内，个体不仅是行动的执行者，还是策略的制定者。这种从内部生长的力量使得共同体能够以更加协调和高效的方式响应外部的挑战和机遇。总之，个体与共同体的紧密结合，不仅是理论上的要求，也是实际行动中的必然选择。通过每一个个体的努力与奉献，我们方能在全球范围内推动生态文明的建构，形成稳定而持续的生态平衡。因此，个体应抱持责任心，并通过实际行动参与到共同体生活中，以实现个体福祉与全球生态圈的利益最大化。

二、有机马克思主义生态文化思想的理论贡献

在探寻解决当代生态危机的多样路径中，有机马克思主义提供了一种独到的理论视角。其理论的核心在于将马克思主义的基本原理与当代哲学相融合，提倡一种非机械论、非还原论的生态思维方式和价值观，旨在改革现代社会的哲学思维和价值体系。

有机马克思主义力图通过对马克思主义的有机诠释，实现理论的创新和发展。这一过程不仅吸收了后现代主义的批判精神，而且与当代科学深入融合。特别是在生态危机日益严重的背景下，有机马克思主义强调必须超越传统的机械论和还原论，向着更加系统、综合的生态文化理论方向迈进。该理论主张通过有机教育来促进生态意识的觉醒和价值观的转变，致力于培养出一种基于共同体利益的全新生态思维方式。因此，深入分析和吸收有机马克思主义的观点，对于其理论和实践的深化具有重要的意义。

---

① [美]菲利普·克莱顿、贾斯廷·海因泽克：《有机马克思主义：生态灾难与资本主义的替代选择》，孟献丽等译，人民出版社2015年版，第53-54页。

三、有机马克思主义生态文化思想的理论局限

一是对于建设生态文明社会，有机马克思主义强调以地方自治和本土性为基础，否定技术和资本对生态的支配作用，并倾向于一种小规模、自给自足的社区生态系统。然而，这种模式难免带来某些浪漫主义的缺陷。

有机马克思主义作为一种深植于后现代主义价值立场的思想，提出了与传统工业化社会截然不同的生态理论。有机马克思主义认为，生态文明的建设应摆脱对技术和资本的过度依赖，而是应当重视与自然和谐共处的生活方式。通过强调内在价值论，有机马克思主义不仅仅关注人类社会的福祉，而且扩展到了生态系统中所有生命的福祉，认为每一种生命都具有其不可替代的内在价值。

在有机马克思主义视野中，强调要抵制技术的大规模使用。有机农庄经济模式由于其自给自足的特点，成了生态文明建设的一种典范。这种模式强调的是一种简约、自然并且以社区为基础的经济活动形态，反映了对持续依赖化石燃料和大规模产业的根本性批判。

尽管有机马克思主义在理论上促进了当代对生态与资本主义关系的深入反思，但它所提倡的地方自治和生态自治的概念在具体实现过程中遇到诸多挑战。这包括如何在全球化的经济体系中保持土地和资源的公正分配，以及如何在不放弃现代化成果的同时，达到真正的环境和社会的可持续性。

总之，有机马克思主义在生态文明的建构中提供了重要的理论视角和批判基础，但其浪漫主义色彩也需客观评估。未来的研究应更多地关注如何在尊重自然和利用科技之间找到合适的平衡，以确保生态文明在全球范围内的可持续发展。

二是在有机马克思主义中，共同体的概念显著不同于马克思原本对其的理解。马克思认为资本主义的工业文明破坏了人与自然的物质变换关系，他主张在工业文明的成就基础上重建自由人的联合体，以解决人类解放以及人与自然的关系问题。因此，马克思强调的共同体以无产阶级为主体，旨在通过社会革命和最终实现的共产主义，解放全人类，形成自由人的联合体。

然而，有机马克思主义对共同体的诠释，则更强调微观社会单元的重要性。在有机马克思主义的观点中，共同体不仅仅是社会的经济结构，而且包括家庭、学校、社团、村庄、城市及国家等各种层面的综合体。这种观念认

为，所有这些共同体层面都是构建生态文明的基础单位，且这些单位之间存在相互连接和相互作用。

在生态文明发展纬度上，有机马克思主义同样独具特色。该理论主张通过本土化和去全球化的策略来发展生态文明，重视以自给自足的农庄共同体为中心的地方经济发展。这一策略不仅强调经济自立，更多的是文化和生态自立，并尝试构建减少对全球化依赖的持续性生态环境。有机马克思主义这种由下而上的生态文明建设方式，是解决生态危机和社会分裂的有效途径。

此外，有机马克思主义还与中国传统文化高度契合，与中国传统的儒家思想中的以集体为重相呼应，这一理念在某种程度上被视为克服现代生态危机的一种可能方式，它提倡回归更自然、更人文的生活方式，以及建设生态和谐的社会。

总体而言，有机马克思主义的共同体和传统马克思主义的共同体内涵界定存在根本差异。前者更偏重于本土化和小范围文明的建设，强调社区和地方性，而后者则侧重于全人类的解放和全球性的社会改革。

三是有机马克思主义提出，建设生态文明的根本途径为有机教育，教育的焦点在于，培养人们对于地球上所有生命的共生共荣以及公正分配资源的认知和生态价值观。这种教育方法深刻批判了资本主义社会中普遍存在的消费主义价值观，提出以共同体价值观替代个人主义价值观，强调所有生物不仅是人类社会的一部分，而且在生态系统中具有内在价值。

有机马克思主义对马克思原有理论的主要扩展，在于其复杂的生态哲学视角，它提出生物界的每个成员——不仅仅是人类——都有其自身的价值。这种视角不同于传统马克思主义，后者虽然强调人与自然的关系，但多侧重于人类的需求和生产方式对自然的影响。有机马克思主义进一步论述，任何仅仅关注自身利益的个人主义价值观都无法有效解决人类与自然以及人与人之间的矛盾。

然而，有机马克思主义面临的挑战之一，是如何科学地确认人类之外的存在物的内在价值，并将不同共同体价值观协调统一，最终形成一个共同体价值观。尽管有机马克思主义力图提供建设生态文明的新路径，但它仍需要在实践中不断地进行理论的验证和修正。

第六章
马克思生态文化思想的时代价值

马克思虽处于生态问题尚未成为全球焦点的年代，但他却敏锐地洞察到人与自然关系的重要性。他对这一问题进行了深入思考，指出了关于人类与自然关系的深刻见解，进而提出了解决生态危机的前瞻性观点。这些理论至今仍具有重要的现实意义，为我们理解和应对当代环境挑战提供了宝贵的思想资源，彰显了马克思生态文化思想的深刻洞见和持久价值。

马克思的生态文化思想，不仅从理论上为我们提供了批判现代性的工具，其对人与自然关系的重新考量也极大促进了生态实践的发展。通过剖析马克思生态文化思想的时代价值，我们可以更好地理解和应对当今世界面临的生态环境挑战，为全球生态治理提供理论支撑和实践指南。

第一节 马克思生态文化思想的理论价值

马克思生态文化思想在马克思主义理论体系中占有重要地位，其深刻的理论价值不仅在于他对资本主义制度下生态问题的科学反思，还在于其对生态文化理论的重大贡献。马克思的生态文化思想集中体现了实践唯物主义这一核心理论的科学性和现实指导性，进一步推动了生态文化理论体系的创新和发展。

一是马克思在其生态文化思想中强调了人与自然的和谐共生关系。他认为，资本主义生产方式不可避免地导致资源的过度开采，这不仅破坏了自然环境，还加剧了人类社会的生态危机。通过深入剖析资本主义制度下的生态问题，马克思形成了尊重自然规律的理论观点，指出人类活动必须控制在资源环境的承载力之内，以实现可持续发展。二是马克思的生态文化思想还体现在其对资本主义经济发展模式的批判中。马克思基于唯物史观的视角，科学地分析了资本主义如何通过剥削自然而获取利益，进一步提出了对这种生产模式的科学反思。这一反思不仅有助于我们理解资本主义生态破坏的内在机制，而且也为调整生产方式、改善人与自然的关系提供了理论支持。三是马克思的生态文化思想为后续的生态文化理论的发展奠定了基础。通过对人类历史上的优秀文明成果的高度概括和全面吸收，马克思不仅丰富了生态文化理论的内容，而且提供了全新的生态文化理论体系。这种理论体系不仅体现了科学的批判精神，而且为理解和解决当代生态问题提供了基本的观点和方法。

一、为马克思主义思想体系提供实践唯物主义基础

实践唯物主义在马克思的思想理论体系中不仅是基本的哲学原则，更是解读生态文化问题的哲学基础。马克思通过实践唯物主义确立了马克思主义的理论基础，马克思在此之上构建了他的生态文化思想，形成了具有实践唯物主义特征的生态文化理论。这显示了实践唯物主义文化思想是整个马克思主义理论体系中的重要理论，并且成了后续马克思主义者在生态文化领域深入研究的重要原理。正如马克思所说，"哲学家们只是用不同的方式解释世界，而问题在于改变世界"①。实践唯物主义强调的人与自然的关系，即物质生产与自然的联系，为分析资本主义生态问题提供了关键性理论武器。

在19世纪之前，世界的认知水平在很大程度上被唯心主义所主导。传统意义上，人类理解世界的方式始终围绕着人的主观认识进行，其中不乏思想精英通过主观能动性来对世界的客观状态进行解读。这种方式虽然催生了部分科学的知识体系，却也让那些符合客观存在的解释成了稀缺资源。也因此，那些难以用科学解释的现象往往被归结为客观唯心主义的观念，并以超历史的面貌主导着人们的精神世界。宗教便是其中的典型代表，长期影响着人们对世界的认知方式。

然而，马克思的历史唯物主义理论的提出，标志着人类对世界认知方式的一次根本性转变。历史唯物主义坚持物质决定意识，将经济基础与上层建筑的关系作为分析历史和社会现象的基石，推翻了以往以主观意志为中心的世界观。这一理论的核心重点在于强调，社会的物质生活条件决定了人们的社会意识形态，而非意识形态决定物质条件。

马克思在生态文化的探索中，表现了对生态文化产生和发展的深刻理解。这一理解强调了"实践"的重要性，从而突破了之前那种陷于概念的客观唯心主义和主观唯心主义的制约。这种转变是通过将文化的产生和发展置于社会实践和物质生活条件的视角来进行理解的，马克思的历史唯物主义为此提供了坚实的理论基础。这种由马克思提出的关于文化的历史唯物主义观点，

---

① 《马克思恩格斯文集》第1卷，人民出版社2009年版，第502页。

实质上是一种"倒置"，它将文化视为人类社会实践的反映，而不是某种先验的、独立于人的实际活动之外的力量。此外，马克思关于生态文化的探究还揭示了环境和社会之间不可分割的联系，强调我们不仅要生产物质财富，同时也要推动生态文明的进步，这对于促进社会和谐及可持续发展具有至关重要的意义。如此，文化的发展便从受制于人的抽象概念，转变为促进人的全面发展的实际力量。通过这一转场，文化被赋予了新的历史使命，即作为人的发展动力而存在。这一"文化与人"的主客体性"倒置"，完成了从唯心主义的文化观向历史唯物主义的文化观的根本转换。这不仅在理论上是对文化发展史的一次重大革新，实际上也对如何在现代社会中理解和实践文化产生了长远的影响。

进一步通过实践活动中的具体反映与实现，马克思生态文化思想对个体与社会关系的理解进行了深刻的阐述。根据马克思的观点，人不仅像在意识中那样理智地复现自己，而且能动地、现实地复现自己，从而在他所创造的世界中直观自身，抽象的主体性在物质生活的实际活动中得到了具体和动态的体现。这一观点揭示了一个重要理论突破，即"从事活动的，进行物质生产的，因而是在一定的物质的、不受他们任意支配的界限、前提和条件下能动地表现自己的"①。这表明文化实践不只是物质世界的简单反映，也显现通过社会实践在特定历史条件下产生的文化与生态的共同进化过程。换言之，马克思在生态文化思想的探讨中，提出了明确的唯物主义观点，从整体上突破了马克思之前的哲学对于文化的理解。根据马克思主义，人类不仅要从自然界获取生活所需，还与自然界存在着一种共生共存的关系。马克思强调，人类通过自己的劳动改造自然，同时也通过这一过程表征和丰富自己。

这与中世纪宗教神学中的客观唯心主义文化观形成了鲜明对比。在客观唯心主义那儿，文化和人类生活被视为神圣力量的体现或结果，人的主体能动性被淡化，人类文化活动被理解为对超验神力的顺应或解读。此外，从黑格尔的主观"观念"文化观来看，文化更多地被认为是精神或理念的外化，虽然强调了人的主观能动性，但过于强调理念对现实的决定作用，有时忽视了物质条件和实际环境对文化发展的限定作用。而费尔巴哈虽然剔除了宗教上对超自然的幻想，提出人是万物的度量，但其对人的看法仍旧是一种被动

---

① 《马克思恩格斯选集》第 1 卷，人民出版社 2012 年版，第 151 页。

反应式的存在，即将人视为历史和社会变革的"原子"再造物。在这一观点下，文化似乎是外在条件和机械决定的产物，忽略了人民群众在文化创造过程中的积极作用。与费尔巴哈的机械唯物主义相比，马克思在理解文化问题时更加强调人的主体地位。马克思认为，人与自然的相互作用以及人的社会实践，是理解文化的关键。这种观点不但克服了唯心主义的神学化倾向，也克服了机械唯物主义对人的看法的局限性。

马克思的唯物主义生态文化思想建立在"物"的第一性与"物"的客观实在性之上。这表明，物的存在并不是超自然或永恒的实体，而是经过物质性变化与历史展开的实际存在。"物"的思维过程则强调了认识论的发展是依赖于物质条件与物质活动的基础之上。在资本主义社会的历史进程中，尽管其生产力与科技极度发展，以及对宗教解释的挑战确实启发了人类的认知能力，但仍然不能彻底摆脱宗教给世界带来的各种旧观念的束缚。资本主义主导的文化形态下，旧的封建思想被一定程度地解放，却又将普罗大众重新锁定在了个人主义和功利主义的文化框架中。

资本主义成功替代封建主义之后，其文化观念的认知论层面虽显示出一定的历史进步，却在世界本体论的认识上表现出明显的倒退。对广大劳动人民而言，这种倒退限制了他们对事物真正客观实在性的理解和认识，而资产阶级通过维持利益的需求而深化了个人主义、功利主义和享乐主义的文化价值导向。在这样的文化认知体系下，马克思所开创的历史唯物主义生态文化理论日益被边缘化，成为资本文化中难以理解且被接受的理论。马克思强调构建人与自然的和谐共生关系，这在批判资本主义超量剥夺自然资源和环境恶化的现实背景下显得尤为重要。但资本主义固有的文化却往往将这种生态文化的诉求转化为简单的经济增长的工具，使得生态文化的实质和深远意义被扭曲和忽视。

因此，马克思的唯物史观在生态文化领域形成了独特理论体系，挑战了基督教的客观唯心主义文化观。马克思认为文化不是抽象而独立的存在，而是社会存在的一种反映，处于不断的动态变化之中。这一理论彻底否定了中世纪基督教神学在文化领域的主导地位，该神学体系将文化视为神的产物和属灵的控制工具，强调文化属于超验而非现实社会的一部分。在马克思看来，文化是人类通过实践活动创造并随社会发展不断进化的产物。这一观点与基督教神学中文化被视为上帝创造，人只是被动接受者的观点大相径庭。马克思批判性地分析了文化作为一种社会意识形态功能，其在实际中是随着物质生活条件和生产关系的变化而变化，文化因此被看作是与社会的物质基础相互作用的一部分。马克思对于"人与文化"主客关系的解释，显著超越了基督教神学体系下人类对于该问题的理解。

在中世纪欧洲，基督教神学体系确立了其在文化领域的主导地位，这一现象深刻影响了人类对文化本质的认识和文化功能的理解。在当时，文化被构建为一种"天国主宰地上之城的工具"，这种观念显著地削弱了文化作为人类自主创造力表达的独立性。文化被赋予了服务于宗教教义和教派目的的角色，从而使得文化的自由发展受到了限制。由于文化被视为神的产物和工具，它本身的独立价值显然被忽视甚至否定。人类被视为文化的被动接受者，而非其创造者，这反映了一种对人的能动性和创造能力的根本误解。长期以来，这种观念不仅塑造了人们的世界观和生活方式，而且深刻地影响了人与文化的关系，使得文化成了一种异化的产物，其存在似乎仅仅为了维护宗教的统治而服务。

基督教神学的"人与文化"的关系不仅受到了自然科学发展的历史局限的影响，更在一定程度上受到了罗马教会的主观误导。罗马教会为了维护其在欧洲的霸权地位，通过提升基督教的地位，制定和强化包含有统治价值的教义和教规来实现对欧洲人民的精神奴役。这种做法显著影响了文化层面上的观念接受与传播。基督教被推崇为无可置疑的绝对精神存在，成为规范世俗生活的绝对准则。这种狭隘化和教条化的文化，从根本上抑制了个体的批判精神和创新意识。在这种压迫性的文化氛围中，任何尝试挑战教会权威或提倡科学怀疑精神的思想都被视为异端，并受到极端的打压。布鲁诺就因其提出"必要怀疑"的观点，而遭到了教会的焚烧处死。这不仅是对客观唯物主义的一种误解和歪曲，更是中世纪宗教文化异化于人和远离人性本质的一个显著例子。

马克思提出的唯物主义生态文化思想，对宗教和黑格尔的"观念"哲学进行了根本的倒置。马克思批判了黑格尔观念论的抽象性和脱离实际的倾向，将现实存在和实践活动置于哲学的核心位置。通过这样的倒置，他重申了物质条件和经济活动在文化形态和发展中的决定性作用。宗教被作为一种超验的文化现象，马克思将其视为一种社会存在的反映，其形态和功能受到物质生活条件的制约。马克思"观念"中的倒置观点还显著地强调了现实人的需求和生态文化的互动。

马克思的生态文化理论在整个马克思主义理论体系中占据了独特且关键的位置。这一理论不仅深化了我们对自然与社会关系的理解，而且强调了人类活动应遵循自然规律，在资源环境承载力的范围内进行，以确保人与自然的和谐共生。生态文化思想的核心在于其对人与自然关系的重新定位。人与自然是相互依存相互联系的，这一观点提出了一个新的视角，看待自然不再是单纯的资源库，而是人类生存与发展的共同体。

在广阔的哲学领域中，马克思的历史唯物主义不仅仅局限于政治经济学和社会理论的独立范畴，而且涵盖了整个自然与社会的维度，这一点在其生态文化思想中表现得尤为明显。马克思的生态文化思想指明，自然不单是一个被动存在，人类社会必须认识到自己与自然界不可分割的关系。

人与自然是生命共同体的科学理念，不仅揭示了人类依赖自然的生存前提，也强调了人的活动应当在不破坏自然环境的前提下进行。马克思深刻指出，自然资源不应被无限制地开发与消耗，而应当根据资源环境承载力加以合理利用，以维系人与自然的和谐共生关系。此外，马克思生态文化思想也体现了对未来社会形态的深邃洞察。他认为，一个理想的社会状态是人类活动与自然环境相互促进、可持续发展的状态。这不仅是对资本主义生产方式的批判，也是对生态文明未来发展的积极构想。马克思的生态文化思想不仅为我们提供了认识自然界及人类与自然的关系的理论工具，也为处理人与自然关系的社会实践和政策制定提供了科学的理论基础。

在文化研究领域，马克思的生态文化思想无疑开创了一个历史性的新纪元。这种思想基于历史唯物主义这一科学的世界观，将"实践"作为其核心概念，不仅重新定义了人与自然的关系，还深化了我们对文化和生态交互影响的理解。马克思的这一理论观点，通过强调"实践"既是生态文化产生的源泉也是推动生态文化发展的动力，为我们提供了一个解析和重建生态文化的强大工具。

更重要的是，马克思生态文化思想的形成和发展不仅仅是从理论上对传统文化观点的批判，它还实际上反映了一种高度科学的态度，在文化研究中实现了理论与实践的有机结合。通过这种结合，生态文化不仅指导实践，同时也由实践不断丰富和发展。这种双向互动的理论观点，明显区别于那些建立在抽象概念之上的伪科学文化观，为文化研究提供了更为坚实的科学基础。

马克思通过对古代社会的考察，对劳动的本质进行了深刻的剖析与阐发。他首先从劳动这一在人类学中相对具体的现象出发，将其概念扩展至经济学领域，强调劳动不仅是人类对自然过程的改造，更是社会关系和经济价值的重要来源。这一思想在《资本论》中得到了进一步的展开，马克思描绘了劳动力如何在资本主义体系下被异化，并成为分析资本主义剥削的核心工具。此外，马克思还将劳动引入哲学领域，认为劳动是验证知识、验证真理的重要手段。在这一过程中，劳动被视作实践活动的核心，实践经验从而成为认知与知识发展的基石。

马克思的劳动理论及其对实践的强调，不仅改变了经济学和哲学的研究方向，更深刻地影响了生态文化的理论构建。通过实践的视角重新理解人类与自然的关系，在此基础上提出了生态文化概念，进而为今天生态文明的构建提供了理论基础和方法指导。

二、从唯物史观理论立场对资本主义进行科学反思

马克思生态文化思想的出发点在于解析资本主义生态文化的内在矛盾及其对自然和社会的影响，并指出现代文化"畸形发展"的根本原因在于资本主义生产方式的普及。马克思认为，资本主义文化中的"利己主义""金钱至上"等观念，并不是文化发展的自然产物，而是资本主义生产方式的必然结果。这些文化形态以短期利益为导向，忽视了自然与人的本质关系，因此对文化的健康发展构成了阻碍。

马克思生态文化思想强调人与自然不应被看作是孤立和对立的关系，人与自然是相互依存的关系。因此，人类的活动应在资源环境承载力的范围之内，以实现人与自然的和谐共生为原则。

文化异化思想往往反映的是对物质生产的过度关注以及对人的全面性的忽视。资本主义文化过度强调物质财富的积累，忽略了文化及精神层面发展的必要性，导致整个社会价值观的扭曲。马克思对此持批判态度，强调在生态文化观念视域下，应关注人与自然环境的和谐相处，以及人的全面发展。

此外，马克思对"唯经济论"与"消费主义"的批判，揭示了资本主义下的文化观念使得人的价值取向受到物质消费模式的支配，逐渐改变人的生活方式。这种文化的蔓延不仅使得人在社会关系中变得孤立，同时也破坏了传统的社会和文化结构。通过反思及重塑这种文化逻辑，马克思生态文化思

想呼吁回归到对人本质的尊重和对自然生态的持续关注中去。

在马克思生态文化思想理论中，马克思对"金钱崇拜"和"经济决定论"的批判深刻揭示了现代社会中对经济增长无节制追求的问题。"金钱崇拜"和"经济决定论"简化了人类社会发展模式的多样性，将社会的发展仅归结为经济体系的运行。马克思强调生产关系应服务于整体的社会发展，而非仅仅满足经济增长的需求。根据马克思主义理论，经济活动应当符合资源环境承载力的限制，以确保人与自然的和谐共生，避免"出现生态赤字和人为的不可逆转的生态灾难"。因此，反对"金钱崇拜"和"经济决定论"，并不是反对经济发展，而是主张在确保生态文明和社会进步的条件下的合理发展，确保经济活动在不损害生态系统的前提下进行，以实现真正意义上的可持续发展。

从马克思生态文化思想视角出发，资本主义文化的负面后果便是其忽视生态和社会福祉，单一追求物质财富的行为方式。资本主义制度下，经济活动的主要动力是利润最大化，这种机制往往导致资源的过度开采和生态环境的破坏。"以'斗争'方式对待自然"，常常将自然仅视为生产资料，而非生产力的一部分，这种做法不但无视了良好生态环境的生产力价值，也必然导致生态系统的失衡和生产条件的恶化。而在消费文化方面，资本主义推崇的是通过不断创造和满足人为制造的需求以刺激经济增长。这种模式在短期内可能看似吸引力十足，但实际上，它导致的是资源耗尽和环境破坏的连锁反应，并且培育了一种非理性的消费主义文化，这与马克思主义生态文化思想中提倡的人与自然和谐共生的原则背道而驰。严重的是，消费主义文化不仅利用广告等手段人为创造需求，而且在根本上改变了人的行为模式，使人们成为消费的奴隶，失去了作为自由个体的主体性，这对人的全面自由发展构成了严重威胁。马克思的理论强调人的解放应该包括从物质需求的奴役中解放出来，进而实现人的自由全面发展。

可见，资本主义文化中这种以物质财富为中心的追求与生态文化构建之间存在根本的矛盾。如果不能从整体上重构人与自然的和谐关系，最终的结果只能是人类生存环境的恶化，及社会整体福祉的丧失。

资本主义文化中，物质财富的增加和精神消费的推崇，体现了对个体精神福祉的破坏。资本主义制度由于漠视人的本质需求与生态环境的平衡，以追求最大化的利润为目标，导致了"人的精神异化"。在这种体制下，人们的内心世界及其精神需求被物质消费所取代，简单的物质享乐成为日常，深层次的理性思考与精神追求则逐渐被边缘化。

马克思生态文化思想高度重视人与自然的平衡，强调必须在保障自然和人类双方面的和谐发展中寻求进步。"自然界不会自动地满足人的需要，人也不会满足于自然界的现存形式"，这要求我们不断地基于自然法则和人的需求进行积极的改造和适应。与此相反，资本主义生产模式仅注重物质产出与经济增长，忽视了生态环境承载力以及人的全面发展，即违背了马克思所倡导的人与自然和谐共生的原则。而通过物欲的无限扩张来试图填补精神的空洞，实则造成了人类内在价值与社会实践的严重失衡。

西方马克思主义者对此状况也表现出担忧，并批判资本主义消费文化已转变为一种脱离人的真实需要的行为。消费在资本主义文化下转化为一种目的本身，而非满足生存与发展的手段，如此使个体的自我实现和精神满足被边缘化，精神生活的质量因而大打折扣。可见，资本主义文化不仅违背了马克思生态文化的基本原则，还严重影响了人的精神福祉。

在资本主义文化的浸润之下，物质主义的极端膨胀和消费主义的无限放大裹挟了现代人的生活方式，使得人们在过度的物质消费中逐渐失去了反思与批判的能力。资本主义社会的根本特征之一是将消费行为推崇至至高无上的地位，这种现象不仅改变了消费的本质，更加剧了人与自然环境之间的割裂。"今天，人们强调的是消费，而不是保存，购买物品的同时在不断地'抛掉物品'。"① 这种消费模式深刻反映了当代社会对物质欲望不断追求的现实。这种围绕着物质占有与更新换代的无休止的旋转，不仅导致了生态环境的急速退化，更缓慢蚕食了人类社会的思想深度。在不断的"获得—扔掉—再获得"的恶性循环中，人们的生活方式变得越来越表面化，也忽视了对生态价值和文化传统的维护和传承。然而，从马克思主义的角度来看，这种简化的物质追求远远不能满足人的本质需求，而应通过真正意义上的人与自然的和谐共生来重建人的全面发展。因此，批判和超越资本主义生态文化中的过度消费模式，唤醒人的批判意识觉醒，无疑是当代社会发展的一个重要课题。

在当前全球化与信息化浪潮下，资本主义的生产及消费模式早已显现出对自然生态的剧烈影响。资本主义私有制生产方式对环境的破坏性状况迫使

---

① ［德］埃里希·弗洛姆：《弗洛姆著作精选——人性·社会·拯救》，黄颂杰主编，上海人民出版社1989年版，第619页。

第六章 马克思生态文化思想的时代价值

我们重新思考与自然的关系。反观马克思生态文化思想，它提供了一种辩证的生态文化思想作为理论武器，为我们剖析及超越资本主义生态文化思想提供了理论支撑。该思想理论不仅仅是简单的对自然生态保护的呼吁，它更致力于根本上的哲学思维与生态文化价值观的重塑，以建立合乎理性的经济消费观为起点，推进消费行为的可持续性与将环境伦理内嵌于公民道德之中。

简言之，马克思生态文化思想是一场涉及生产方式、生活方式以及消费观念等多个方面的全面文化革命。通过完成对资本主义文化的扬弃与完善生态制度双管齐下，力求在全球生态危机中寻求可持续发展的出路，为展开人类生态文明与生态社会的新篇章提供坚实的理论与实践基础。

另一方面，马克思生态文化思想基于唯物史观的立场对资本主义社会人的发展重新进行审视。

马克思生态文化思想对人的全面自由发展进行了全新阐释。马克思不仅仅聚焦于经济结构的变革，更关注文化环境对人的全面发展的作用。文化是塑造人的关键场域，因为它涉及社会价值观、教育方式及日常生活的所有方面。在马克思生态文化视角中，人是理论分析的中心，所有社会变革与发展都是为了推动人的自由全面发展。

资本主义制度下，人成了社会生产的一种工具，因而"只能发展自己才能的一方面而偏废了其他方面"[1]，进而使得人丧失了精神文化创新能力，而整个社会更加需要才能得到全面发展的人。可见，人的发展往往被物质利益和市场逻辑所限制，导致人的潜能未能充分发挥甚至社会关系异化。马克思生态文化思想认识到，在资本主义体制下，虽然人处于自由的市场环境中，但这种自由是有条件的，深受物质生产关系的制约。因此，马克思强调通过文化变革去推进人的全面发展，即通过改造社会基础结构所反映的上层建筑——包括法律、教育、家庭等，实现从物的异化到人的归真的转变。

进一步地，马克思生态文化思想内含人与自然和谐共生的思想，这是通过对资本主义生态破坏性行为的批判而发展起来的。这种观点推动我们重新定位人与自然的关系，认为只有在人和自然达到和谐相处的条件下，人的全面发展才可能实现。

总之，马克思的生态文化思想通过综合经济、政治与生态的分析，来揭

---

[1] 《马克思恩格斯文集》第1卷，人民出版社2009年版，第688页。

示人的自由全面发展的深刻含义，并指出文化的重构是实现这一目标的关键途径。从这一视角出发，我们可以理解到人的发展不仅是经济或政治的问题，更是一个深层次的文化与生态问题。

在探究人的自由全面发展的问题时，学术界普遍认为，这一过程不仅涉及个体物质与精神层面的提升，而且也涉及个体在社会整体中的功能和价值的实现。具体来说，人的自由全面发展可以从四个方面进行阐述。

一是人的物质属性的提高是基础，它确保了人的生理和健康条件可以支撑其他属性的发展。这包括但不限于生活质量的提升等方面。二是人的精神和思想的提高是人的自由全面发展的核心。在这一层面上，智能、思维和逻辑能力的提升是关键，它们直接影响个体对复杂问题的处理能力和创造力的展现。三是人在社会层面的发展涉及个人价值与社会价值的实现。在社会文化结构中，个体不仅要实现自我价值，还需要与他人和谐共生，推动社会整体的进步。这一点体现了马克思关于个体与社会关系的基本理念，即个体发展的自由与全面并非孤立发生，而是在社会关系网中构成的。四是文化层面的全面提升为人的自由全面发展提供了必要的精神土壤和价值导向。文化不仅塑造了个体的认知框架和行为准则，还深刻影响了群体的精神面貌和行为习惯。因此，真正的全面发展必须是包括文化在内的多方面的提升，这涵盖了语言、艺术、习俗等多个维度。因此，人的自由全面发展是一个多维度、多层次的过程，需要物质、精神、社会和文化等各个方面的协调发展。

在文化层面上探讨人的全面发展，需要从马克思的人类解放论出发。马克思批判了资本主义生产方式对人的全面发展的压制，强调人的存在不应被异化为劳动力的单一功能。在马克思看来，"全面地发展自己的一切能力"是实现人的本质的关键。资本主义生产方式强调效率和利润，而忽略了人的多样性发展，从而制造了人的异化。这种异化导致人无法在生产中实现自我表达和创造，使得工作成为单一维度的劳动，而非健全人格的发展。这种经济体系下，工人被迫专注于其仅有的技能，忽视了其他潜能的培养，导致了能力的偏废。恩格斯从社会制度的层面进一步批判了资本主义下的劳动分工，认为这种高度的分工不仅阻碍了个体的全面发展，还对社会整体的创新与文化发展造成了限制。他认为人应获得自由发展的权利，这种权利的实现是通过改变生产方式和社会结构来达成的，即通过实现社会主义来解放劳动，使人能够全面地发展其才能。

因此，文化在促进人的全面发展中起着至关重要的作用。通过文化的丰富和发展，可以为人提供自我表达和自我实现的空间，这是人类从物质和精神层面达到全面发展的必要条件。

马克思在《手稿》中提出，文化是人的全面发展的重要组成部分。马克思还指出，人的发展可以通过三种形态来实现：物质实践的生产能力、社会需求以及包括文化在内的其他需求。他强调，物质实践的生产能力，是人类将自身与自然分离并通过有目的的劳动活动加以改造的基石，是"体力和智力的总和"[①]。这种全面的能力不仅体现在物质生产上，而且在满足人的社会与文化需求上也是不可或缺的。马克思认为，物质实践的生产能力是人类适应并改造自然环境的能力。通过这种能力，人类不仅仅能生存，还能够创造出更适合自己生活的自然环境。社会需求则体现了人们对社会关系和社会结构的需求，这直接影响人的社会活动和社会关系的构建。至于文化需求，则是人们在精神和情感层面的需求，包括艺术、科学、教育等，这些都是人的全面发展不可或缺的部分。通过对这三个方面的深入发展和相互作用，人的全面发展得以实现。这种发展不仅仅是物质生产的增加，更是文化素质和社会关系的丰富。

然而，资本主义生产方式促成了劳动者脑力劳动与体力劳动的分割，这种分割加剧了人的异化状态，使得人们在劳动中逐渐丧失了自身的全面发展能力。资本主义不仅在生产方式上造成分裂，还通过文化的灌输强化了这种分裂，从而深化了人的本质力量与自然的异化。

马克思强调，人的本质是社会关系的总和。社会关系在我们与自然互动的过程中起到了决定性的作用，在一定意义上影响着人的发展水平。在人类发展的早期阶段，社会关系的形成是通过人与人之间的互动及交往实现的，这些社会关系不仅构成了个体的社会身份，还确立了一种在社会中达成个体利益的机制，从而促进了社会整体的进步和个体的发展。

资本主义私有制社会语境下，通过追求与自然的和谐关系和重视社会关系的改良，我们可以理解马克思关于共产主义社会的概念——一个旨在实现社会生产力极大发展和人际关系和谐发展的社会，这不仅是实现共产主义社会的必要条件，也开辟了个人全面发展的新路径。实际上，基于社会关系的

[①] 《马克思恩格斯文集》第5卷，人民出版社2009年版，第195页。

文化发展为社会带来了更多样化和进步的目标，推动了人类文明的进一步发展。因此，社会的每一次文化进步不仅是社会生产力和科技发展的结果，也是对人类自身及其社会关系重新认知和重构的反馈。因此，文明的历史进程不只是物质层面的层层递进，更是人类对自身及其与自然关系认知的不断深化和广泛认同的过程。这种对社会关系和自然关系的双重认识，是驱动社会历史发展、实现人的全面发展的关键途径。

因此，人的全面发展，是在人的需要全面性的驱动下向前推进的。文化不仅仅是人类历史和社会发展的结果，更是推动这一进程的关键内在动力。人对文化的深入需求和创造活动展现了实践与文化的辩证统一性。我们需要将实践的人视为具有丰富的属性和联系的人，因而尽可能将广泛需要的人生产出来——把他作为尽可能完整的和全面的社会产品生产出来。这表明，文化不仅仅是人类精神生活的反映，更是构建人的全面发展的核心要素。因此，我们需要从根本上丰富自己的精神世界，大力提升文化创新能力并实现人的全面发展，进而推动社会向前发展。

第二节
马克思生态文化思想的实践价值

一、为构建人类命运共同体提供科学指导

一方面，马克思生态文化思想批判并重构了传统的人类中心主义立场。在历史的演变过程中，人类中心主义论认为人是宇宙的中心，其他一切自然物质和生物均是为人类服务的。马克思关注人与自然的和谐相处，认为人不应凌驾于自然之上，因为"人本身是自然界的产物，是在他们的环境中并且和这个环境一起发展起来的"[①]。马克思还指出，"把整个自然界——首先作为人的直接的生活资料，其次作为人的生命活动的对象（材料）和工具——变

---

① 《马克思恩格斯全集》第20卷，人民出版社1971年版，第38-39页。

成人的无机的身体"[①]。人应当根据自然的规律行事，尊重生态环境的承载能力，这样才能实现人与自然界的长期和谐共存。这一观点强调了人的活动要以不破坏自然环境的可持续性为前提，体现了一种全新的生态伦理观。

通过批判人类中心主义立场，马克思生态文化思想重新定义了人和自然的关系，并指出人与自然的相互依存关系。这种理论上的重新定位，有助于修复由传统人类中心主义带来的生态环境问题。

因此，马克思生态文化思想不仅是对人类中心主义的批判，更是对它的重构。他认为，人类行为的伦理标准与保护环境的要求达成一致，为人与自然界未来的发展方向指引了道路。这一观点为我们指明了如何在尊重和保护自然的前提下达成人的全面发展，实现人类社会文明进步。

在现代社会中，人与自然的关系越发显得复杂而微妙。马克思指出，人的一切都与自然环境密不可分，并且受环境的限制。这一思想强调了人类与自然的不可分割性与相互依赖性。事实上，自然不仅是人类生存的基础，还是我们经济和社会活动的前提条件。我们从自然界中获取资源，而这些资源是维持人类生活的根本。然而，人类并未总是以一种可持续的方式与自然界相处。尽管人具有主观能动性，可以通过社会实践活动对自然进行改造，但这种改造并不总是顺应自然的规律和承载力。"人首先依赖于自然，必须依靠自然界才能获得一切。"但在工业化和现代化进程中，人类活动往往超出了自然的恢复能力，从而导致严重的环境退化和生态失衡。

马克思生态文化思想对人与自然之间的关系进行了深刻的洞察，使我们能从一个全新的角度理解这一关系的内在逻辑和发展趋势。首先，马克思强调人本身是自然界的产物，可以认识到人是自然的一部分并依赖于自然。基于这样的认识，人类对自然的探索与利用就必须在认识自然法则和尊重自然极限的前提下进行。其次，人与自然是生命共同体。传统观念中人往往将自己置于自然之上，认为自然界是人类可以无限制驾驭和利用的对象。然而，在马克思生态文化思想中，强调人与自然不仅仅是物质上的相互需要，更重要的是，要在精神和文化层面上与自然和谐共生，寻求发展与环境保护的内在统一。此外，马克思提出了"遵从自然的科学方法"，认为人类在改造自然的过程中，必须根据自然的本质和规律来行动，不能违背生态平衡和自然规

[①] 《1844 年经济学哲学手稿》，人民出版社 2018 年版，第 204 页。

律。总之，马克思生态文化思想提倡人类从"征服自然"转向"尊重自然"，从片面的开发利用转向全面的理解与保护。通过深化对人与自然的内在联系的理解，我们不仅能够科学有效地解决生态环境问题，还能在此基础上促进人的全面发展以及与自然的和谐共处。

另一方面，马克思生态文化思想为构建人类命运共同体提供实践指导。马克思生态文化思想为理解人与自然的关系及构建人类命运共同体提供了深刻的理论支撑。从马克思的生态思想出发，人与自然不应被视为对立的两极，而是一个互动且依存的整体。在马克思看来，资本主义生产方式对自然的掠夺和破坏，是因为其追求利润最大化的根本逻辑所引致的"虚幻的共同体"。相反，马克思提倡通过"真正的共同体"的构建，实现人的全面发展和自然的和谐共生。

人类与自然界的关系，被重新定位为生命共同体关系。历史性地看，马克思对资本主义的批判及其对自然的剥削为我们提供了解决方法，那就是通过实现生产力和生产关系的辩证统一，达到社会的可持续发展。实际上，通过马克思生态文化视角，我们可以认识到人的本质力量在于其改造自然的能力，同样这份力量应当被引导用以创造和维护一个生态平衡的自然环境。如此，马克思主义生态文明思想提出，在21世纪的新发展中，人类活动应尊重自然规律，使人的发展和自然的保护相得益彰。

马克思生态文化思想为构建人类命运共同体提供了坚实的哲学基础。首先，马克思阐述了人类社会的三种发展阶段，即人的依赖性形态、以物的依赖性为基础的人的独立性形态与建立在个人全面发展和他们共同的、社会的生产能力成为从属于他们的社会财富这一基础上的自由个性形态。

进一步地，马克思指出生产力的发展和社会关系的演变是推动人类社会向前发展的两大动力。生产力和社会关系这两者是社会个人的发展的不同方面，正是这两者的发展塑造了社会的进步与个体的自由全面发展。随着生产力的提升和社会联系的全球化，"人们的普遍交往才能建立起来"，从而形成"真正的共同体，即自由人的联合体"[1]。这种自由个性的彰显是构建人类命运共同体的关键。

再者，马克思"共同体"理念为人类命运共同体提供理论基础，赋予其

---

[1] 《马克思恩格斯文集》第1卷，人民出版社2009年版，第538页。

深远的哲学意义。在对人类未来宏观思考的进程中,"人类命运共同体"思想强调全面解放与发展每个个体的重要性。基于马克思的观点,人类特性恰恰就是自由的有意识的活动。马克思的共同体理论在"人类命运共同体"概念中得到了新的阐释和应用。马克思认为,历史的推进是朝着"自由的联合体"的方向发展的,人类社会的最终目标是建立一个"真正的共同体",其中每个个体的自由都是彼此依存的。

此外,"人类命运共同体"强调了全球范围内的集体行动与合作,认识到全球问题如环境变迁、资源耗竭和经济不平等都需要全人类共同努力解决。反观当前的国际政治和经济情况,"人类命运共同体"思想提供了一个重要视角:面对全球性挑战,没有一个国家能独自完胜,需要全球合作与理解。这与马克思关于"一切社会关系的总和"的定义相呼应,指出了实现全人类利益共享的必要性。

"人类命运共同体"作为国际关系的理论创新,直指当今全球化背景下存在的生态危机与文化异化问题。马克思曾深刻批判资本主义生产方式中人的异化现象,此现象不仅改变了人与自然的关系,还使人际关系转化为资本关系,人的自由与创造力被极大压抑。然而,"人类命运共同体"思想提出,人类文明的持续发展需要新的全球性视角和道德重塑,这不仅仅是挑战现有的全球治理结构,更是对资本主义内在逻辑的根本反思与替代。

在当前国与国之间生态责任和技术合作方面,"人类命运共同体"思想的实践体现了对全球环境问题解决方案的关键贡献。作为国家自我发展与国际责任的体现,中国采取了积极参与全球环境治理和承担环境治理义务的政策,推动了技术和知识的交流与共享,这有力地诠释了摒弃纯粹的国家利益导向,向全球共同利益转变的国际关系新模式。

"真正的共同体"理念反映了对当前全球化进程中人的本质丧失及人与自然和社会关系异化的批判。在资本主义逻辑下,生产关系和社会结构导致了人的自我异化与目的性的丧失,人与人之间的紧密联系被割裂为利益与交易的冷漠关系。相对于此,习近平总书记提出了以"人类命运共同体"为核心的国际合作与和平共处思想,进一步强调了合作与共享的重要性,这为解决由资本主义文化导致的文化冲突与环境危机提供了新的解决思路与实践方向。人类命运共同体的思想,强调在全球化背景下跨越民族、国界、文化和意识形态的差异,实现人类的全面发展和自由。这一思想不仅体现了对马克思共同体概念的传承，同时也展现了对其的创新和发展。马克思在其理论中提及，随着社会的发展和分工的深化，人类社会从原始的自然共同体向虚幻的共同体过渡，其中个体在社会结构中呈现出相对的异化和不自由状态。

总之，马克思关于共同体的论述和当前的人类命运共同体思想，都强调了在实现个体发展及其自由的过程中，必须深入考虑实践活动和共同体发展的内在联系。这一理论和实践的结合，为我们解决当下全球性问题提供了理论基础和方法论指导，使我们能够朝着构建一个更加公正、平等的国际社会前进。

二、为全球生态经济发展提供明确发展方向

一方面，马克思生态文化思想对经济无限增长论进行了反思与批判。宏观经济学的增长理论以其对资源无限性的假设为基础，往往忽略了生态环境以及资源的承载力有其极限。自然界不会自动地满足人的需要，人也不会满足于自然界的现存形式，也就是说人类对自然资源的不断需求与开发是有潜在危机的。特别是在工业化时代背景下，生产资料的过度开发导致了生态系统的失衡和资源的枯竭。

首先，马克思生态文化思想认为，人与自然之间是一种"相互依存相互联系的"关系。这种观点批判了传统经济学中对自然环境的无视，提出了人的生产活动必须考虑到生态环境的容量和资源的再生能力。例如，乡村发展中的粗放式生产方式，如"不断增加资源投入、扩大生产规模"的做法，其实是对生态环境极大的破坏。马克思强调以"斗争"方式对待自然所带来的必然代价，这在当今的生态危机中表现得尤为明显。其次，马克思还认为，应当建立与自然的和谐关系，而不是单纯地将自然视为无穷无尽的供应源。在当前人类面临严重的生态危机背景下，如何实现经济的可持续发展与自然资源的可持续利用，成了一个亟待解决的问题。马克思生态文化思想对现代经济发展模式提出了重要的反思与批判。这种理论不仅仅是针对传统经济增长观念的一种理论批判，更是对当前全球环境治理和可持续发展战略的指导。在这个意义上，重新评估与重塑对经济增长和环境保护的认识，是我们在面对环境挑战时不可或缺的步骤。

在反思现代社会面对的多重危机如人口增长、资源匮乏和生态失衡等问题时，"生态危机论"提供了一个重要的视角。马克思在《资本论》中强调，

经济活动需受到生态环境容量的限制而非无节制地扩展。当前，随着技术的进步和产业的扩张，人类对自然资源的利用已达到一个前所未有的高度，但这也严重威胁到了生态平衡和资源的可持续性。

马克思通过"都市乡村二元论"对资本主义社会的自然资源开发进行了批判，指出生产过程不应该以牺牲生态为代价。他认为，生产力的增长必须在自然界的容量和可再生能力的范围内进行。正如"人类只有一个地球"，我们必须认识到经济活动不应该以牺牲生态平衡为代价。

自工业革命以来，现代化进程虽带来了显著的经济增长和物质富裕，但同时也伴随着严重的生态破坏和环境污染。这一问题挑战了人类的生存及经济社会的可持续发展。传统的宏观经济学在追求经济增长的过程中，往往忽视了生态与道德伦理对经济的深远影响。在此背景下，马克思生态文化思想强调了经济活动与生物物理、道德伦理的有机联系，并把生态物理规律以及道德伦理作为经济理论的基石，试图透过正确引导经济行为来解决人类面临的生态危机。

马克思生态文化思想认为，经济发展不应脱离其生态和道德基础，避免导致不可逆的生态破坏问题。这一思想不仅仅是理论上的倡导，更是以实践为导向的持续行动。从"生态物理"规律的角度来看，人类活动必须在自然界可持续承载力的范围内进行，以保证资源的再生能力和生态系统的稳定。而从"道德伦理"的视角，马克思主义强调公平正义，主张经济发展不应牺牲弱势群体或未来世代的生存权益。

更进一步，习近平的生态文明思想继承并深化了马克思主义的生态文化理念，提出建设生态文明，强调人与自然的和谐共生，这不仅是中国对生态危机的具体应对策略，也为全球生态保护提出了中国方案。这种以生态为核心的发展新模式挑战了传统经济增长的依赖并提供了预防性调整的策略，体现了对传统工业文明的系统性反思和革命性变革。归根到底，马克思主义生态文化思想并重经济、生态与道德伦理的综合发展，通过确立生态物理法则和道德伦理为经济发展的约束和导向，提供了实现人与自然和谐共赢及可持续发展的理论和实践路径。这一全方位、多维度的解决方案为当前及未来人类面临的生态挑战提供了新的思路和方法。

马克思生态文化思想强调，人类社会与自然界的关系应该是互利共生而非单方面的征服。习近平在2013年5月24日十八届中央政治局第六次集体学习时的讲话中也提出:"保护生态环境就是保护生产力,改善生态环境就是发展生产力。"这一论断深刻揭示了生态文明建设中自然资源合理配置的重要性。实际上,经济的持续增长已经从依赖人力资本转变为更加依赖自然资本的投入和利用,这使得自然资源配置的科学性和合理性变得尤为关键。在当今中国从传统工业文明向生态文明转型的历程中,仅仅依靠市场机制调节资源是不够的,必须由国家层面重视并引导自然资源的合理配置与高效利用。两山理念的提出反映了经济发展与生态保护应并重,而且可以通过协调发展实现共赢。而这一点的实现,基础在于建设一种认知自然资源边际递减的价值与生态环境边际递增的重要性的经济观。①

可见,实现自然资源的高效配置不仅关系到中国经济的可持续发展,更是全球生态安全的重要组成部分。我们必须转变传统的发展观念,通过国家政策和国际合作确保资源配置的科学与公正,最终实现人与自然的和谐共生,以促进全人类社会与自然环境的长期共存。

另一方面,马克思生态文化思想为构建生态经济社会提供理论指导。在深入理解马克思的生态文化思想后,可以发现,它为关于经济发展与生态环境关系的全新解读提供了框架。马克思强调经济活动不应破坏而应支持生态系统的健康与可持续性,即努力实现人与自然的和谐共生。从历史的角度来看,马克思认为,生产力的发展从根本上说是人类社会发展的驱动力,但这种发展必须与生态环境保护相结合。

中国特色社会主义在面对全球生态危机的大背景下,提出了建设生态文明的战略目标,这不仅体现了对马克思生态文化思想的继承,同时也符合中国国情的生态战略。这种战略的实施意味着必须在全国范围内重新审视与调整资源配置,保证生态保护与经济发展之间取得平衡。

中国的生态文明建设实际上是实行马克思生态文化视角下的资源整合和共享机制,以及通过法律、政策等多种手段,促进环境资源合理利用和保护。此外,随着生态文明体制的改革,各地区在政策上的创新也体现了从理论到实践的转变,这都是马克思生态文化思想在当代实践中的具体表现。

---

① 习近平于2005年8月15日提出,发展方式有多样,要走可持续发展的道路,"绿水青山就是金山银山"。到2015年3月24日,"两山理论"及其思想正式写进《中共中央国务院关于加快生态文明建设的意见》。

第六章 马克思生态文化思想的时代价值

马克思生态文化思想为我们提供了处理经济与生态环境关系的逻辑基础和实践指导，它倡导在生态条件限制下推进经济的可持续性发展，这一观点在当代中国的生态文明建设中得到了充分的体现和实践。在全球环境治理日益受到重视的今天，马克思的生态文化思想对于推动可持续发展仍具有重要的现实和指导意义。

在当前推动生态文明建设的社会大背景下，我们必须深刻理解和运用马克思生态文化思想，以指导中国特色社会主义生态文明的进一步发展。该视角不仅强调生态与经济的和谐发展，而且推崇人与自然的辩证统一，为我们构建一个更加和谐的社会提供了理论基础和实践指南。

首先，马克思生态文化思想认识到人与自然的基本关系和内在联系，强调在经济发展过程中必须尊重自然界的生产能力，并在此基础上实现经济行为的可持续性，进而构建以人与自然和谐共生为核心的发展新模式。这种模式强调经济发展与环境保护的相辅相成，支持生态优先的发展战略。其次，为了实现真正的生态和经济的和谐发展，必须改变原有的高消耗、低效率的经济模式。这要求我们提高资源利用效率，实施环保政策，并通过科技进步和制度创新减少环境污染和生态破坏。马克思生态文化思想在这方面提供了重要的理论依据，鼓励我们在生产方式、生活消费习惯及社会制度上进行根本性变革，以期达到经济活动与自然环境承载力之间的动态平衡。此外，从全球视角考虑，中国特色社会主义生态文明建设不仅关乎国内的可持续发展，也理应为全球生态环境的改善作出积极贡献。因此，中国在全球环境治理中应发挥积极作用，推广中国方案，以期解决人类社会发展中的共同挑战。而在这一过程中，马克思生态文化思想为我们提供了把握人类与自然关系的理论工具，强化了在生态文明时代下全人类的共同责任感。总之，马克思生态文化思想在引领中国特色社会主义生态文明建设中发挥着至关重要的作用。这种哲学思想不仅为我们提供了对人与自然关系的深刻洞察，也为协调社会经济发展与生态环境保护提供了有效的理论支撑和实践指导。

此外，在当前全球生态环境问题日益严峻的背景下，马克思生态文化思想为我们提供了生态技术发展理论。该理论表明，生态技术将不仅仅局限于技术本身，而应该着眼于生态化的思想，将生态意识融入科学技术发展的方方面面，以生态治理为出发点，以技术来协调人、社会、自然的和谐关系。具体而言，一是发展生态技术需要我们坚持生态文化立场。我们应当重视和推广生态意识的普及和教育,使之成为公民行为的自觉准则。这种意识的增强能有效推动生态技术的研发与应用。二是生态技术的创新是推动绿色发展的关键,它不仅能改变传统的生产方式,降低对生态环境的损害,同时也能提高生产效率和经济效益。新时期的技术创新应该充分考虑生态效益,把握和尊重自然规律,通过科学方法评估技术对环境可能产生的长远影响。三是生态技术的发展需体现全局视角。马克思认为,人与自然是命运共同体,因此,生态技术的发展不仅需要考虑技术自身的进步,而且要将技术进步与国家的生态战略、全球生态治理相结合。四是生态技术的发展应当坚持可持续发展原则。现阶段,我们应当追求的是一种和谐的、可持续的发展道路,其中科学技术的进步应当服务于社会主义生态文明的整体构建目标。这要求我们在技术革新的同时,更为注重资源的节约和环境的保护,避免造成不可逆的生态破坏。

因此,实现生态技术的科学发展不仅需要技术创新,更需文化引领。只有在马克思生态文化思想的科学指导下,深入推动生态技术的全面发展,才能最终完成生态与经济的高度融合,实现人与自然的和谐统一。

参考书目

（一）马克思主义经典著作

[1] 马克思，恩格斯. 马克思恩格斯全集：第1，11，30卷 [M]. 北京：人民出版社，1995.

[2] 马克思，恩格斯. 马克思恩格斯全集：第10，12，13，17，18，31，32卷 [M]. 北京：人民出版社，1998.

[3] 马克思，恩格斯. 马克思恩格斯全集：第25，44卷 [M]. 北京：人民出版社，2001.

[4] 马克思，恩格斯. 马克思恩格斯全集：第2卷 [M]. 北京：人民出版社，2005.

[5] 马克思，恩格斯. 马克思恩格斯全集：第21，45，46卷 [M]. 北京：人民出版社，2003.

[6] 马克思，恩格斯. 马克思恩格斯全集：第33，47卷 [M]. 北京：人民出版社，2004.

[7] 马克思，恩格斯. 马克思恩格斯全集：第19卷 [M]. 北京：人民出版社，2006.

[8] 马克思，恩格斯. 马克思恩格斯全集：第16，34，48卷 [M]. 北京：人民出版社，2007.

[9] 马克思，恩格斯. 马克思恩格斯全集：第34卷 [M]. 北京：人民出版社，2008.

[10] 马克思，恩格斯. 马克思恩格斯全集：第36卷 [M]. 北京：人民出版社，2015.

[11] 马克思，恩格斯. 马克思恩格斯全集：第14，35卷 [M]. 北京：人民出版社，2013.

[12] 马克思，恩格斯. 马克思恩格斯全集：第42，43，49卷 [M]. 北京：人民出版社，2016.

[13] 马克思，恩格斯. 马克思恩格斯全集：第28卷 [M]. 北京：人民出版社，2018.

[14] 马克思，恩格斯. 马克思恩格斯全集：第37，38卷 [M]. 北京：人民出版社 2019.

[15] 马克思，恩格斯. 马克思恩格斯全集：第29卷 [M]. 北京：人民

出版社，2020.

[16] 马克思，恩格斯. 马克思恩格斯全集：第 3 卷 [M]. 北京：人民出版社，2002.

[17] 马克思，恩格斯. 马克思恩格斯选集：第 1—4 卷 [M]. 北京：人民出版社，2012.

[18] 马克思，恩格斯. 马克思恩格斯文集：第 1—10 卷 [M]. 北京：人民出版社，2009.

[19] 恩格斯. 自然辩证法 [M]. 北京：人民出版社，2018.

（二）中文著作

[1] 郭剑仁. 生态地批判：福斯特的生态学马克思主义思想研究 [M]. 北京：人民出版社，2008.

[2] 李惠斌，薛晓源，王治河. 生态文明与马克思主义 [M]. 北京：中央编译出版社，2008.

[3] 吴宁. 生态学马克思主义思想简论 [M]. 北京：中国环境出版社，2015.

[4] 徐艳梅. 生态学马克思主义研究 [M]. 北京：社会科学文献出版社，2007.

[5] 余谋昌. 地学哲学：地球人文社会科学研究 [M]. 北京：社会科学文献出版社，2013.

[6] 余谋昌. 环境哲学：生态文明的理论基础 [M]. 北京：中国环境科学出版社，2010.

[7] 余谋昌. 生态文明论 [M]. 北京：中央编译出版社，2010.

[8] 曾文婷. "生态学马克思主义"研究 [M]. 重庆：重庆出版社，2008.

（三）译著

[1] 本顿. 生态马克思主义 [M]. 曹荣湘，李继龙，译. 北京：社会科学文献出版社，2013.

[2] 博兰尼. 自由的逻辑 [M]. 冯银江，李雪茹，译. 长春：吉林人民出版社，2002.

［3］福斯特. 马克思的生态学：唯物主义与自然［M］. 刘仁胜，肖峰，译. 北京：高等教育出版社，2006.

［4］福斯特. 生态革命：与地球和平相处［M］. 刘仁胜，李晶，董慧，译. 北京：人民出版社，2015.

［5］葛兰西. 狱中札记［M］. 中共中央马克思恩格斯列宁斯大林著作编译局，译. 北京：人民出版社，1983.

［6］黑格尔. 哲学史讲演录［M］. 贺麟，王太庆，译. 北京：商务印书馆，2017.

［7］霍克海默. 批判理论［M］. 李小兵，等译. 重庆：重庆出版社，1989.

［8］科尔曼. 生态政治：建设一个绿色社会［M］. 梅俊杰，译. 上海：上海译文出版社，2006.

［9］科威尔. 自然的敌人：资本主义的终结还是世界的毁灭？［M］. 杨燕飞，冯春涌，译. 北京：中国人民大学出版社，2015.

［10］克莱顿，海因泽克. 有机马克思主义：生态灾难与资本主义的替代选择［M］. 孟献丽，于桂凤，张丽霞，译. 北京：人民出版社，2015.

［11］克罗斯比. 生态扩张主义：欧洲900—1900年的生态扩张［M］. 许友民，刘绪贻，译. 沈阳：辽宁教育出版社，2001.

［12］莱斯. 自然的控制［M］. 2版. 岳长龄，李建华，译. 重庆：重庆出版社，2007.

［13］莱斯. 满足的限度［M］. 李永学，译. 北京：商务印书馆，2016.

［14］卢卡奇. 历史与阶级意识：关于马克思主义辩证法的研究［M］. 杜章智，任立，燕宏远，译. 北京：商务印书馆，1992.

［15］罗尔斯顿. 哲学走向荒野［M］. 叶平，刘耳，译. 长春：吉林人民出版社，2000.

［16］罗素. 西方哲学史（上、下）［M］. 何兆武，李约瑟，马元德，译. 北京：商务印书馆，2013.

［17］马尔库塞. 单向度的人：发达工业社会意识形态研究［M］. 刘继，译. 上海：上海译文出版社，2016.

［18］麦金尼斯. 多中心体制与地方公共经济［M］. 毛寿龙，译. 上海：上海三联书店，2000.

[19] 梅林. 马克思传 [M]. 樊集，译. 北京：人民出版社，1965.

[20] 纳什. 荒野与美国思想 [M]. 侯文蕙，侯钧，译. 北京：中国环境科学出版社，2012.

[21] 佩珀. 生态社会主义：从深生态学到社会正义 [M]. 刘颖，译. 济南：山东大学出版社，2012.

[22] 萨缪尔森，诺德豪斯. 经济学 [M]. 14版. 胡代光，等译. 北京：北京经济学院出版社，1996.

[23] 索雷尔. 进步的幻象 [M]. 吕文江，译. 北京：中国社会科学出版社，2013.

[24] 梯利. 西方哲学史：增补修订版 [M]. 伍德，增补. 北京：商务印书馆，1995.

[25] 文德尔班. 哲学史教程：特别关于哲学问题和哲学概念的形成和发展 [M]. 罗达仁，译. 北京：商务印书馆，2017.

[26] 沃斯特. 在西部的天空下：美国西部的自然与历史 [M]. 青山，译. 北京：商务印书馆，2014.

[27] 沃斯特. 自然的经济体系：生态思想史 [M]. 侯文蕙，译. 北京：商务印书馆，1999.

[28] 伍德，福斯特. 保卫历史：马克思主义与后现代主义 [M]. 北京：社会科学文献出版社，2009.

[29] 休斯. 生态与历史唯物主义 [M]. 张晓琼，侯晓滨，译. 南京：江苏人民出版社，2011.

[30] 休斯. 世界环境史：人类在地球生命中的角色转变 [M]. 2版. 赵长凤，王宁，张爱萍，译. 北京：电子工业出版社，2014.

[31] 詹姆斯. 自然的理由：生态学马克思主义研究 [M]. 唐正东，藏佩红，译. 南京：南京大学出版社，2003.